全国司法职业教育“十三五”规划教材

强制隔离戒毒执法与管理实务

全国司法职业教育教学指导委员会　审定

主　编◎罗　旭

副主编◎傅　蕾

撰稿人◎罗　旭　傅　蕾　李　硕
杨文明　李　盼　曾光辉
王守明　邹　莹　刘雄文

中国政法大学出版社

2020・北京

图书在版编目（CIP）数据

强制隔离戒毒执法与管理实务/罗旭主编. —北京：中国政法大学出版社，2020.8（2024.1重印）

ISBN 978-7-5620-9594-1

Ⅰ. ①强…　Ⅱ. ①罗…　Ⅲ. ①戒毒－工作－中国　Ⅳ. ①D669.8

中国版本图书馆CIP数据核字（2020）第142746号

书　名　强制隔离戒毒执法与管理实务 QIANGZHI GELI JIEDU ZHIFA YU GUANLI SHIWU

出版者　中国政法大学出版社

地　址　北京市海淀区西土城路25号

邮　箱　fadapress@163.com

网　址　http://www.cuplpress.com（网络实名：中国政法大学出版社）

电　话　010-58908435(第一编辑部) 58908334(邮购部)

承　印　固安华明印业有限公司

开　本　720mm×960mm　1/16

印　张　14.75

字　数　281千字

版　次　2020年8月第1版

印　次　2024年1月第2次印刷

印　数　5001～8000册

定　价　43.00元

出版说明

为贯彻落实党的十九大精神和习近平总书记关于教育的系列重要讲话要求，充分发挥教材建设在提高人才培养质量中的基础性作用，促进现代司法职业教育改革与发展，全面提高司法职业教育教学质量，全国司法职业教育教学指导委员会于2017年11月正式启动了司法职业教育“十三五”规划教材的编写工作。

本次规划教材编写以习近平新时代中国特色社会主义思想为指导，以司法类专业教学标准为基本依据，以更深入地实施司教融合、校局联盟、校监所（企）合作、德技双修、工学结合为根本途径，强化需求导向和问题导向。在坚持实战、实用、实效原则的基础上，继续完善实行行业指导、双主体团队开发、多方人员参与、院校支持、主编负责、行指委统筹审定、分批次出版的编写工作机制，适时更新教材内容和结构，大力开发大类（专业群）专业基础课程、专业核心课程教材，倡导编写典型案例化、任务项目化教材，并运用现代信息技术创新教材呈现形式，着力加强实训教材和数字化教学资源建设，逐步建立符合我国国情、具有时代特征和行业特色的现代司法职业教育教材体系。本规划教材包括已有规划教材的全新修订、新增专业课程教材和司法类国控专业更新课程教材的编写。在编写内容上，必须顺应新时代、新要求，回应全面深化依法治国，尤其是深入推进司法体制改革的新需求、新期盼，力争符合司法类专业人才培养目标达成需要和相关课程标准要求，与司法职业一线岗位任职标准（岗位技能要求）相衔接，体现“原理与实务相结合”的特点，注重培养学生应用理论、规则解决实际问题的能力。

经过全体编写人员的共同努力和出版社编辑们的辛勤付出，现在首批教

材已陆续出版，欢迎大家选用，并敬请各使用单位和广大师生在选用过程中提出意见和建议，行指委将及时根据教材评价和使用情况，丰富教材内容，优化教材结构，促进教材质量不断提高。

全国司法职业教育教学指导委员会
2019 年 6 月

编写说明

《中华人民共和国禁毒法》从“帮助吸毒人员戒除毒瘾，教育和挽救吸毒人员”的基本方针和目标出发，规定了自愿戒毒、社区戒毒、强制隔离戒毒和社区康复等戒毒措施，其中强制隔离戒毒是最重要、最严厉，也是最有效的戒毒措施，体现了教育和救治吸毒人员的立法原则。《2019年中国毒品形势报告》显示，2019年中国共破获毒品犯罪案件8.3万起，抓获犯罪嫌疑人11.3万名，缴获各类毒品65.1吨；查处吸毒人员61.7万人次，处置强制隔离戒毒22万人次，责令社区戒毒社区康复30万人次。可见，强制隔离戒毒所是我国戒毒的主战场，面对新形势下的毒品问题，培养一支合格的强制隔离戒毒执法队伍，是维护强制隔离戒毒所稳定、提升戒毒工作水平、提高戒治率的关键环节之一。强制隔离戒毒执法首先体现在严格履行法定职责上，它是将国家关于强制隔离戒毒的法律、法规贯彻落实到强制隔离戒毒管理的每一环节，以体现国家意志的过程。其最终目标是通过矫治、教育、管理等手段，使戒毒人员在生理和心理上完全摆脱对毒品的依赖，回归社会，过正常人的生活，做守法的公民，所以较高的强制隔离戒毒执法与管理水平能为戒毒康复提供良好的氛围、环境和秩序。

《强制隔离戒毒执法与管理实务》是行政执行专业（强制隔离戒毒方向）的主要专业课程之一，承载着戒毒管理诸多核心技能的培养功能。本教材依据《中华人民共和国禁毒法》《戒毒条例》和司法部《关于建立全国统一的司法行政戒毒工作基本模式的意见》等法律法规和当前强制隔离戒毒工作实际编写，遵循“科学性、知识性、适用性、指导性”原则，内容系统全面，且具有一定的实操性，体现了“理实一体、教学练战、学用结合”的鲜明特点。教材主要包括“认识强制隔离戒毒”“强制隔离戒毒流程管理”“强制隔

离戒毒执法事务管理”“强制隔离戒毒诊断评估”“强制隔离戒毒所安全管理”“强制隔离戒毒所警务管理”等六个学习项目。每个学习项目都设置及学习目标、重点提示及项目简介，又将学习项目分解为若干学习任务，并将每一个学习任务细化为学习目的、知识要点和任务考核三个内容，以帮助学习者从整体上把握课程的主要内容；还在每个学习项目结束后围绕学习重点设置了项目小结、拓展思考和相关的实训项目，用以激发学习者的学习兴趣，拓展其眼界和思维，培养其将理论应用于实践的能力。

本教材由湖南司法警官职业学院罗旭教授担任主编，设计总体框架、提出编写体例，参加编写的老师有：江西司法警官职业学院傅蕾、湖南司法警官职业学院李硕、广东司法警官职业学院李盼、武汉警官职业学院曾光辉、云南司法警官职业学院杨文明、河南司法警官职业学院王守明、四川司法警官职业学院邹莹、湖南省新开铺强制隔离戒毒所刘雄文等，最后由罗旭统稿。

具体编写分工如下：

学习项目一：李硕　李盼

学习项目二：曾光辉

学习项目三：杨文明

学习项目四：罗旭　刘雄文

学习项目五：王守明　邹莹

学习项目六：傅蕾

本书的编写得到了司法部法律职业资格管理局、全国司法职业教育教学指导委员会等单位和领导的大力支持，湖南省戒毒管理局、各司法警官兄弟院校领导也给予了许多的关心和帮助，邹雯、阳鑫、彭馨乐、王艳艳等老师也在此次编写中承担了部分实训项目设计和校稿等工作，湖南省戒毒管理局原副局长张军同志审阅全部书稿，并提出了具体修改意见，在此一并致谢！

由于戒毒工作发展迅速，加之编写者水平有限，本教材难免存在不足，敬请使用单位和老师，以及戒毒行业的同仁多加批评指正！

编　者

2020年7月18日

图书总码

目录 CONTENTS

学习项目一 认识强制隔离戒毒

学习目标

1. 认知目标：了解强制隔离戒毒的法律政策依据的历史沿革；熟悉强制隔离戒毒管理基本原则；掌握强制隔离戒毒工作的管理目标、特征、主要方法、主要内容，形成对强制隔离戒毒执法与管理工作的理性认识，为后续章节的学习打下基础。

2. 技能目标：能对戒毒人员进行分类管理、规范化管理、民主化管理、人性化管理。

3. 情感目标：树立戒毒工作职业认同感，培养独立思考的能力。

重点提示

目前全球范围内还没有一种药物，或是单一的方法能够彻底地戒断和消除毒瘾。党的十八大以来，全国司法行政戒毒系统积极探索创新，实现了由“转型”到“定型”的过渡，坚持“以人为本、科学戒毒、综合矫治、关怀救助”的原则，坚持以提升教育戒治质量为中心，把提高戒断率、降低复吸率作为出发点和落脚点，逐步走上了教育戒治科学化、专业化的发展道路，形成了中国特色司法行政戒毒工作体系，取得了一系列丰硕成果。

本学习项目的重点是了解强制隔离戒毒的法律政策依据，掌握强制隔离戒毒管理基本原则；难点是在掌握强制隔离戒毒工作的管理目标、特征、主要方法、主要内容基础之上，形成对强制隔离戒毒执法与管理工作的理性认识。强制隔离戒毒工作是一个复杂、系统而艰巨的过程，强制隔离戒毒工作的大力推进，充分体现了司法行政戒毒工作在加强和创新社会治理、维护社会和谐稳定中发挥的积极作用。在学习过程中，必须结合实践操作多思考、多观察，举一反三，充分利用有效的管理手段，不断提高戒毒管理成效。

【项目简介】

自1840年鸦片战争以来，中国深受毒品的危害，毒品带来的一系列问题几乎把中华民族推向了亡国灭种的边缘。中华人民共和国成立之初，中国共产党采

取了一系列有力措施，带领中国人民一举肃清了毒品问题。但是随着时代的发展，毒品问题卷土重来，已经严重威胁到了社会的发展和人民群众的安全和健康。通过长期与毒品进行斗争，我国对从禁毒立法到戒毒措施等内容进行了很多的探索和研究。强制隔离戒毒是《中华人民共和国禁毒法》（以下简称《禁毒法》）规定的戒毒措施之一，实践表明，强制隔离戒毒措施也是目前最行之有效的一种戒毒措施。了解我国禁毒戒毒法律政策的历史沿革，掌握强制隔离戒毒工作的工作目标、原则，熟悉强制隔离戒毒的主要管理方法，才能为后续项目学习打下良好的基础。

学习任务1 走进强制隔离戒毒所

一、学习目的

1. 了解中华人民共和国成立以来的戒毒工作历史。
2. 熟悉强制隔离戒毒措施的主要法律政策依据。
3. 了解强制隔离戒毒的主要作用。

二、知识要点

强制隔离戒毒管理是强制隔离戒毒所依法对戒毒人员提供科学规范的生理脱毒和心理治疗，实施道德和法制教育，开展康复训练和职业技能培训，帮助戒毒人员戒除毒瘾、重返社会的执法活动。其指导思想是对吸毒人员在相对封闭的空间和区域予以隔离，在安全稳定的隔离环境中，对戒毒人员开展有计划的生理、心理治疗，最终达到帮助他们戒除毒瘾的终极目的。

（一）中华人民共和国成立以来的戒毒工作

1.《禁毒法》实施前的戒毒工作。经过漫长战争锻炼的中国共产党，具有非常严格的纪律性以及雷厉风行的作风，在人民群众中具有崇高的威望，特别在抗日战争和抗美援朝战争中展现了不可战胜的威力。党在中华人民共和国成立之初，就采取果断措施有力打击了毒品犯罪。

1949年中华人民共和国成立后，中国共产党以高度责任感和周密部署，动员各种社会力量，发动禁烟运动。当时一部分战败的国民党残余利用山村和落后的边远地区进行掩护，依靠贩毒所得作为匪特武装的活动经费。然而，中国共产党仅用了3年时间，就发动群众将总人数约240万人的匪特武装彻底消灭，从内部肃清了毒品贩运的主要危害，帮助2000万名吸毒者脱瘾重获新生。1952年，中共中央发布《关于肃清毒品流行的指示》，全国召开各种宣传发动会议76万余次，动员群众7000余万人次，收到群众检举毒犯材料130余万件，检举毒犯22万余人，保证了全国禁毒的规模效应和彻底效应。同时，国际敌对势力对中华人民共和国实行全面的政治、经济、军事和文化封锁，客观上也创造了一个暂时与外界隔绝的封闭社会环境，境外的毒品交易因此无法渗透到中国，无形中为中国隔绝外来毒品创造了良好的条件。毒品失去了市场需求，农民种植罂粟没有了销售市场，便自然改种粮食等有用的经济作物，原本最难以处理的与生存相联系的种植问题就这样迎刃而解了。

1963年5月26日，中共中央颁布了《中央关于严禁鸦片、吗啡毒害的通知》，其中专门规定，对吸毒犯应强制戒毒，对已吸食鸦片或打吗啡针等毒品成瘾者，必须指定专门机构严加管制，在群众监督下，有计划、有组织、有步骤地限期强制戒除，在吸毒严重的地区可以集中戒除。中共中央颁布的这一通知被视为中华人民共和国戒毒工作的起点。

因此可以说，中华人民共和国在禁毒问题上所创造的世界奇迹并不是由于其禁毒的决策和法令具有独特的智慧，而是特定时期出现的经济地域性和政治权威性的对称保证了禁毒法令和决策的彻底贯彻，这是在任何别的时代和国家都不具备的条件。这种条件作为一个时代特殊的阶段性产物，当然也不会长期存在。

20世纪80年代，毒品在中国重新出现以后，中国政府沿用了原来的打击措施并相信在短时间内能再次消灭毒品，但经过十多年的实践，中国的立法者终于认识到了新时期毒品斗争的长期性与艰巨性，禁毒戒毒立法走上议事日程。随后，我国陆续颁布了一系列涉及戒毒内容的法律、法规，关于吸毒行为的性质，吸毒者的法律处分，戒毒的机构、对象、方法等内容逐步得到明确。

1981年8月27日，国务院发出的《国务院关于重申严禁鸦片烟毒的通知》规定，对于鸦片等毒品的吸食者，应当由公安、民政、卫生等部门组织强制戒除。1982年7月16日，中共中央、国务院发出的《关于禁绝鸦片烟毒问题的紧急指示》提出："严禁吸食毒品，取缔地下烟馆。吸食毒品的人，要加强教育，令其到政府登记，限期戒除""隐瞒或拒不登记，又逾期不戒除的，强制收容戒除，并给予必要的惩处。"这两个文件包含的原则和方法为以后的立法或实践所采纳。

1984年2月13日，卫生部、公安部、农牧渔业部、国家医药管理局、国家工商行政管理局联合发出《关于进一步加强对安钠咖管理的通知》第5条要求："对于因滥用精神药物而产生依赖性较为严重的人，请参照中共中央、国务院［1982］34号《关于禁绝鸦片烟毒问题的紧急指示》中有关鸦片成瘾者的戒除原则予以戒除。"

1986年9月5日，中华人民共和国第六届全国人民代表大会常务委员会第十七次会议通过的《中华人民共和国治安管理处罚条例》（已失效）规定了对吸毒者实行治安行政处罚，其中第24条第3项将“违反政府禁令，吸食鸦片、注射吗啡等毒品的”列为妨害社会管理秩序行为之一，“处15日以下拘留、200元以下罚款或者警告”。

1990年12月28日中华人民共和国第七届全国人民代表大会常务委员会第十七次会议通过的《全国人民代表大会常务委员会关于禁毒的决定》（已失效）是一份重要的文件，它不仅丰富了我国关于毒品犯罪的刑事法律规定，而且规定了对吸毒者处置的原则，并从法律上明确了我国强制戒毒体系的基本结构。该决定第8条规定：“吸食、注射毒品的，由公安机关处15日以下拘留，可以单处或者并处2000元以下罚款，并没收毒品和吸食、注射器具。吸食、注射毒品成瘾的，除依照前款规定处罚外，予以强制戒除，进行治疗、教育。强制戒除后又吸食、注射毒品的，可以实行劳动教养，并在劳动教养中强制戒除。”

1995年1月12日，国务院根据《全国人民代表大会常务委员会关于禁毒的决定》制定了《强制戒毒办法》（已失效），系统地对强制戒毒进行了规范，对强制戒毒的决定机关、适用条件、关押期限等内容作出了规定。该办法规定，强制戒毒工作由公安机关主管，由县级以上地方各级人民政府卫生和民政部门配合；医疗单位开办戒毒脱瘾治疗业务，须经省、自治区、直辖市人民政府卫生部门按照有关规定批准，并报同级公安机关备案，且应当接受公安机关的监督。

2000年4月17日，公安部发布《强制戒毒所管理办法》（已失效），进一步详细规定了强制戒毒所的人员配置、任职条件、戒毒康复措施。

也就是说，中华人民共和国成立至《禁毒法》出台前，我国的戒毒体系包括两个部分。

（1）自愿戒毒。自愿戒毒是指吸毒人员本人自愿或在其家属的督促下到政府有关部门设立的戒毒机构接受戒毒治疗。自愿戒毒的机构由卫生部门主管，由公安机关监督。自愿戒毒者需缴纳一定的戒毒费用。

（2）强制戒毒。当时的强制戒毒包括公安机关强制戒毒和司法行政机关劳动教养强制戒毒（劳教戒毒），强制戒毒机构包括强制戒毒所、劳教所和戒毒劳教所三种。

1950年2月，当时的政务院印发的《政务院关于严禁鸦片烟毒的通令》规定，吸食烟毒的人，限期向城市公安局、乡村人民政府登记，并定期戒毒；烟毒较甚的城市，设置戒毒场所。1990年12月28日《全国人民代表大会常务委员会关于禁毒的决定》（已失效）和1995年1月12日国务院发布的《强制戒毒办法》（已失效）规定，对吸食、注射毒品成瘾的，除给予行政处罚外，还予以强制戒毒，进行治疗和教育。

1995 年 1 月国务院制定的《强制戒毒办法》（已失效）规定，强制戒毒所的设置由省、自治区、直辖市人民政府根据本行政区域内强制戒毒的实际需要统一规划，由县级以上人民政府公安机关提出方案，报同级人民政府批准。强制戒毒所的任务是对吸食、注射毒品成瘾的人员进行药物治疗、心理治疗和法制教育、道德教育，还可以组织戒毒人员参加适度的劳动，使其戒除毒瘾。对吸食、注射毒品成瘾人员强制戒毒的决定由县级人民政府公安机关作出，强制戒毒的期限为 3 个~6 个月，在此期限内未戒除毒瘾的可延长至 1 年。在存续的十多年间，强制戒毒对我国的毒品治理以及社会稳定具有不可替代的积极作用。国务院 2000 年发布的《中国的禁毒》白皮书显示，当时全国总共有强制戒毒所 746 个，1991 年至 1999 年期间，全国强制戒毒超过 90 万人次。

中国的劳动教养制度是根据 1957 年 8 月 1 日全国人民代表大会常务委员会第七十八次会议批准颁布的《国务院关于劳动教养问题的决定》（已失效）和其他有关法律法规建立的。劳动教养主要收容对象包括罪行轻微、不够刑事处分的危害国家安全者，杀人、抢劫、强奸、放火等刑事犯罪中不够刑事处分者；有流氓、卖淫、盗窃、诈骗行为，屡教不改但不够刑事处分者；聚众斗殴、寻衅滋事、煽动闹事等扰乱社会治安但不够刑事处分者，教唆他人违法犯罪不够刑事处分者，以及长期妨害社会秩序者等。从收容范围来看，劳动教养的收容对象仅限于大、中城市和家居农村而流窜到城市铁路沿线和大型厂矿作案者。但是，吸毒者有相当一部分集中在小城镇以及农村，对这部分吸毒人员实行劳动教养缺乏法律依据。1990 年 12 月通过的《全国人民代表大会常务委员会关于禁毒的决定》（已失效）根据与毒品作斗争的需要，规定对经过公安机关强制戒毒后又复吸的吸毒成瘾者实行劳动教养，并在劳动教养中强制戒除毒瘾，这表明立法对劳动教养的对象和收容范围作出了重大调整。这一规定正式把劳动教养确立为一种戒毒制度，使劳教所在教育改造违法犯罪人的同时兼有强制戒毒的职能。该决定的第 8 条规定，对强制戒毒后复吸的人员，可以实行劳教戒毒。2003 年 6 月 2 日，中华人民共和国司法部发布的《劳动教养戒毒工作规定》（已失效），对劳教戒毒的运作机制作出了详细规定。

劳教所由司法行政机关主管。当时，收容吸毒劳动教养人员的劳教所有两种：一种是专业的戒毒劳教所；另一种是综合性的劳教所，在场所内设置单独承担戒毒任务的分队或大队。尽管场所的类型有所不同，但从实际情况来看，戒毒工作已经成为绝大部分劳教场所的主要任务。截至 2004 年底，我国劳教系统收容戒毒劳教人员的劳教所达到 200 多个，累计收容戒毒劳教人员 58 万余人，为教育挽救轻微违法犯罪人员、维护社会稳定做出了重要贡献。劳教戒毒按照“相

对封闭、分期管理、综合矫治、后续照管”的总体框架，将戒毒过程分为脱毒治疗、康复治疗、后续照管三个阶段和脱毒、康复、适应和考察四个时期。这实际上摒弃了以往只顾早期脱毒，不顾后期康复的简单戒毒模式。

除以上两种强制戒毒机构外，在监狱等刑罚执行机构中，对于吸毒成瘾的罪犯也实行强制戒除毒瘾。

2.《禁毒法》实施以后的戒毒工作。2008 年 6 月 1 日实施的《禁毒法》，将原来的公安机关强制戒毒和司法行政机关劳教戒毒这两种强制性戒毒措施整合成为强制隔离戒毒，消除了过去把完整的戒毒过程人为分割的不合理现象，旨在创新毒品治理机制、提升毒品治理成效。强制隔离戒毒是在社会治理体制创新的背景下，《禁毒法》重构我国戒毒体系的产物，承载着教育和救治吸毒人员的立法原则，使社会力量介入强制性戒毒，进而构建多元化、人性化的戒毒康复体系成为可能。

（1）《禁毒法》规定的戒毒措施。《禁毒法》从“帮助吸毒人员戒除毒瘾，教育和挽救吸毒人员”的基本方针和目标出发，规定了自愿戒毒、社区戒毒、强制隔离戒毒、社区康复和戒毒康复五种主要戒毒措施，并且明确规定了五种戒毒措施针对的对象。

第一，自愿戒毒。《禁毒法》第 36 条第 1 款规定，吸毒人员可以自行到具有戒毒治疗资质的医疗机构接受戒毒治疗。自愿戒毒的法律地位得到了确认，迄今也取得较大的发展，且各有特色，但还普遍存在期限过短、费用较高、工作人员缺乏专业知识、自愿戒毒人员难以管理等问题。

第二，社区戒毒。《禁毒法》第 33 条至第 35 条对社区戒毒的对象、地点、负责部门、期限等问题作了规定。社区戒毒人员应当自收到《责令社区戒毒决定书》之日起 7 日内到户籍所在地或者现居住地乡（镇）人民政府或街道办事处报到，无正当理由逾期不报到的，视为拒绝接受社区戒毒。社区戒毒的期限为 3 年，自报到之日起计算。戒毒人员未向社区戒毒工作小组报告，不得离开社区戒毒执行地所在县（市、区）24 小时以上。社区戒毒人员违反社区戒毒协议的，依法应当承担相应的法律后果。社区戒毒是强制隔离戒毒措施的有益补充，对于整合各方力量共同帮助吸毒成瘾人员戒除毒瘾意义重大。

第三，强制隔离戒毒。强制隔离戒毒是我国目前最重要、最有效的戒毒措施之一。《禁毒法》第 38 条至第 47 条对强制隔离戒毒的对象、地点、负责部门、管理方式、期限等问题作了规定。强制隔离戒毒所是我国戒毒的主战场，主要是根据戒毒人员吸食、注射毒品的种类及成瘾程度等，对戒毒人员进行有针对性的生理、心理治疗和身体康复训练。强制隔离戒毒所通过药物脱毒或者非药物脱毒的生理治疗方法，帮助吸毒成瘾的人顺利度过急性戒断反应期，缓解身体上的戒断症状，减轻痛苦。由于吸毒人员在戒毒过程中经常会出现反复，存在情绪消沉、意志力极弱等心理病态的通病，产生“毒难戒”“戒不了”的意念，对戒断毒品失去最初的勇气和毅力。强制隔离戒毒所主要采取支持治疗、分析治疗、行为治疗、集体治疗、家庭治疗等方式，帮助戒毒人员培养戒毒动机，改变不良行为。强制隔离戒毒所还对戒毒人员进行体育活动、文化娱乐活动、行为养成训练活动、社会公益活动和恰当的习艺劳动等身体康复训练，帮助他们恢复、改善和提高身体素质，以良好的身体状态回归社会。

第四，社区康复。《禁毒法》第 48 条规定，对于被解除强制隔离戒毒的人员，强制隔离戒毒的决定机关可以责令其接受不超过 3 年的社区康复。社区康复参照关于社区戒毒的规定实施。第 49 条第 2 款规定，戒毒人员可以自愿在戒毒康复场所生活、劳动。戒毒康复场所组织戒毒人员参加生产劳动的，应当参照国家劳动用工制度的规定支付劳动报酬。

第五，戒毒康复。《禁毒法》第 49 条规定，县级以上地方各级人民政府根据戒毒工作的需要，可以开办戒毒康复场所；对社会力量依法开办的公益性戒毒康复场所应当给予扶持，提供必要的便利和帮助。戒毒人员可以自愿在戒毒康复场所生活、劳动。戒毒康复场所组织戒毒人员参加生产劳动的，应当参照国家劳动用工制度的规定支付劳动报酬。《戒毒条例》第 41 条规定，自愿戒毒人员、社区戒毒、社区康复的人员可以自愿与戒毒康复场所签订协议，到戒毒康复场所戒毒康复、生活和劳动。戒毒康复场所应当配备必要的管理人员和医务人员，为戒毒人员提供戒毒康复、职业技能培训和生产劳动条件。

（2）强制隔离戒毒的主要法律政策依据。强制隔离戒毒工作是一个复杂、系统而艰巨的过程，涉及的法律政策比较多。但是从强制隔离戒毒工作实践来看，必须至少掌握以下相关的法律政策依据：

第一，《禁毒法》。2007 年 12 月 29 日，《禁毒法》经第十届全国人大常委会第三十一次会议通过，并于 2008 年 6 月 1 日施行，这是我国第一部全面规范禁毒和戒毒工作的法律。《禁毒法》共计 7 章 71 条，其内容包括总则、禁毒宣传教育、毒品管制、戒毒措施、禁毒国际合作、法律责任、附则。该法规定了“预防为主，综合治理，禁种、禁制、禁贩、禁吸并举”的禁毒方针和禁毒社会责任，从而使全社会都参与到戒毒工作中来，有利于提高戒毒工作的效率；明确了将禁毒工作纳入国民经济和社会发展规划，并将禁毒经费列入本级财政预算，鼓励社会捐赠，为戒毒工作提供了财政保障；鼓励开展禁毒科学技术研究，推广先进的缉毒技术、装备和戒毒方法，有利于研发和推广先进的戒毒技术、戒毒方法，提高戒毒率；鼓励志愿者参与禁毒宣传教育和戒毒社会服务工作，增强强制隔离戒毒工作力量，落实社会帮教，提高戒毒效果；规定了具体戒毒措施，明确了戒毒的治疗功能，弱化了行政处罚性质；整合了戒毒措施，形成了全新的戒毒模式。

第二，《戒毒条例》。2011 年 6 月 22 日，《戒毒条例》经国务院第 160 次常务会议通过，自 2011 年 6 月 26 日起施行。全文共 7 章 46 条，其内容包括总则、自愿戒毒、社区戒毒、强制隔离戒毒、社区康复、法律责任、附则。该条例总体上规定了自愿戒毒、社区戒毒、强制隔离戒毒、社区康复等戒毒措施，同时规定了强制隔离戒毒所的设置、管理体制和经费保障由国务院规定。2018 年 9 月 18 日修订。

第三，《司法行政机关强制隔离戒毒工作规定》。2013 年 3 月 22 日，《司法行政机关强制隔离戒毒工作规定》经司法部部务会议审议通过，自 2013 年 6 月 1 日起施行。全文共 9 章 65 条，其内容包括总则、场所设置、接收、管理、治疗康复、教育、生活卫生、解除、附则。该规定对强制隔离戒毒工作具体流程进行了阐述，明确了司法行政机关强制隔离戒毒工作应当遵循“以人为本、科学戒毒、综合矫治、关怀救助”的原则，教育和挽救吸毒成瘾人员。

第四，《强制隔离戒毒诊断评估办法》。2013 年 9 月 2 日，公安部、司法部、国家卫生和计划生育委员会印发《强制隔离戒毒诊断评估办法》。全文共 4 章 28 条，其内容包括总则、诊断评估内容和标准、诊断评估程序、附则。该办法明确了如何对戒毒人员在强制隔离戒毒期间的生理脱毒、身心康复、行为表现、社会环境与适应能力等情况进行综合考核、客观评价，进一步规范了强制隔离戒毒诊断评估工作。

第五，《司法行政戒毒工作基本规范》。2013 年 3 月 22 日，司法部部务会议审议通过《司法行政戒毒工作基本规范》，自 2013 年 4 月 3 日施行。全文共 9 章 65 条，其内容包括总则、场所设置、接收、管理、治疗康复、教育、生活卫生、解除、附则。该规范对涉及强制隔离戒毒管理、教育矫治、戒毒医疗、康复训练、生活卫生、规划科技、财务装备、戒毒康复等业务的实体内容、工作流程和工作标准等基本规定进行了梳理，是强制隔离戒毒工作的行为指南，具有较强的操作性。

（二）强制隔离戒毒的作用

强制隔离戒毒工作对加强和创新社会治理、维护社会和谐稳定具有重要的作用。

1. 成为有效遏制毒品违法犯罪行为的重要阵地。毒品消费是引发非法种植、制造、运输、贩卖、走私和销售毒品等违法犯罪活动的直接原因，同时也是引发与吸毒有关的其他违法犯罪活动的诱因，特别是因贩毒活动形成的犯罪集团和黑社会组织，以及由此引发的暴力、凶杀、贿赂和洗钱等犯罪活动。自 2008 年《禁毒法》实施以来，司法行政系统强制隔离戒毒所累计收治戒毒人员 144.4 万余人，实现了戒毒人员与毒品的有效物理隔离，以及100%的所内戒毒，客观上减少了毒品需求，压缩了毒品消费市场，有效抑制了制毒犯罪活动，发挥了预防和减少毒品违法犯罪的作用。

2. 成为最大限度增加社会和谐因素的有效措施。吸毒人员大多具有较强的社会危害性，是危害社会稳定的不和谐因素。吸毒成瘾人员中的大部分人曾有违法犯罪行为，因毒瘾发作引发重大、特大案件的情况也屡见不鲜。同时，吸毒严重破坏吸毒人员家庭关系，轻则亲人之间反目成仇，重则妻离子散、家破人亡，甚至走上犯罪的道路，为社会增加了不稳定的因素。强制隔离戒毒所通过必要的手段和措施，帮助他们戒除毒瘾，重获新生，构建良好的家庭关系和社会人际关系，减少违法犯罪行为的诱因，最大限度增加和谐因素，有效地促进社会和谐。

3. 成为帮助戒毒人员戒除毒瘾的“特殊医院”。从医学的角度看，吸毒成瘾是一种顽固的、反复发作的脑部疾病。强制隔离戒毒所根据戒毒人员吸食、注射毒品的种类及成瘾程度，以及他们在戒毒过程中不同时期或阶段的身心特点以及患病等情况，提供规范的戒毒医疗服务，科学运用心理矫治等方法，帮助他们恢复身体机能、增强身体素质，养成健康的生活方式，有效提高抵制毒品和适应社会的能力。从法律角度看，吸毒行为侵害了禁毒法律法规保护的特定社会关系，是一种违法行为，强制隔离戒毒所通过法制教育，帮助他们了解法律知识，增强法制观念；从道德角度看，吸毒行为既损人又不利己，强制隔离戒毒所通过道德教育帮助他们提高辨别是非的能力，增强其社会、家庭责任感，引导他们遵守公民道德、家庭美德和社会公德；从吸毒造成的后果看，戒毒人员自身无法控制对毒品的渴求，深陷毒品深渊而不能自拔，仅靠个人意愿无法完成戒除毒品的任务。强制隔离戒毒所通过严格管理，要求戒毒人员必须遵守所规所纪，维护强制隔离戒毒所秩序，并对他们进行思想认知教育和行为养成教育，帮助他们养成良好的行为习惯；通过开展职业技能教育，帮助戒毒人员掌握一技之长，增强其谋生的本领。总之，强制隔离戒毒所通过采取医疗、法律、道德等综合措施，帮助戒毒人员戒除毒瘾，顺利回归社会。

4. 成为推进社会公平正义的直接力量。公平正义是人类社会的共同理想，是社会主义法治的价值追求，是建设法治中国、夺取中国特色社会主义新胜利的基本要求，也是加强和创新社会治理的目标任务。一方面，戒毒工作人民警察代表国家行使行政执法权，是法律的执行者、适用者，他们身处封闭的特殊环境，与戒毒人员朝夕相处，一言一行都代表着国家法治的权威，都关乎社会公平正义的底线。这种特殊的工作环境和工作职责决定了戒毒工作人民警察在推进社会公平正义中承担着重要的责任，是推进社会公平正义的一线力量。另一方面，强制隔离戒毒所通过加强制度建设，广泛接受监督，不断增强执法透明度，规范执

法，保障社会公平正义落实在每一个执法环节和执法行为之中。

三、任务考核

【案例】 2018 年 6 月 25 日举行的国新办新闻发布会上，司法部副部长刘志强、司法部戒毒管理局局长曹学军介绍了司法行政戒毒工作成果，并回应了社会热点。

刘志强介绍，目前，全国共有司法行政戒毒场所 361 个，收治能力达 32 万人。自 2008 年《禁毒法》实施以来，已累计收治强制隔离戒毒人员 130 万余人，目前在所近 24 万人。近年来，全国司法行政戒毒机关建立了以分期分区和流转为基础、以专业中心为支撑、以科学戒治为核心、以衔接帮扶为重点的全国统一的司法行政戒毒工作基本模式，标志着新时代司法行政戒毒工作已经由转型走向定型。建立了较为完备的司法行政戒毒工作制度体系，实现了各项工作有法可依、有章可循，保障了司法行政戒毒工作法治化、规范化运行。

问题：根据以上案例，请分析强制隔离戒毒有什么法律政策依据？强制隔离戒毒工作为什么会得到全社会、戒毒人员及其家属的广泛认可？强制隔离戒毒对维护我国社会和谐稳定具有哪些具体意义？

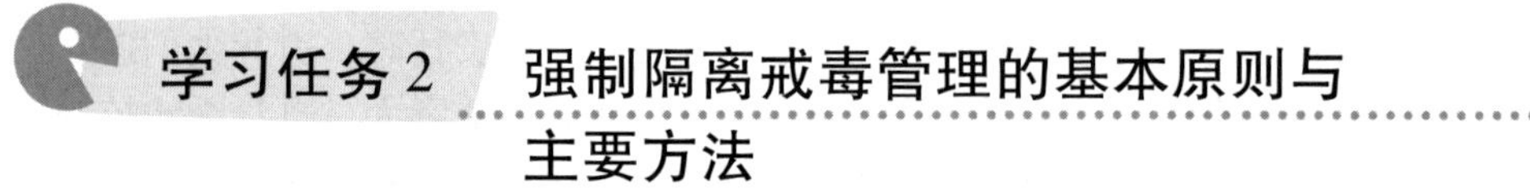

学习任务 2 强制隔离戒毒管理的基本原则与主要方法

一、学习目的

1. 掌握强制隔离戒毒管理的基本原则。
2. 熟悉强制隔离戒毒的主要管理方法。

二、知识要点

强制隔离戒毒管理是执行国家法律法规的一项重要活动，也是执行机关必须承担的法律责任。强制隔离戒毒所贯彻“关怀帮扶、以人为本”的理念，依法、严格、科学、文明地对戒毒人员实施分类管理、规范化管理、民主管理以及人文管理，开展生理脱毒和心理治疗，实施道德和法制教育，提供康复训练和职业技能培训，充分调动戒毒人员的戒治积极性，帮助他们戒除毒瘾、重返社会。

（一）强制隔离戒毒管理的基本原则

按照依法、严格、科学、文明执法的原则，对戒毒人员实施制度化、规范化、科学化的管理，不仅能够顺利完成戒毒管理工作规划、目标，更重要的是能够充分调动戒毒人员的积极性和创造性，使戒毒管理实现良性循环运转。

1. 依法管理原则。在现代文明的法治国家的任何领域，“依法管理”都彰显着它的重要性。从和谐社会建设的角度看，将依法管理原则真正落实到戒毒工作人民警察执法工作的每个方面、每个环节很有必要。坚持依法规范管理戒毒人员，逐步将戒毒管理纳入规范化、法制化的轨道，有利于提升戒毒管理的水平。

（1）遵循法律规范。《禁毒法》和《戒毒条例》实施后，强制隔离戒毒工作实现职能转型，国家禁毒办、司法部及其戒毒局、各省（自治区、直辖市）司法行政机关等先后出台了一系列戒毒制度与文件，对做好新形势下的戒毒管理工作提出了明确要求，为加强各项戒毒业务建设提供了依据和指引。上述法律法规均在接收，安全管理，通信、通话、探访、探视，保护性约束措施和单独管理，离所就医和所外就医，解除等问题上作出了明确指导。戒毒工作人民警察必须依法管理、规范管理。

（2）严守执法权限。在对戒毒人员的管理过程中，戒毒工作人民警察要端正用权心态，严守法律、严守制度，切实用好执法权力，对所有戒毒人员一视同仁，确保所有执法管理活动依法进行，确保各个执法管理环节公平公正，让权力回归到戒毒人员管理的本质中去。

（3）加强执法监督。执法监督是戒毒人员管理过程中的自我调节和保障机制，是保障法律法规实施以及实现“依法规范”的重要环节。强制隔离戒毒所是国家的行政执法机关，其从事的一切管理活动都是代表国家行使执法权，权力运行到哪里，监督制约就应当延伸到哪里，这不仅仅有益于保障戒毒人员的合法权益，同时也是统一戒毒执法理念，保障戒毒工作人民警察正确行使职权的有效手段。

2. 严格管理原则。严格管理原则贯穿强制隔离戒毒管理工作的全过程，要求戒毒人员以及所内自我管理组织不能随意妄为，戒毒工作人民警察不得掉以轻心，应当奖惩分明，严肃纪律。具体而言，严格管理原则主要体现在以下几个方面：

（1）依法制定严格管理的规章制度。戒毒管理是一项严肃的执法活动，为使禁毒戒毒法规、方针、政策得到正确落实以及真正实现对戒毒人员教育矫治的目标，必须结合实际情况及需要，将其细化为严格的纪律和制度，使戒毒人员的行为得到明确的规范和约束，使执法管理者的行为有依有据，减少乃至避免滥用职权和其他违法乱纪行为的发生。

（2）健全严密的戒毒人员管理组织机构。强制隔离戒毒所必须建立、健全严密的行政组织系统，配备相应的执法人员，并在管理人员的指导下，倾向性地

组织建立戒毒人员的自我管理组织系统，如生活组织、学习组织、劳动组织、安全纪律组织等，这是实现周全、严密管理的前提与保证。组织系统建立后，还必须具体明确各自的职责和权限，使戒毒工作人民警察以及戒毒人员在管理活动中各司其职，各负其责，相互协调，配合得当，避免因权限不明、互相推诿而出现漏洞，造成管理工作的重大失误。

（3）实践全程严控管理理念。对戒毒人员戒毒矫治的全过程进行严控，指戒毒人员从被收入强制隔离戒毒所到回归社会的全过程都要置于执法管理者的严密管控之下，其行为自由受到一定的限制；另外，严控理念的全程化还特别强调，对戒毒人员的严格管理应建立在充分了解其于每一个戒治阶段所呈现出来的生理及心理特征基础之上，要针对取得不同阶段性戒治效果的戒毒人员实施不同程度的严格控制手段。

（4）运用奖惩分明的管理手段。管理离不开奖励与惩罚，如何依法、严格、公正地运用奖惩手段，是实现有效管理的命脉所在，这一规律在强制隔离戒毒管理中体现得淋漓尽致。做到奖惩严明、宽严相济、严肃公正，就能进一步调动戒毒人员遵规守纪和戒毒的积极性，确保正常的教育矫治秩序，营造积极、良好的戒毒氛围。

3. 科学管理原则。戒毒管理是一项难度大、专业性强的工作。管理过程是否科学、系统，管理人员是否具备适应戒毒工作特点及规律的知识和技能，对戒毒管理工作的成败而言非常关键。戒毒管理工作的科学原则，就是强调要坚持科学认识戒毒规律，认真构建符合戒毒工作特点、规律以及时代发展要求的工作模式，将科学的方法和手段运用于戒毒管理工作的各个环节和过程。

（1）科学认识戒毒规律。吸毒成瘾是戒毒人员因反复使用毒品而导致的慢性复发性脑病，对毒品的依赖成瘾原因复杂，既包含生理因素，也包含某些心理因素，简而言之，它不仅是一种躯体疾病，更是一种心理疾病。对戒毒工作人民警察来说，救赎毒殇，任重道远，其管理的目标在于帮助戒毒人员摆脱生理毒瘾，但更不能忽视的是“救其心”，纠正其错误的行为习惯，实现戒毒人员身心的康复。因此在戒毒管理工作中，民警应当遵循先治行为，后攻心瘾；先控制生理反应，后增强身体机能；先解决躯体问题，后进行强化戒治；先治疗脱毒，后心理干预的基本原则。科学戒毒原则的核心在“戒”，重点在“治”，辅之以心理教育，这是由戒毒的客观规律所决定的。

（2）科学遵循戒毒规律。戒毒管理是一个涉及生理戒断、法制文化、职业培训、生活技能等多个领域的工作过程，涉及了医学、心理学、教育学、管理学等多种学科及理论。戒毒工作人民警察要以当前研究结论与现有的管理经验为基础，及时从上述学科理论研究的前沿引入先进的、适合戒毒工作的理论，提升自我素质，恰当地借鉴国内外先进的科学管理办法，使戒毒管理手段朝着科学化、现代化的方向发展，这也是科学戒毒原则的具体体现。

4. 文明管理原则。坚持文明管理原则，就是要在保证执法管理严肃性和权威性的同时，体现对戒毒人员的关怀帮扶。戒毒工作人民警察要不断改进管理方式，注重语言、行为规范，重视摆事实、讲道理，切忌简单粗暴执法；要尊重戒毒人员人格，保障戒毒人员合法权益，坚决杜绝任何形式的虐待戒毒人员和有辱人格的方法、手段和行为。

（1）以人为本。在戒毒管理中，“以人为本”原则要求以戒毒人员为出发点和中心，围绕激发和调动其主动性、积极性来开展戒毒工作，将以人为本理念贯彻于管理、教育、治疗康复、生活卫生、生产劳动等具体工作之中；尊重戒毒人员的人格权利和个体差异，保障戒毒人员的合法权益；改变过去与戒毒人员之间刻板的执法者和违法者、控制与服从关系，从心理、医疗、生活上给予他们更大的支持和帮助，让他们感受到关爱，从而消除抵触情绪、疏离感、陌生感，调动他们戒毒的自信心和积极性。

（2）关怀帮扶。戒毒人员本身属于身心均遭受过一定创伤的弱势群体。对于这部分违法弱势群体，戒毒工作人民警察要严格管理，更要将关怀帮扶原则贯穿于戒毒人员管理工作的始终，采取多方配合、多措并举、由表及里的切实帮扶手段，真诚关心、教育感化戒毒人员，为他们重新融入社会创造积极条件。

多方配合的帮扶措施指的是由戒毒执法部门建立管理、教育、卫生、后勤服务等多部门协作联动的戒毒人员关怀救助机制，在法律层面、组织层面、纪律层面、资金层面等提供保障；另一方面，提高全社会对戒毒人员关怀救助的支持度与参与度，通过走访、宣传等方式，加强强制隔离戒毒所与政府职能部门、社会团体之间的联系，鼓励、引导非政府组织、基金会、社会企业等积极参与，为戒毒人员争取更多的关怀救助。多管齐下的帮扶手段涵盖了法律、教育、医疗、心理、文化、就业等方方面面。通过成立困难基金会，开展心理疏导、精神抚慰等方式，对无生活来源、患病、缺乏家庭支持等存在特殊困难的戒毒人员予以定期和临时救助，将其纳入关怀救助的人员管理范畴，帮助戒毒人员走出困境。

戒毒工作人民警察在对戒毒人员实施关怀救助时，一方面是希望为这部分弱势群体带来物质和心理上的安全感，另一方面是为了激发戒毒人员自愿戒毒的动机，让他们从“要我戒”的外在强制转化为“我要戒”的内在动力，坚定戒除毒瘾的信心，并在此基础上产生更高层次的需求，促使其热爱生活，适应社会，构建新的人际关系网络，掌握谋生技能，学会自己面对和解决生活、工作中遇到的困难和问题，从中找寻个人价值。

（二）强制隔离戒毒管理的主要方法

强制隔离戒毒工作要适应形势发展需要，首先，绝不能违背戒毒工作指导原

则；其次，要不断创新戒毒管理工作理念；最后，还必须健全完善戒毒工作方法和管理方式。

1. 分类管理。根据《司法行政机关强制隔离戒毒工作规定》以及《司法部关于建立全国统一的司法行政戒毒工作基本模式的意见》中的相关规定，在戒毒执法过程中对戒毒人员实施分别、分区、分级管理制度基本符合戒毒工作规律，对营造良好的戒治环境，切实提高戒毒矫治质量具有重要作用。

（1）分别管理。"分别管理"，是指强制隔离戒毒所根据戒毒人员日常管理和戒治工作需要，对男性和女性戒毒人员实行分所管理，对未成年戒毒人员实行单独集中管理，对患病戒毒人员实行单独专区管理，对吸食同类毒品者进行统一编队管理等。

第一，按性别分别管理。目前，绝大多数省（自治区、直辖市）司法行政机关都设立了女子强制隔离戒毒所，统一接收所辖地区的女性戒毒人员，实现了男女分所管理。为保障妇女根本权益，女性戒毒人员由女性警察直接管理，在管理治疗方面，需要依照女性戒毒人员生理、心理特点，制定相关措施。对于尚未单独设立女子强制隔离戒毒所的地区，应当将女性戒毒人员单独编队管理。

第二，按年龄分别管理。为保障未成年人能够继续接受国家规定的相关教育，避免其受到成年戒毒人员的不良影响，《司法行政机关强制隔离戒毒工作规定》第6条第2款规定，具备条件的地方，应当单独设置收治未成年戒毒人员的强制隔离戒毒所。未单独设所的地区，应当将未成年戒毒人员单独编队管理。未成年强制隔离戒毒所或者未成年单独编队管理的大队应当结合未成年人的生理、心理等特点，以学习文化和生产技能为主，开展戒毒治疗。

老年戒毒人员在身体机能以及心理承受能力方面较之年轻人有明显的衰退，为帮助其更好地适应戒毒生活，戒毒工作人民警察应在学习、教育、康复、生活方面给予其周全的照顾。虽然当下还没有法律规定明确应当对老年戒毒群体实施分别管理，但这种做法也许会是一种未来趋势。

第三，按患病情况分别管理。因长时间吸毒，毒品在吸毒者体内累积，毒素危害性极高。一般而言，吸毒者身体素质较差，身体免疫功能低，不仅罹患各类心脑血管、呼吸系统疾病的可能性高于其他人，更是艾滋病、性病的高危感染群体。该群体所罹患疾病的类型不仅难以根治，且可能具有极强的传染性。对戒毒人员按患病情况实施分别管理，主要是将患有艾滋病、结核、肝炎、性病等传染病的戒毒人员分开管理，防止传染，益于戒治。

第四，按吸食毒品的类型分别管理。在生理脱毒期间，根据戒毒人员吸食毒品种类进行分开管理，总体要求是实现不同吸毒种类人员分病室或分队、分房舍管理。根据毒品分类，将戒毒人员划分为吸食传统型毒品者及吸食新型毒品者两个类别。吸食传统型毒品者，是指主要使用海洛因等阿片类毒品的戒毒人员；吸食新型毒品者，是指主要使用冰毒、摇头丸等人工化学合成的致幻剂、兴奋剂类毒品的戒毒人员。

第五，其他适用分别管理的情形。除法律法规明确规定分别管理的情形外，在实践工作中，根据需要，可以分别管理的情形有：对同案、有利害关系或地域集中的戒毒人员，实行异所管理；对自愿接受强制隔离戒毒的人员，实行相对集中管理；对一次与两次以上戒毒人员，实行分队（组）管理。

分别管理的好处在于，可以按照戒毒人员吸食毒品的不同类型采取有针对性的戒治措施；按照戒毒人员戒断症状程度进行分类治疗；按照戒毒人员心理状况，进行分类矫治；按照戒毒人员体能状况进行分类训练。实践证明，分别管理具有较强的实效性和针对性，有利于帮助戒毒人员戒除毒瘾。

（2）分区管理。根据戒毒人员的“违法者、病人、受害者”身份特征，要遵循科学戒毒的精神和规律，以高科技含量戒治技术为手段，以戒毒治疗为基础，以管理、教育、技能实践为核心，以生理康复、心理治疗和人格重塑为主线，以戒毒周期和戒毒区域为载体，对戒毒人员进行分区管理。也就是说，要根据戒毒人员从入所到出所全过程的不同阶段，统一设置生理脱毒区、教育适应区、康复巩固区和回归指导区，实现不同阶段之间的区域分设，并根据各区戒治任务的不同重点，实施相应的戒治方法，帮助戒毒人员戒除毒瘾、重获新生。

第一，生理脱毒区。针对新收治的需要急性脱毒的戒毒人员，统一在生理脱毒区开展为期 7~15 日的急性生理脱毒治疗。对处于生理脱毒区的戒毒人员，强制隔离戒毒所的执法任务主要包括开展入所体检、吸毒史调查、脱毒观察；根据吸毒种类和成瘾程度，科学制定脱毒方案，分类实施急性脱毒治疗，消除急性戒断症状，确保戒毒人员安全脱毒。对公安机关转送的已经度过急性脱毒期的戒毒人员，在生理脱毒区进行不少于 7 日的入所观察，开展入所体检。同时，开展性病、艾滋病、肝病、肺结核病等传染病和高血压、糖尿病等慢性病以及精神障碍的筛查，进行安全风险性评估和转区流转评估。通过实施医学戒治、实时监控和组织学习训练，使戒毒人员急性戒断症状消失、基本恢复体力、增强体质，初步适应强制隔离戒毒所生活。

第二，教育适应区。戒毒人员完成生理脱毒并通过转区流转评估后，应当在教育适应区接受不少于 1 个月的入所适应性教育。强制隔离戒毒所在继续缓解和消除戒毒人员稽延性戒断症状、恢复其生理机能的同时，通过开展认知教育活动，引导戒毒人员正确认识毒品危害，明确戒毒目标；通过入所心理测试、心理健康教育和心理危机干预，帮助戒毒人员尽快熟悉强制隔离戒毒所环境，顺利适应戒毒生活。通过建立心理治疗档案、教育矫治档案和诊断评估档案，对教育适

应期满的戒毒人员进行考核评估，合格者转入康复巩固区。

第三，康复巩固区。由教育适应区转出的戒毒人员会在康复巩固区接受教育戒治。在康复巩固区，强制隔离戒毒所将对戒毒人员全面开展教育戒治、戒毒医疗、康复训练等各项活动，综合运用戒毒医疗、心理矫治、教育矫正、身体康复训练、习艺劳动和职业技能培训等戒治手段，增强戒毒人员的认知力、意志力、自控力、拒毒定力和自食其力的能力，逐步淡化心瘾，最终戒除毒瘾。具体任务如下：开展日常治疗、疾病防控、定期体检；开展针对传染性疾病、慢性病和精神障碍等的监测和防治；开展戒毒知识、法律常识、文化素质、思想道德教育；开展心理健康教育、个案化心理矫治和团体心理辅导；开展拒毒能力和防复吸训练；开展身体机能的康复训练；开展以职业技能培训为核心的习艺劳动；对戒毒人员在戒治期满 1 年时进行综合诊断评估。

第四，回归指导区。戒毒人员在期满前 1 个月或提请提前解除强制隔离戒毒后，便由康复巩固区转入回归指导区，在本区块内进行回归适应性教育。对这类已经身心康复，即将解除强制隔离戒毒的戒毒人员，强制隔离戒毒所会借助综合性诊断评估，出具综合性诊断评估报告；开展形势政策教育、就业指导；鼓励被责令社区康复的人员到戒毒康复场所进行社区康复，帮助戒毒人员了解社区戒毒（康复）的机构和流程；进行出所前体检；为戒毒人员构建后续帮扶平台、构建家庭和社会支持系统等措施，不仅能够较好地缓解戒毒人员出所前的负性情绪，增强融入社会的信心，使其在思想上做好回归社会的准备，更重要的是完成了戒毒人员回归社会的衔接与帮扶。

总而言之，“分区管理”的总体目标就是要按照“科学戒治、先易后难、淡化心瘾、提高技含、符合实际”的原则，着力解决戒毒人员的“体力、认知力、自控力、意志力、拒毒定力和自食其力”等“六个力”的恢复问题，努力探索符合戒毒属性和特点的工作方法，帮助戒毒人员戒除毒瘾，促进身心健康，增强融入社会的能力，做合格公民。

（3）分级管理。依据戒毒人员表现，将其划分为严格管理、普通管理以及宽松管理三种递进的管理级别，以严宽有别的不同待遇形成目标激励的心理效应，引导戒毒人员将自己的行为和后果联系起来，激发戒毒意愿，促进心理健康和成熟，帮助戒毒人员重新树立正确的人生观、价值观和世界观，重塑健康人格。

第一，等级划分。戒毒人员划分等级是分级处遇的重要内容。当前，常见的等级划分为严格管理、普通管理、宽松管理三种。

其一，严格管理。严格管理是指针对戒毒人员的活动自由、行为规范方面实施严格限制、管控措施。如全天 24 小时由戒毒工作人民警察直接管理或将其行动置于摄像头监控之下，必要时对严管人员采取保护性约束措施等以防止意外。适用对象主要有三类：

第一类是对新接收进入生理脱毒区的戒毒人员，在生理脱毒期为其开展生理脱毒治疗，通过严格防范来避免戒毒者毒瘾发作引发意外事件。此类严格管理期限一般为7~15天。

第二类是完成生理脱毒阶段后转入教育适应区的戒毒人员，在此阶段戒毒工作人民警察通过严格执行戒毒人员生活规范和行为规范，以达到强化戒毒人员自觉遵守所规队纪、自我管理、自我约束的自觉性的目的。此类人员的严格管理期限一般为1个月。

第三类是对有重大犯罪嫌疑、严重违规违纪以及其他表现较差的戒毒人员采取的防范、控制、强制管理措施。除单独管理在专用的单独管理室实施，其他情况下的严格管理应当在专门的严格管理区域实施。

其二，普通管理。普通管理的适用对象为入所时间3个月以上且思想稳定、身体较健康的戒毒人员；在生理脱毒期能够遵守所规所纪、安心接受戒毒戒治，经考核评估后转为康复矫治期的戒毒人员；自入所接受戒毒矫治以来，综合表现较好、能够认真地完成好各项戒治任务、服从管理的戒毒人员。针对这部分戒毒人员，强制隔离戒毒所对其正常开展教育矫治，安排学习和劳动任务，关注他们的表现，及时修正不良倾向，管理强度上相对宽松。

其三，宽松管理。宽松管理的戒毒人员主要包括：经过诊断评估，剩余戒毒期限在3个月以内的戒毒人员；自入所以来思想稳定、安心接受戒治，基本能完成戒治任务，剩余戒毒期限在3个月以内的戒毒人员。简而言之，这是一种针对各方面表现较好，或临近解除的戒毒人员采取社会化矫治措施的管理级别，在戒毒工作人民警察的指导下，逐步加大戒毒者自我管理力度，目的是帮助其重建社会支持系统，提高社会适应能力，实现健康回归社会。

第二，分级处遇。“分级处遇”指的是对于不同管理级别的戒毒人员给予不同的待遇。目前，“分级处遇”制度仍缺乏全国统一的标准，在实际操作中，各省（自治区、直辖市）戒毒执法部门只能从实际出发，结合强制隔离戒毒所自身设施、民警执法水平、业务基础工作状况等，制定有利于强制隔离戒毒所安全、有利于戒毒人员戒毒矫治的具体分级处遇实施细则。戒毒工作人民警察在满足戒毒人员基本生活、教育、劳动保障的基础上，在以下生活、工作方面会对不同管理等级的戒毒人员实施不同的处遇标准：

其一，通信探访控制程度。在通信次数、通话方式（视频通话）、探访次数、时间等方面予以区别，戒毒人员的管理程度越宽松，其在所与亲友联系的机会就更多，时间也更充裕。

其二，生活待遇。在作息制度、零用钱发放、所内超市购物次数与金额、亲情会餐等方面实施不同的奖励措施。在文体活动安排、图书借阅等方面亦有区别。

其三，劳动工种、岗位设置。宽松管理等级可以比普通管理等级优先安排从事零星劳动，享有担任班组长、仓库管理员、食堂工作人员等特殊岗位的资格。严格管理等级则不能从事零星劳动和特殊岗位的工作。

其四，外出活动条件和内容标准。宽松管理等级的戒毒人员可以外出参加社会适应性活动；戒治效果较好且即将出所的，可以到戒毒康复场所做回归社会的体验。在外出探视的条件、时间上，宽松管理者比普通、严格管理者享有更大的自由度。普通管理等级的戒毒人员外出活动时必须严格控制，严格管理等级的戒毒人员将被禁止参加所外活动。

2. 规范化管理。管理规范化是戒毒工作向着科学化、现代化发展，适应新形势要求的必然趋势。

（1）规范化管理的含义。在强制隔离戒毒所实施规范化管理，就是指强制隔离戒毒所依据国家的法律法规、政策和有关部门的规定，通过建立一套公开透明、上下认同的制度，使整个管理环境以及活动达到预定的目标和模式。规范化的过程就是要把“人治”彻底转变为“法治”，使戒毒管理最终实现制度化、流程化、标准化、直观化。规范化管理需要强调的是，针对管理行为的统一标准必须建立在科学的人性理论基础上。

（2）规范化管理的目的与作用。规范化管理既能够克服戒毒执法管理活动的随意性和盲目性，又便于管理者和被管理者理解和操作，从而发挥最佳的“双赢管理”局面。

第一，为戒毒执法管理奠定科学理论基础。戒毒工作规范化管理是广大戒毒工作人民警察依照国家法律、政策，结合实践总结出来的一套行之有效的管理方法，它充分吸收了毒品成瘾矫治、法学、心理学、教育学、管理学等学科的精髓部分，将以往戒毒工作管理中成功的经验上升到理论的高度，来指导强制隔离戒毒管理的实践。此外，规范化管理还准确、恰当地借鉴和引进了相邻或相关的其他学科的理论，如行为科学、系统科学等，使戒毒工作管理避免了单纯经验性和随意性，为强制隔离戒毒管理奠定了科学的基础。

第二，有利于稳定强制隔离戒毒所秩序。规范化管理贯穿于强制隔离戒毒管理活动的全过程。实行规范化管理，能够从制度、措施等方面有效地堵塞管理工作中的漏洞，消除隐患，减少戒毒人员违法违纪行为的发生，确保强制隔离戒毒所安全。同时，实行规范化管理，就是用章法的明确性与管理措施的可期性督促戒毒人员实现“言有戒律，行有准则”。

第三，提升戒毒工作人民警察队伍素质。规范化管理的内容之一，就是规范戒毒工作人民警察的执法行为。为防止戒毒执法管理中的随意性，增强法制性，树立权威性，提高管理效率，提高执法水平和管理能力，必须要求戒毒工作人民警察熟练掌握规范化管理的内容和要求，深刻领会其精神，在管理戒毒人员过程中，严格依照条款，严肃认真执行。

第四，加快规范化强制隔离戒毒所的创建与完善。创建与完善规范化强制隔离戒毒所，不仅涉及强制隔离戒毒所的基础设施设备、警戒护卫设施设备、教育矫治设施设备、医疗康复设施设备、劳动生产设施设备的完备程度，还涉及戒毒工作人民警察的执法水平、管理制度、所内秩序、戒治效果的评估等内容。换而言之，在强制隔离戒毒所内实施规范化管理是规范化建设的重要组成部分，而且随着社会的向前发展和时间的推移，不论创建和完善规范化强制隔离戒毒所的内容和要求如何变化，实行规范化管理永远是推进强制隔离戒毒所规范化建设的基础所在。

（3）规范化管理的内容。规范化管理主要体现在几大方面：一是要通过规范化管理为戒毒人员营造安全稳定、良好有序的戒毒环境；二是要通过规范化管理强调戒毒人员的行为举止，帮助其养成良好的生活行为习惯，摒弃恶习，以增强戒毒工作实效，促进戒毒工作水平全面提升。

第一，戒毒环境的规范化管理。为确保强制隔离戒毒所的秩序安全，方便戒毒工作人民警察对戒毒人员的监管，提供有利于戒毒人员的生产和生活的大环境，强制隔离戒毒所依托规范化管理手段，并根据既定的标准，对戒毒人员生活、学习、劳动现场、安全防范设施进行科学、系统的布局和建设，比如围墙、警戒地带、隔离带、通道、宿舍、禁闭室、接见室、值班室等区域的建造和安全设施的配置必须有一个统一的标准，这一套规范化标准体现着国家强制力的权威性，是国家强制力量的物化和外在显示。具体而言，戒毒环境规范化管理的作用体现在以下方面：

其一，安全防范。戒毒环境的规范化管理对强制隔离戒毒所安全防范设施的种类、标准和管理要求作出了明确的规定，进一步完善了安防设施体系，形成了严密的警戒网络，隔断了戒毒人员原有的毒品网络，促进强制隔离戒毒所职能的充分发挥。

其二，优化环境。除了要考虑安全严密性，科学的戒毒环境还应当顾全的因素包括强制隔离戒毒所设备是否齐全、规格是否统一、功能是否完备，只有布局合理的环境才能营造出庄重肃穆、整齐有序的氛围，对戒毒人员产生一定的威慑力，促使其产生戒除恶习的紧迫感。同时，文明有序、整洁卫生的环境也有利于为戒毒人员创设舒适的居住条件，促进戒毒人员身体机能的恢复。

其三，是情绪稳定。强制隔离戒毒管理的目标不仅在于督促戒毒人员戒除毒瘾，还在于挽救这一部分情绪不良，心理承受能力较差，心理素质不佳的人，帮助其重拾生活热情，提升回归社会的能力，让戒毒人员在一个整齐洁净的空间里接受治疗与教育，感受与强制隔离戒毒所外相似的环境之美，对于其情感的平复，心灵的抚慰，情绪的调整具有促进作用，从某种意义上来看，强制隔离戒毒所的设置和布局会影响戒毒人员的戒治效率。

其四，是物质保障。戒毒人员是我国的公民，归根结底是一个人，对于戒毒环境的规范化建设和管理有利于满足戒毒人员基本的生活需要及更高层次的需要，保障戒毒人员的合法权益，例如对于求知欲强烈以及渴望丰富业余生活的戒毒人员而言，如果强制隔离戒毒所文体设施设备不充足，文化生活环境欠佳，则难以确保他们能在戒毒所内安心戒毒。

第二，戒毒人员行为的规范化管理。为了维护强制隔离戒毒所的秩序安全，帮助戒毒人员彻底摆脱毒瘾，强制隔离戒毒所理应针对戒毒人员的生活、学习、劳动、待人接物等方面制定严格的准则和要求。对于戒毒人员而言，戒毒人员矫治行为规范化管理所产生的作用绝不仅仅只是限制、控制，它的广泛作用体现为：

其一，约束行为。对戒毒人员而言，行为的规范化管理意味着一种根据国家的法律法规和政策制定和发布的行政命令，对于戒毒人员行为上的规范化管理体现在两个方面：一是必须履行的义务，二是明令禁止的行为，戒毒人员必须严格依照这两方面的规定去控制自己的行为模式，不得随意妄为，也不得逃避某些必须履行的行为。一旦违反行为准则，将会受到强制隔离戒毒所的行政制裁。

其二，习惯养成。行为的规范化管理依据往往是一套内容详细、可操作性强的明文规定，它将戒毒人员戒毒期间该坚持的、该摒弃的、可以被允许的、有可能受到苛责的行为一一列举，并公之于众，戒毒人员相当于获得了一份“行为导航”，有了这个行为轨道，戒毒人员就能够在趋利避害心理的驱动下，不断总结经验和教训，自省自悟，自我检查，不断调整自己的行为模式，以达到多奖不罚的目的，长此以往形成心理定式，有利于良好行为习惯的养成。

3. 民主管理。在强制隔离戒毒所内，戒毒工作人民警察必须在管理过程中深刻理解民主管理的重要意义，以人为本，遵循“民主、公平、公开”的基本原则，“管，但并非只管”，管理只是手段，而非目的，充分发挥戒毒人员在戒治过程中的积极性、主动性和创造性。目前，绝大多数强制隔离戒毒所都已按照平等协商的组织规则和组织程序，形成了各种形式的戒毒人员自主管理群体，并且在其中产生了一批特殊的管理者。

(1) 民主管理的含义与特征。所谓民主管理，其实是戒毒人员在有限范围内的自主管理，相对于被动接受、绝对服从的刚性强权管理而言，强制隔离戒毒场所的民主管理活动倾向于自我参与式柔性人文管理，即在戒毒工作人民警察直接管理和指导下，戒毒人员参与的一系列自我管理活动。这种管理办法，旨在增加戒毒人员参与管理和自我约束的机会，调动其主动参与戒毒管理活动的积极性，帮助戒毒人员更好地改变不良行为，促进强制隔离戒毒所管理秩序的稳定。

第一，平等性。民主管理组织中绝大部分拥有权限和职责的管理人员也是戒毒者，“管理者”与“被管理者”之间具有平等互助的关系。各组织成员在组织中平等地享有发言、建议、批评以及学习、娱乐、治疗等权利，这有利于形成戒毒人员之间互相帮助、共同进步的氛围，同时，自主管理组织的建立也在不断鼓励着戒毒人员增强维权意识，对违纪管理行为提出异议。

第二，组织性。强制隔离戒毒所内的民主管理组织形式须有维系自身存在与发展的管理规程，包括组织任务与使命、人员岗位职责与纪律等。不论是戒毒工作人民警察还是戒毒人员，都需要在组织制度的框架下开展组织活动。

第三，激励性。成为民主管理组织中的管理者，对于任何戒毒人员来说都是一种鼓励，它意味着戒毒工作人民警察对其在戒治效果、行为表现、管理能力、服务意识方面的认可。为了以实际行动回馈这种肯定，给其他戒毒人员树立榜样，参与民主管理的人员将会以更严格的要求约束自我，发挥模范带头作用。

第四，有效性。民主管理作为一种协调各组织、各种行为达到管理目的的方法绝不是一成不变的，它将通过组织结构的不断优化实现各种资源的最佳配置，通过组织功能的不断改进提高管理效能，以更好地实现组织目标。

（2）民主管理的重要意义。民主管理是戒毒工作人民警察直接管理的重要补充，在整个戒毒执法过程中占据着不容忽视的地位。

第一，有利于缓解和消除戒毒人员对立情绪，便于管理指令的有效执行。民主管理组织平台类似于一座桥梁，桥梁两端连接着戒毒工作人民警察和戒毒人员，借助各种戒毒人员民主管理组织平台和民主管理方法，将管理目标和要求和缓地传达给每名戒毒人员，帮助他们轻松理解和比较容易地接受，从而使民警的管理指令得到高效落实。另一方面，戒毒人员可以直接向民主管理组织反映自身对于管理教育、生活卫生、生产劳动等方面的意见和建议，而民主管理组织也有责任将其收集到的情况以及组织成员的思想动态及时向民警反映。民警可以据此全面地掌握戒毒人员的情况，及时调整管理策略。这种双向互动关系拉近了彼此之间的距离，避免了不必要的误解，加深了彼此之间的情感，有利于戒毒工作的持续、有效开展。

第二，有利于激发戒毒人员戒毒的主动性，形成互促互进的戒治氛围。戒除毒瘾离不开科学的戒治疗程，离不开法律的震慑与监督，更离不开戒毒人员的自

主愿望与坚定信念。有些戒毒人员来所戒毒并不是源自内心的“我要戒毒”，在这种情形下，采用单一命令式的管理手段很难促使戒毒人员主动戒毒，而借助民主管理下的“心理互助组”“民主管理委员会”等民主管理组织形式，通过开展成员之间的民主讨论、民主监督，以“同伴管理、同伴教育”的模式，有助于营造一种更有利于戒毒人员主动戒毒的“你争我赶、互相帮助、同发展、共进步”的良好氛围。

第三，有利于发挥及时监督作用，实时掌握戒毒人员动态。民主管理要围绕强制隔离戒毒所安全工作目标展开，行使好各民主管理组织成员的权限、履行好职责，切实提高戒毒工作人民警察预测、排除安全风险的能力以及安全防范工作的预见性、主动性，能成功控制各种有可能转化成事故的危险因素。如果强制隔离戒毒所的安全管理与控制单纯依靠戒毒工作人民警察的力量，那么在日常管理和教育戒毒人员过程中极容易出现一些不确定危险因素，直接危及强制隔离戒毒所的安全稳定，举例而言，个别戒毒工作人民警察可能会对戒毒人员思想和行为的变化，特别是对其中有自杀、逃跑、所王所霸行为、集体闹事、所内吸毒等征兆和苗头缺乏足够的警觉，或者对于戒毒人员的思想动态只停留在表象观察上，没有对戒毒人员思想动态进行仔细对比、研判分析，这些都有可能导致强制隔离戒毒所安全事故。而民主管理办法在这一方面发挥出了极大的监督作用，因为民主管理的职责就包括了将戒毒人员中出现的影响强制隔离戒毒所安全的苗头性问题及时向民警汇报，必要时还需协助民警处置强制隔离戒毒所安全突发事件，共同维护强制隔离戒毒所安全秩序。

（3）民主管理主要组织形式。进行民主管理时，必须实事求是地对拟选用的戒毒人员人选进行报批，落实实际任用岗位，不得在未经允许的前提下兼用于另一岗位进行，也不得用于非报批的岗位，如确有需要需兼任其他岗位，应按规定再次进行报批。

第一，戒治自主互助委员会。戒治自主互助委员会（有的地区称其为民主管理委员会）是戒毒人员在戒毒工作人民警察的指导和监督下实行自主管理和互助戒毒的重要组织形式。其主要职责为在民警的直接领导下，协助民警进行学习宣传、纪律监督、生活卫生、生产劳动、文体活动等事务性工作，按照民主参与、相互监督、自我约束的要求，收集并代为反映戒毒人员对戒毒治疗、管理教育、生活卫生、生产劳动等方面的意见和建议，对上述方面提出合理化建议。

戒治自主互助委员会一般由主任、副主任和若干名委员组成。主任由戒毒工作人民警察兼任，副主任和其他委员由戒毒人员担任，副主任脱产协助大队民警维护本大队戒毒人员纪律秩序，根据主任的指示和要求，负责召集各委员开会，布置、协调各委员开展工作，收集各种情况汇总报告，是自主互助委员与大队保持有机联系的联络员，具体工作由当天值班民警负责监督。

除了主任与副主任，戒治自主互助委员会还可以根据实际需要分设纪律维护委员、安全协调委员、安全协调委员、习艺劳动委员、问题宣传委员、生活卫生委员以及纠纷调解委员，其具体工作任务如下：纪律维护委员负责督促大队戒毒人员遵守所规队纪，及时向值班民警汇报大队戒毒人员执行纪律的情况；安全协调委员负责收集戒毒人员对改造秩序的情况反映和合理化建议，勉励、帮助后进戒毒人员，主动关心、照顾有困难的戒毒人员；习艺劳动委员负责协助民警检查成品质量，负责劳动工具的保管和收发，收集戒毒人员对习艺劳动的合理化建议，及时反映戒毒人员在习艺劳动过程中出现的困难和问题，提出合理的生产劳动定额；文体宣传委员负责配合、协助民警利用墙报、黑板报、广播等形式进行宣传教育，按照民警的要求组织形式多样的文娱、体育、队列操练活动，收集并反映丰富大队文化生活的合理建议；生活卫生委员负责检查督促大队公共卫生和个人卫生，每天公布内务卫生情况，参加本所膳食委员会的会议，收集戒毒人员对膳食、医疗、居住的合理建议，及时汇报；纠纷协调委员负责及时劝阻戒毒人员中的争吵、打架、群殴等违纪行为，防止矛盾进一步激化。

戒治自主互助委员会副主任与其他委员的产生，首先由符合条件的戒毒人员本人提出申请，或由本大队戒毒人员集体提名推荐，或由民警推荐，经大队审核后在全体戒毒人员中进行差额选举投票，多数票获得者胜任，最后由大队长选定拟任人员并经大队民警集体讨论同意后，大队填写《使用人员审批表》报所政管理部门进行审批，最后张榜公布，无异议则选举流程结束。

戒治自主互助委副主任及委员原则上任期半年，对任期结束且戒治表现特别优秀的委员，经重新民主选举及所政管理部门审批后可连任轮岗使用，但连任不得超过两届。大队应对戒治自主互助委员会副主任及委员加强管理教育、监督和考核，不搞特殊化管理；副主任或委员在任职期间存在不称职或严重违纪行为的，应及时撤换或给予惩罚；对能积极协助戒毒工作人民警察做好各项工作，完成各项任务，无违法违纪行为的，应给予奖励。

第二，班级负责人。强制隔离戒毒所各大队进行编班管理，开展课堂化教育，组织戒毒人员进行综合性戒毒矫治康复训练，每班戒毒人员 50 人左右，设正、副班长各 1 名，主要工作任务是在民警的直接管理下，积极协助辅导老师，组织本班学员参加课堂化教育和戒毒矫治康复训练，维护本班学员的课堂纪律。此外，班级负责人还需要督促本班级成员按时完成作业，使辅导老师能及时掌握情况，及时进行辅导。

班长由民警指定，副班长可以由戒毒人员自主互助委员会委员兼任，也可以由戒毒人员民主投票选举产生。大队集体研究确定当选人，并在大队公示无异议

后，填写《使用人员审批表》报所政管理部门审批。

第三，所内值班人员。所内值班员主要指在戒毒工作人民警察直接管理下，负责宿舍楼层巡查或车间门口值班、纪律维护、人员进出监督、饭堂卫生清洁等方面的事务性工作的戒毒人员。

大队在符合条件的戒毒人员中选定拟任人员后进行公示，公示时间一般为7天，公示无异议后由管教民警对拟定人员进行考察谈话后提出是否任用意见，将意见提交大队进行集体讨论确定人选，最后由大队填写《使用人员审批表》报所政管理部门审批。

（4）民主管理的基本要求。要通过制定民主管理考核标准和建立民主管理考核监督机制，注重发挥戒毒工作人民警察的直接管理和指导作用，发挥戒毒工作人民警察在民主管理考核监督的主体作用，确保民主管理组织在组织目标、职责、权限和组织规程的框架下开展工作，严防偏离正常轨道；同时要坚持所务公开，保障戒毒人员平等合法权利；还要注重戒毒人员全员参与，以增强其自我管理效能。

4. 人文管理。人文管理理念来源于企业，在企业管理过程中体现的是“人道主义”，这种视充分挖掘员工潜能为己任的“人道主义”管理模式，采取的管理措施都围绕着尊重员工、给予员工充分物质激励和精神激励，促进员工职业生涯的成长与发展，拓展双赢局面等来进行。这种管理办法在工商界取得了巨大的成就，后逐渐在行政管理方面流行起来。近年来，人文管理已经成为我国强制隔离戒毒管理的一种较有成效的新型管理模式。

（1）人文管理的含义。与过去漠视人的权利与尊严的管理模式相比，人文管理更合乎人性、人权要求。戒毒人员首先是一个人，是一个国家的公民，其次才是一个违法者、病人、受害者，强制隔离戒毒管理中的人文管理可以被看作是基于“以人为本”原则，以尊重戒毒人员基本人格，保障戒毒人员合法权益、促进戒毒人员戒治积极性为重要内容，依托周到、规范的制度体系来尽可能地满足戒毒人员不同层次的合理需要，真正从生活和思想上帮助吸毒者重树生活信心，与其他管理方法紧密融合、相辅相成的一系列具有人文关怀特点的管理方法。

（2）人文管理的内容。

第一，尊重人格。《中华人民共和国宪法》（以下简称《宪法》）第38条规定，中华人民共和国公民的人格尊严不受侵犯，禁止用任何方法对公民进行侮辱、诽谤和诬告陷害。《司法行政机关强制隔离戒毒工作规定》第4条明确，从事强制隔离戒毒工作的人民警察应当严格、公正、廉洁、文明执法，尊重戒毒人员人格，保障其合法权益。因此，要实现对戒毒人员的人文管理，首先要把戒毒者当人看，尊重其人格，予以人道主义待遇。

在具体的执法管理过程中，这种人文关怀体现在民警不得体罚、虐待或者侮辱戒毒人员；不应当对戒毒人员持有生、冷、硬、横的态度；对犯错误的戒毒人员不得讽刺、挖苦和谩骂；不得允许戒毒人员侵犯他人人格尊严；不应当在戒毒人员的身体及相关地方设置侮辱性标志，例如剃光头，或者在戒毒人员的服装、活动区域印刷“囚禁”“吸毒者”的字样；不得无理要求戒毒人员完成义务范围之外的事情。

第二，保障合法权益。切实保障戒毒人员的合法权益在人文管理中处于核心地位。戒毒人员的合法权益是指戒毒人员在强制隔离戒毒所内，强制戒毒法律关系存续期间，依法所享有或应当享有的权利和权益，既包括宪法和法律对公民各项基本权益的规定，即作为中国公民普遍享有的权利，如政治权利、基本生活权利、人身权利、宗教信仰权等，也包括与强制隔离戒毒相关的法律规定中涉及的戒毒人员权益内容，比如戒毒人员对行政强制措施享有知情、陈述申辩权及监督建议权，依法申请行政复议或者提起行政诉讼权，获得国家损害赔偿与救济权，获得生理、心理治疗和身体康复训练的权利等。

我国近年来十分注重保障戒毒人员合法权益，主要是为了履行我国对公民人权保障的庄严承诺。同时，对戒毒人员的权益保障也有利于点燃戒毒人员的戒治热情，缓解在管理中因对立和抵触滋生的矛盾和问题，促进强制隔离戒毒所的安全稳定。

第三，关注心理和情感需要。戒毒人员也是人，和普通人一样有着各种情感上的渴望。强制隔离戒毒所在不影响管理秩序与安全的前提下，通过充满人文关怀的措施合理满足戒毒人员正常的心理和情感需要，能够激发戒毒人员的戒治热情，帮助戒毒人员重拾对美好生活的向往及希望。

通过建立一个良好的管理机制和公平的戒治环境，使戒毒人员在一种相对和谐、宽松的环境中实现身心康复，而不是一味依赖于严格管理，尤其是对戒治效果良好以及戒治信念较为坚定的戒毒人员。《司法行政机关强制隔离戒毒工作规定》第 21 条第 1 款规定，经强制隔离戒毒所批准，戒毒人员可以使用指定的固定电话与其亲属、监护人或者所在单位、就读学校有关人员通话。《司法行政机关强制隔离戒毒工作规定》第 24 条规定，戒毒人员因配偶、直系亲属病危、死亡或者家庭有其他重大变故，可以申请外出探视。申请外出探视须有医疗单位、戒毒人员户籍所在地或者现居住地公安派出所、原单位或者街道（乡、镇）的证明材料。此外，戒治效果好的戒毒人员经批准也可外出探视其配偶、直系亲属。《司法行政机关强制隔离戒毒工作规定》第 28 条第 3 款规定，对单独管理的戒毒人员，应当安排人民警察专门管理。1 次单独管理的时间不得超过 5 日。单

独管理不得连续使用。对有必要进行单独管理的戒毒人员，要考虑其情绪波动情况和关注其抵触情绪，在单独管理空间的设计上要有通风、排气设施，解除单独管理后要经常性地进行思想教育和心理疏导。除此之外，人文管理还体现在强制隔离戒毒所帮助戒毒人员解决家庭困难情况，例如戒毒人员父母无人照料，子女上不了学时，帮忙协调解决养老、上学问题；对一些亲属重病的戒毒人员组织进行捐款等，变相鼓励戒毒人员积极戒毒、安心恢复；尊重少数民族戒毒人员的生活习惯，特别是在保证营养健康的前提下，允许少数民族戒毒人员保留饮食习惯；对老弱戒毒人员在饮食起居上给予细心的照顾，实现情感感化。

第四，实现顺利复归社会。强制隔离戒毒人员在强制隔离期间，被迫与外界隔绝，时间长了，容易增加复归社会的难度。人文管理不仅要关注戒毒人员在隔离管理期间的人格、权益和情绪问题，还应当指导戒毒人员顺利复归社会。强制隔离戒毒实践中广泛开展的心理矫治项目、丰富精神世界的文体活动、文化职业教育和技能培训，解除强制隔离戒毒管理前的安全教育以及就业帮扶等，无一例外地体现了人文管理对于促进戒毒人员全面发展以保障其顺利复归社会的高度关注。

（3）人文管理与严格执法的辩证统一。强制隔离戒毒管理中的人文管理与严格执法管理并无冲突，二者恰好是互相依存，互为补充，相辅相成的。“严格执法”是戒毒工作人民警察的职责所在，但如果严格执法管理缺少了人文关怀作为辅助，就极易致使少数民警因忽视戒毒人员的人格或其他合法权益，演变为野蛮执法，从而与“以人为本”的管理原则背道而驰。如果在满足戒毒人员需求时缺少严格规范作为前提，对其违法违规行为迁就纵容，不对违法行为的存在甚至泛滥进行制止惩戒，国家法律的尊严和地位将无法得到体现，国家利益和人民利益就无法得到保障。因此，在强制隔离戒毒管理工作中，管理者必须找准二者的最佳结合点，规范执法用权，体现人道主义精神，使严格执法与人文管理有机结合，刚柔相济、双管齐下，才能获得最佳管理效果。

三、任务考核

【案例】 戒毒人员吴某被转至康复巩固区后，戒治态度不端正，不服从正常管理，思想情绪不稳定，纪律涣散，个人卫生情况差，不注意保持公共卫生，经常以“身体不适”为由，拒绝参加习艺劳动，消极对待戒治安排，其消极表现给大队的整体戒治环境带来了较大的负面影响。吴某性格较为散漫自大，思想上偏激冲动，给其他戒毒人员留下了不良印象，导致其他戒毒人员不愿意与其交往。

大队民警为转化吴某，通过个别谈话、查阅档案等方式较为全面地了解了吴某的基本情况，发现该员自幼父母离异，由爷爷奶奶抚养，父母对其放任不管，爷爷奶奶年纪大无暇顾及他，缺少家庭关爱，小学读完就一直混迹在社会，染上诸多不良习惯，社会习气重，性格狂妄自大。了解情况后，大队召开会议专门制定方案转化吴某。

针对吴某缺少家庭关爱的情况，大队为其购买了杯子、牙刷等日常生活用品；管教民警与同班戒毒人员谈话，督促他们在生活上给予吴某一定的关心和照顾；平时谈话中帮助其解决一些合理诉求；创造良好、民主、平等的沟通环境，多鼓励、表扬，少批评、责骂；等等。这一系列的关心和照顾使吴某感受到了集体的温暖，人与人之间的相互关心，使其慢慢转变了“破罐子破摔”的戒治思想，从思想上慢慢积极主动起来，对立情绪渐渐消除，情绪上变得相对稳定，开始愿意与民警分享自己的想法。

根据吴某的一系列表现，大队及时成立心理矫治攻坚小组，由心理咨询师对其进行心理测验、心理疏导和心理危机干预，让其放弃偏激自大的错误理念。大队民警在教育矫治细节上下功夫，在个别谈话教育中用诚心去谈话，与吴某交心，掌握其存在的“心病”，及时开展针对性教育；耐心教授他广播操、太极拳等康复训练项目，使其身体机能得到恢复，放松身心；民警帮助他算好“身体、家庭、感情、社会、荣辱”五笔账，让其就“现在的我”与“未吸毒前的我”做一个比较，看看自己吸毒给家庭、身体造成的伤害。吴某通过算“五账”，产生了深刻的负罪感和愧疚感，激发了戒毒精神动力，并主动表示自己将会越来越好，直至彻底改变。

通过一系列的矫治措施，吴某在一天天改变。不到半年的时间，吴某劳动变得积极了，性格变得活泼了，爱说话了，与戒毒人员之间关系也融洽了，平时表现也是处处以身作则，积极参加学习和劳动。

问题：民警针对吴某的管理采用了哪些方法？体现了哪些强制隔离戒毒管理基本原则？思考并指出强制隔离戒毒的优势。

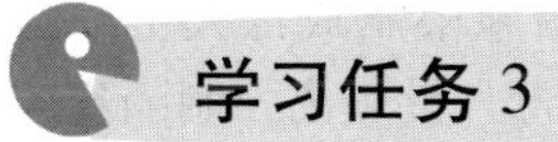

学习任务3　强制隔离戒毒管理的工作目标与基本特征

一、学习目的

1. 了解强制隔离戒毒管理工作的三大目标。

2. 掌握强制隔离戒毒管理工作的基本特征。

二、知识要点

强制隔离戒毒管理具有明确的工作目标，即要用科学、有效的管理方法，维护场所的正常秩序，为戒毒人员提供矫治和康复的必要条件，使其在生理和心理上完全摆脱对毒品的依赖，回归社会，过正常人的生活，做守法的公民。《禁毒法》对强制隔离戒毒工作的特征也作出了明确的阐述。

（一）强制隔离戒毒管理的工作目标

1. 矫治目标。实现戒毒人员的教育矫正是强制隔离戒毒管理的首要目标。实现矫正目标的重点在于在强制隔离戒毒所这个相对封闭的场所环境内，通过严密警戒，为戒毒人员切断毒源，暂时消除“毒友”等潜在威胁。戒毒人员由于长期吸毒，心理和行为往往异于常人，如情绪性行为明显等，在无毒环境下戒毒工作人民警察通过对其实行严格的军事化管理、严格的纪律约束和严格的考核、奖惩措施，规范戒毒人员在强制隔离戒毒所内的一切行为，使其矫正旧的恶习，激励、督促其改过自新，养成良好的行为习惯。

2. 执法目标。强制隔离戒毒管理首先是实施和执行国家法律法规的职能活动，它既是国家法律法规赋予执行机关的执法职能，也是执行机关必须承担的法律责任。

这一执法职能活动将国家关于强制隔离戒毒的法律、法规贯彻落实到强制隔离戒毒管理全过程中的每一环节，使国家相关法律法规付诸实践，是国家意志得以体现的渠道。强制隔离戒毒所应严格履行执法职责，切实做到有法必依、执法必严和违法必究，实现戒毒管理的规范化和法治化。

3. 秩序目标。通过矫治、教育、管理等手段，使戒毒人员在生理和心理上完全摆脱对毒品的依赖、回归社会，融入社会，是强制隔离戒毒的最终目的，这个最终目的的实现离不开良好的戒毒氛围以及规范的戒毒秩序，而这恰恰需要通过严格规范和强有力的管理措施来实现与维持。

如果强制隔离戒毒管理无法为广大戒毒人员营造出一个无毒环境，阻截外部的潜在毒品威胁，戒毒工作则无从谈起。首先，强制隔离戒毒管理工作者除了要竖起一道“隔离墙”，还必须通过一系列其他的强制性措施限制戒毒人员的自由，做到让戒毒人员在这个隔离区域内安心戒毒，避免戒毒人员逃离强制隔离戒毒所事件的发生。其次，良好秩序还体现在戒毒人员在所内的生产习艺、集体教育、生活娱乐等活动过程中。只有确保所内各方面秩序的稳定，防止干扰强制隔离戒毒所秩序的突发事件和恶性事件的发生，强制戒毒工作才有可能取得成效。

（二）强制隔离戒毒管理的基本特征

依据《禁毒法》的规定，强制隔离戒毒管理的基本特征主要包括主体和内容的法定性、方式的强制性、过程的复杂性和形式的教育性。

1. 法定性。强制隔离戒毒是依据公安机关对吸毒者依法作出的决定，由司法行政机关通过强制隔离戒毒所对被决定强制隔离戒毒者收容执行、并在强制隔离条件下进行综合性戒治康复工作的具体行政行为，强制隔离戒毒所的设置、管理体制和经费保障，均由国务院规定。由此可见，首先，在强制戒毒法律关系存续期间，强制隔离戒毒所是直接管理被强制隔离戒毒人员的唯一合法主体，有明确的法律授权；其次，强制隔离戒毒执法的执行内容和程序也体现了明显的法定性特征，例如有关戒毒人员的接收与解除、日常探视探访、违禁品检查、保护性约束措施、所外就医、诊断评估、基本权益保障、突发事件的处置等内容都能够在《禁毒法》《戒毒条例》以及《司法行政机关强制隔离戒毒工作规定》中找到法律依据及执行规范，戒毒工作人民警察必须严格遵守法定程序，依法依规地开展工作。

2. 强制性。强制隔离戒毒管理是由强制隔离戒毒所具体实施的一种行政执法活动。法律强制性是这种行政执法行为所固有的内在法律特征，也是与自愿戒毒、社区戒毒的重要区别。

强制隔离戒毒管理限制戒毒人员的人身自由，不论是对强制隔离戒毒决定的执行还是戒毒管理内容，如戒治方案的确定，都是以单方的意志为主导。之所以要限制戒毒人员的自由，意在借助国家强制力强行切断其毒品来源链，禁止吸毒成瘾者接触其他吸毒者的圈子，为其提供一个无毒的、健康的、积极向上的戒毒康复环境，强制性就是实现戒毒者与外界隔离的重要保障。在这样一个相对安全的环境中，强制隔离戒毒所通过建立日常行为和生活管理制度，督促戒毒人员养成健康的生活及行为习惯，培养强烈的拒毒意识，提高自我约束能力，戒毒人员不能逃避或拒绝接受民警的规范管理，例如当戒毒人员进入强制隔离戒毒所戒毒时，应当接受民警对其身体和所携带物品进行的检查；对可能发生自伤、自残等情形的戒毒人员，强制隔离戒毒所可以采取相应的保护性约束措施。

3. 复杂性。强制隔离戒毒执法活动主要针对戒毒人员，从作用对象的性质上看，戒毒人员兼具“违法者、病人、受害者”三重身份，这也决定了戒毒执法内容的复合性与复杂程度。在此期间，强制隔离戒毒所首先要向戒毒人员直接提供具有针对性的医疗服务和康复训练指导，根据他们吸食、注射毒品的种类及成瘾程度等，制定戒治方案，对其进行有针对性的生理、心理治疗和身体康复训练；其次，要给予其人文关怀与爱护，通过心理疗法帮助其戒除心瘾，增强拒毒意识和能力，重建社会和家庭系统网络；最后，为了提升戒毒人员对法律法规、社会公德的敬畏感，丰富他们重返社会的知识技能储备，还必须对他们实施以法规法纪、德育思政、职业技术教育为核心的矫正教育。强制隔离戒毒管理活动贯

穿于戒毒人员从接收到解戒的全过程，除上述内容，强制隔离戒毒管理具体任务还包括对强制隔离戒毒所内一切突发问题和危险事件的妥善应对等。由此可见，戒毒管理涉及的领域和过程都是异常复杂的。

4. 教育性。吸毒会引发吸毒者的自伤自残行为，危及人的健康乃至生命，强制隔离戒毒所本着对戒毒人员的关怀与爱护原则，落脚于帮助戒毒者戒除毒瘾，摆脱痛苦，不同于一般的“治安管理处罚”。

《禁毒法》第43条规定，强制隔离戒毒场所应当根据戒毒人员吸食、注射毒品的种类及成瘾程度等，对戒毒人员进行有针对性的生理、心理治疗和身体康复训练。根据戒毒的需要，强制隔离戒毒场所可以组织戒毒人员参加必要的生产劳动，对戒毒人员进行职业技能培训。组织戒毒人员参加生产劳动的，应当支付劳动报酬。第44条规定，强制隔离戒毒场所应当根据戒毒人员的性别、年龄、患病等情况，对戒毒人员实行分别管理。强制隔离戒毒场所对有严重残疾或者疾病的戒毒人员，应当给予必要的看护和治疗；对患有传染病的戒毒人员，应当依法采取必要的隔离、治疗措施；对可能发生自伤、自残等情形的戒毒人员，可以采取相应的保护性约束措施。强制隔离戒毒场所管理人员不得体罚、虐待或者侮辱戒毒人员。由此可以看出，强制隔离戒毒其实是一种挽救吸毒者的医疗措施、教育形式和身心康复服务，其强制性的目的是使吸毒人员远离原来的吸毒生活、远离毒品，恢复身心健康。在戒毒人员戒毒初期，对戒毒人员行为方式的管束及人身自由的限制必然会导致其身心上一定的痛苦和压力，令人抵触，这看似是对戒毒人员违法行为的一种惩戒，但却并不是强制隔离戒毒管理的本质特征。随着戒毒人员戒毒效果的提升，约束和限制会逐渐减弱，戒毒管理的重心将会发生转移，促使戒毒人员逐渐养成良好的生活习惯和行为习惯、关注戒毒人员的身心健康、帮助戒毒人员恢复社会关系、提升戒毒人员社会生存能力，指导戒毒人员回归社会正常生活将成为新的工作重点，具体采取的形式包括应用课堂教育、个别教育、心理咨询、法律常识教育、思想道德教育、戒毒常识教育、心理健康教育、文化素质提升教育、职业技能培训等，通过这一系列教育性措施，最终将戒毒人员塑造成遵纪守法的合格公民。

三、任务考核

【案例】于2018年6月25日举行的国新办新闻发布会上，司法部副部长刘志强介绍，从实践的效果来看，强制隔离戒毒工作得到全社会、戒毒人员以及家属的广泛认可，主要原因有以下三方面：一是为戒毒人员提供无毒的戒治环境。之所以采用强制的手段，根本原因在于吸毒者在毒品面前往往缺乏自控，在封闭的条件下对他们进行管束，有利于养成良好习惯，摆脱对毒品的依赖。二是运用现代化的戒治手段，为戒毒人员提供全链条、系统化和专业化的综合戒治，使戒毒人员的认知能力、拒毒能力、心理健康水平、社会适应力等得到全面提升，其身心也得到全面康复。三是从源头上减少因毒品诱发的相关犯罪案件，以及艾滋病传播等社会问题的发生。同时，也在一定程度上能够萎缩毒品消费市场。

问题：根据以上案例，讨论强制隔离戒毒管理工作为戒毒人员营造无毒戒治环境并根据管理制度对其进行管束，体现了强制隔离戒毒管理工作的哪些目标？在相对封闭的戒治环境下，戒毒管理工作者通过一系列现代化戒治手段、综合戒治方法，全面提升戒毒人员的毒品认知水平、拒毒能力、心理健康水平、社会适应力等，促使其身心康复，反映出了戒毒管理工作的哪些基本特征？

项目小结

强制隔离戒毒，是禁毒历史不断发展的产物，它是我国目前最重要、最严厉、最有效的戒毒措施，强制隔离戒毒场所是我国戒毒工作的主战场。强制隔离戒毒措施有着严格、科学的法律依据。

科学、有效的管理方法，能够维护场所的正常秩序，为戒毒人员提供矫治和康复的必要条件，促成戒毒人员养成良好的行为习惯，戒除毒瘾，增强戒治效果，让戒毒人员能顺利回归社会正常生活。对戒毒人员实施制度化，规范化、科学化、人文化的管理，不仅能够顺利完成管理工作计划、目标，更重要的是能够充分调动戒毒人员的积极性和创造性，使戒毒人员管理实现良性运转。

本项目梳理了中华人民共和国成立之后戒毒工作的发展历史，并对强制隔离戒毒管理的基本原则、主要方法、工作目标和基本特征进行了详细的介绍。学习者要对中华人民共和国成立之后我国采取的主要禁毒法律法规和政策形成全面的认识，重点是要掌握强制隔离戒毒措施的法律政策依据，特别是要对《禁毒法》进行比较深入的研究。要通过对隔离戒毒管理的基本原则、主要方法、工作目标和基本特征的学习，明确强制隔离戒毒措施的意义，掌握强制隔离戒毒措施在禁毒工作中的作用，准确把握强制隔离戒毒措施的工作原则，为后续的学习奠定基础。

拓展思考

1. 为什么说强制隔离戒毒工作是一门科学？

2. 结合强制隔离戒毒执法工作的基本原则与主要方法，谈谈戒毒工作人民警察可以从哪些方面提升管理水平？

3. 为适应当前强制隔离戒毒管理的发展趋势，戒毒工作人民警察应该如何引导戒毒人员实现自我管理、自我约束、自我教育？

实训项目1　强制隔离戒毒所见习

一、训练目标

使学生能了解强制隔离戒毒管理的基本原则、主要方法、工作目标和基本特征。

二、训练要求

1. 明确训练目的。
2. 明确训练的具体内容。
3. 熟悉训练素材。
4. 按步骤、方法和要求进行训练。

三、训练条件

（一）训练条件

联系实训基地，向其发送一份实训方案，以便其提前准备学生需要的资料。

（二）训练素材

学生结合本章内容设置一些问题，在实训当中向民警提问，请求释疑。

四、训练方法和步骤

在指导教师的组织和带领下，听从实训基地民警的安排，进入强制隔离戒毒所进行实地参观并实训，具体方法和步骤如下：

1. 首先跟随民警参观实训基地，了解强制隔离戒毒模式，了解各功能区作用，以及各功能区管理模式。

2. 邀请所政管理科民警讲解戒毒人员相关管理制度，进一步了解强制隔离戒毒模式的管理。

3. 学生就准备的问题进行提问，了解强制隔离戒毒所的工作目的、戒毒形势等。

4. 民警讲解完后，学生自由发言谈论自己的想法和见解。

5. 返校后结合本项目内容撰写实训心得，形成书面材料。

五、训练评估

1. 学生总结实训见闻，写出实训心得体会。
2. 指导教师进行讲评，并评定训练成绩。

拓展阅读

学习项目二　强制隔离戒毒流程管理

学习目标

1. 认知目标：了解强制隔离戒毒的入所程序、生理脱毒、医疗监护、适应性教育；熟悉强制隔离戒毒所对戒毒人员进行运动康复、劳动康复与心理康复的管理；掌握戒毒人员回归指导区的管理方式与解除强制隔离戒毒出所流程以及戒毒人员出所后的社会延伸等工作。

2. 技能目标：能运用四区流程管理的相关内容对戒毒人员进行分区规范管理。

3. 情感目标：树立责任意识，培养耐心细致的工作能力。

重点提示

本项目的重点是入所程序、生理脱毒、医疗监护、入所适应性教育、劳动康复、心理康复、运动康复、就业指导、社会化延伸等。

【项目简介】

强制隔离戒毒流程管理是根据戒毒人员从入所到出所的不同期段，统一设置生理脱毒区、教育适应区、康复巩固区和回归指导区，实现不同期段之间的区域分设管理。司法部印发的《关于建立全国统一的司法行政戒毒工作基本模式的意见》明确建立以分期分区为基础、以专业中心为支撑、以科学戒治为核心、以衔接帮扶为延伸的全国统一的司法行政戒毒工作基本模式；根据戒治工作需要，以专业化手段为引领，建立戒毒医疗中心、教育矫正中心、心理矫治中心、康复训练中心和诊断评估中心5个专业机构，进行实体化运作，承担戒毒医疗、教育矫正、康复训练、诊断评估等专业戒治工作；在后续延伸中，以衔接帮扶作为强制隔离戒毒与社区戒毒、社区康复无缝对接的主要形式，突出康复指导和社会化延伸。

戒毒人员的成绩影响其流转，而其戒毒成绩是否合格，依据的是各方面数据的综合评估结果。在固定的时间节点，戒毒医疗中心的医生会出具生理脱毒检验报告；心理矫治中心的心理咨询师会提供心理脱瘾数据；康复训练中心的戒毒工作人民警察会给出训练成果；教育矫正中心的戒毒工作人民警察会提供学习成绩；戒毒工作人民警察对戒毒人员日常的考核分数，也会折算成相应数据。上述评价最后统一集中到诊断评估中心进行综合统计。只有全部合格的戒毒人员，才能顺利流转到下一戒毒分区。

学习任务4　生理脱毒区管理

一、学习目的

1. 掌握戒毒人员入所接收的流程。
2. 了解戒断症状与处置方法。
3. 把握生理脱毒管理要点。

二、知识要点

生理脱毒期是吸毒者摆脱生理依赖的过程。生理依赖就是我们常说的躯体依赖，它表现为戒毒过程中身体机能产生的症状，这些症状在1~2周的时间内就可以消除，但是吸毒者的心理依赖却很难消除。强制隔离戒毒所接受戒毒人员到完成生理脱毒这段时间的管理被统称为生理脱毒区管理。强制隔离戒毒所接收戒毒人员时，应首先审查公安机关的《强制隔离戒毒决定书》，检查其内容是否合法有效、填写的强制戒毒起止时间是否与实际送到戒毒所时间相吻合。接收戒毒人员应该按照规定程序进行。

（一）戒毒人员入所接收

1. 接收的流程。

（1）检查与核对。强制隔离戒毒所收治时，应检查投（转）送公安机关工作人员的工作证件以及身份证件，检查投（转）送公安机关提供的《戒毒人员移交名册》，并核对名册中送交执行的戒毒人员人数，对照送交的戒毒人员档案材料，核实送交执行戒毒人员的身份。

（2）审查法律文书。强制隔离戒毒所收治时，应审核、查验决定强制隔离戒毒的法律文书是否齐全、准确。法律文书包括《吸毒成瘾认定意见书》《吸毒人员动态管控情况表》《诊断评估手册》。无法律文书或法律文书认定的事实与实际情况不符的，不予收治。

（3）安全检查。对戒毒人员随身携带的物品，应按规定进行观察、触摸、探测检查，必要时可进行拆检。对违禁物品予以收缴，对戒毒人员不宜持有的物品，由强制隔离戒毒所进行登记并代为保管，或交其指定的成年亲属领回。

（4）身体健康检查。强制隔离戒毒所收治时，应对戒毒人员身体进行健康

检查。入所身体检查包括常规健康检查、尿液检测及人体带毒检查。检查完毕后应填写《强制隔离戒毒人员健康检查表》；凡体表有明显伤残特征的，应当留存录像或视频资料，并附上戒毒人员本人的书面说明材料；对女性戒毒人员的身体检查，应由女性戒毒工作人民警察实施。

（5）办理收治手续。对符合收治条件的，强制隔离戒毒所应当向移送机关出具收治回执；对不符合收治条件或符合暂缓收治条件的，强制隔离戒毒所应当向移送机关出具不予收治或暂缓收治证明及回执，并退回原决定机关依法办理。

（6）通知家属。强制隔离戒毒所收治戒毒人员后，所政管理部门应当在5日内书面或电话通知其家属，同时做好记录，并由戒毒人员签字确认。

（7）登记建档。强制隔离戒毒所收治戒毒人员，应当办理相应手续：填写《强制隔离戒毒人员入所登记表》，留存指纹记录，拍摄免冠半身相片，建立戒毒人员矫治档案。

2. 应予接收的人员。

（1）依法被公安机关依照《禁毒法》决定强制隔离戒毒的人员。根据《禁毒法》的规定，吸毒成瘾者有下列情形之一的，由县级以上人民政府公安机关作出强制隔离戒毒的决定，强制隔离戒毒所应依法予以收治：①拒绝接受社区戒毒的。②在社区戒毒期间吸食、注射毒品的。③严重违反社区戒毒协议的。④经社区戒毒、强制隔离戒毒后再次吸食、注射毒品的。对于吸毒成瘾严重，通过社区戒毒难以戒除毒瘾的，公安机关可以直接作出强制隔离戒毒的决定。

（2）自愿接受强制隔离戒毒并经公安机关同意的吸毒成瘾人员。收治自愿接受强制隔离戒毒的吸毒成瘾人员，必须签订戒毒治疗协议。

3. 不予接收的人员。戒毒人员有下列情形之一的，强制隔离戒毒所不予收治：

（1）已经怀孕的妇女；

（2）正在哺乳自己不满1周岁婴儿的妇女。

不满16周岁吸毒成瘾的未成年人，可以不适用强制隔离戒毒。

上述人员，如确实需要戒毒，可根据《禁毒法》的相关规定进行社区戒毒。

4. 暂缓接收的人员。戒毒人员有下列情形之一的，强制隔离戒毒所可以暂缓收治：

（1）患有严重的甲、乙两类传染性疾病，正处于传染期，不宜参加集体生活的。

（2）患有严重疾病，有生命危险，所内不具备治疗条件且短期内无法治愈的。

戒毒人员上述情形消失后，强制隔离戒毒所应当给予收治。

（二）成瘾筛查

1. 戒断症状的含义。戒断症状是指海洛因等阿片类依赖者突然中断或减少使用所依赖的物质后出现的一系列主观不适和客观体征。戒毒人员在接受脱毒治疗后，随着外源性阿片类物质的逐渐消除，内源性阿片肽的合成及阿片受体数量的增加在短期内是难以恢复到正常水平的，其体内神经、体液免疫系统的功能仍会出现紊乱，在相当长的时期内仍会出现各种躯体、精神不适症状，这就是稽延性戒断症状。

2. 戒断症状的表现。戒断症状指吸毒人员停止使用毒品或减少使用剂量所出现的特殊心理生理症状群。不同的毒品所造成的戒断症状各有不同，传统毒品倾向于生理上的痛苦，而合成类毒品则倾向于精神上的不适。

传统的阿片类毒品，以海洛因、吗啡、杜冷丁为主要代表，戒断症状类似，生理上各种难受、疼痛，刚开始是出现不安、焦虑等表现，随后身体忽冷忽热、起鸡皮疙瘩、流泪、流涕、恶心、呕吐、腹痛、腹泻、寒战，之后浑身疼痛。阿片类毒品针对精神方面的戒断症状有：渴求感、情绪抑郁、焦虑、烦躁不安、坐卧不宁、睡眠障碍等，其轻重程度可因个体的不同而存在程度上的差异。严重者还有可能出现抽搐、癫痫样发作、嗜睡、昏睡和昏迷、错觉、幻觉，以及自伤自残、伤人毁物。

合成苯丙胺类毒品，以冰毒、麻古、摇头丸为主要代表。其常见的生理戒断症状有：行动迟缓、刻板动作、疲乏无力、严重失眠或是嗜睡多梦、饥饿感等。这些症状往往让吸毒者呼吸困难，难以忍受，严重者甚至会产生自杀或伤人的激越行为。比起生理戒毒症状，合成毒品导致的精神戒断症状更为严重，精神萎靡、焦虑不安、脾气暴躁，一言不合就发火，甚至产生严重的暴力倾向，最具危害性的就是长期持续的抑郁症，很容易导致吸毒者产生自残或自杀行为。

3. 戒毒症状的处置。戒断症状个体之间差异极大，其症状的轻重取决于个体因素、毒品的种类，使用量和用药史。戒断症状是任何一个吸毒者在戒毒过程中必然要经历的，甚至是要反复经历的。安全、平稳、无痛苦的戒毒治疗可为将来进一步实施行为矫正、心理矫治奠定基础。毒品依赖的脱毒处置方法有自然脱毒法、物理脱毒法、药物脱毒法。

（1）自然脱毒法是指不用任何药物或其他治疗手段，强制患者不吸毒，使戒断症状自行消失的一种方法。

（2）物理脱毒法是指利用各种物理手段（包括针灸、戒毒仪）减轻患者戒断症状的一种方法。

（3）药物脱毒是指利用各种药物减轻戒断症状，逐渐消除成瘾者对毒品躯体依赖性的一种方法。

此外，常见的脱毒法还包括韩氏戒毒仪、快速脱毒、亚冬眠脱毒疗法等。

4. 精神障碍筛查。精神障碍筛查的方式包括面谈、使用筛查工具。主要目的是促进参与、发现症状、体征和相关应激因素，并要长期随访。精神障碍筛查应注意以下几点：

（1）采用非歧视、非批判性的态度，尊重戒毒人员隐私，让其感到参与治疗是正确的选择，选择舒适的接待场所，配置各种关于心理健康、物品使用信息海报和宣传册也很重要。

（2）方便而灵活的接诊安排，这些戒毒人员常常症状特殊，如中毒或言语行为紊乱，没有预约等。

（3）注意安全性，确保戒毒人员和工作人员的安全。

（三）医疗戒护

1. 医疗戒护的对象。医疗戒护是戒毒机构对戒毒人员实施检查诊断、戒毒治疗、临床护理、生活关照及安全保障的过程，也是戒毒人员在戒毒机构接受检查诊断、戒毒治疗、临床护理、生活关照及安全保障的过程。目的在于帮助戒毒人员减轻或消除戒断症状和其他身心不适，促进身心康复，确保戒治秩序和生命安全。

医疗戒护的工作对象是因病需要隔离治疗与护理的戒毒人员。戒毒医疗服务包括急性脱毒治疗、稽延性戒断症状治疗和抗复吸治疗，对急性脱毒人员以药物、物理、膳食、心理等手段联合实施安全脱毒治疗。

2. 医疗戒护的流程。

（1）体检、建立戒毒人员个人档案。

（2）根据实际病情，评估症状及体征。全面评估戒毒人员是做出正确诊断的基础和前提。评估内容主要包括病史、体格检查、精神检查，以及相关辅助检查。

第一，病史采集：可通过询问戒毒人员、家属及知情人等获得病史信息，重点内容包括物质滥用史、精神症状史、既往史、个人史、高危行为、使用成瘾物质导致的机体功能损害、戒毒人员社会心理功能及康复等相关情况。

第二，体格检查：包括常规检查和与阿片类物质使用相关项目的检查（如营养状况、皮肤注射瘢痕等），并注意评估戒毒人员是否存在阿片类物质过量使用或者中毒的体征。

第三，精神检查：通过沟通和观察，检查戒毒人员的一般精神状况、认知、情感和意志行为，旨在了解戒毒人员者当前或过去有无精神问题存在、是单一症状或者某种综合征，症状与使用物质之间的关系以及能否诊断为精神疾病等。

第四，辅助检查：包括生物学检测、实验室检查和相关心理学量表评估等。

（3）通过评估分析，确定成瘾程度诊断。

（4）提出具体戒护实施方案与措施；落实戒护实施方案与措施。

（5）考核评估方案与措施的效果。

3. 具体工作实施。

（1）对消化道疾病的戒护。常见的消化道疾病症状有食欲下降、厌食、恶心、恶吐、腹胀、腹痛与腹泻等。对于消化道症状，可采取以下戒护措施：

第一，向戒毒人员简单解释出现此症状的原因，使其心理归于平静，心灵得到安抚，保持情绪稳定。

第二，记住恶吐的次数、性状和量，遵医嘱采取相应的止吐措施。

第三，清淡饮食，减少食用刺激性的食物。

第四，对于便秘者，要采取药物缓解或灌肠等通便措施，解除患者排便的痛苦。

第五，脱毒者本身无器质性的胃肠道病变，稽延期腹痛等多为功能性症状，其临床处理一般无特殊要求，一般使用阿托品有较好疗效。

（2）对神经类疾病的戒护。冰毒成瘾戒毒患者一般的戒断症状是嗜睡，而阿片类药物成瘾戒毒患者常有睡眠障碍，部分患者的睡眠障碍非常严重。对神经类疾病，可采取以下戒护措施：

第一，根据病情，遵医嘱服用相应的辅助睡眠药物，定时服用助眠药物，服用时间最好为睡前半小时，勿服用过早；保持规律的睡眠时间。

第二，提供安静舒适的环境，避免不良刺激。尽量提供单人房间，保证无噪音，光线适宜，空气流通；在入睡前应避免过度兴奋，避免参加兴奋紧张的游戏；值班民警查夜时走路，开门动作要轻缓。

第三，培养规律的生活。帮助戒毒人员建立有规律的生活习惯，鼓励其参加各种集体活动，白天可以尽量不睡午觉，多参加培养注意力集中的娱乐活动；适当的体能训练也是促进夜间睡眠的一种方法。

第四，运用解释、疏导或分散注意力等方法，缓解或解除戒毒人员的焦虑情绪，使其能够排除杂念，静心戒毒。

（3）对抑郁患者的戒护。

第一，多给予支持与鼓励，向戒毒人员介绍正确的戒毒过程，预防复发的手段和技巧，增强其戒毒的信心。

第二，鼓励戒毒人员倾诉及发泄自己的情绪，耐心倾听，给予悉心安慰，使其不良情绪得到释放，同时将影响情绪的原因及时反馈到心理科室，以便提供专业治疗。

第三，预防戒毒人员自伤自残的过激行为。要仔细观察患者的情绪变化和自

杀先兆症状，如焦虑不安、失眠、沉默少语或心情豁然开朗、在出事地点徘徊、犹豫、烦躁、拒餐、卧床不起等表现。在对其戒护中，应该识别这些动向，及时给予他们心理上的支持，使其振作起来，避免意外发生。对有消极意念的患者，应当心中有数，重点观察巡视，尤其在夜间，凌晨、午睡、节假日等情况下，更加应该提高警惕。

第四，遵守医嘱使用三环类等抗抑郁药，改善症状的同时做好相关评估与记录。

第五，做好药品及违禁物品的保管工作，加强对宿舍的安全检查，杜绝违禁物品的藏匿，加强药品特别是镇静催眠药和精神类药品的管理。

（4）注意事项。

第一，对镇静催眠药的使用必须遵从医师指导，不可长期大量使用，最好2~3种不同类的镇静催眠药轮流交替使用。

第二，康复阶段的戒毒人员，除失眠等稽延症状仍需要一段时间康复外，身体戒断症状基本消失。此阶段应该根据患者的爱好特长，引导其参加适宜的康复运动和工作培训，使之得到心理康复，找到自身价值，坚定重新做人的决心和信心。在强化毒品危害教育的同时，还要对其进行心理辅导和行为纠正，改正不良习惯，培养良好的生活作风。此外，加强对家庭的宣传教育，在家人亲属的支持下，更好地完成康复计划。

三、任务考核

【案例】湖北省女子强制隔离戒毒所，对新收治的戒毒人员，统一在生理脱毒区开展为期7~15日的急性生理脱毒。对处于生理脱毒区的戒毒人员，强制隔离戒毒所的执法任务主要包括开展入所体检、吸毒史调查、脱毒观察、建立戒毒人员医疗健康档案；根据吸毒种类和成瘾程度，科学制定脱毒方案，分类实施急性脱毒治疗，消除急性戒断症状，确保戒毒人员安全脱毒。在实际工作中推行队医日常检查、医务所医生包队、值班医生每日巡诊为一体的三级诊疗体系，有效化解了医疗风险。看到强制隔离戒毒所医务人员走过来，戒毒人员花某立刻跑过去高兴地说："张大夫，我感觉舒服多了，谢谢您！"15天前，张医生见到这位22岁的女孩时，她极度消瘦，精神萎靡，不停地打哈欠、流鼻涕。花某的父母告诉民警，花某18岁时交友不慎染上毒品。入所体检结果显示：花某体重80斤，中度贫血，心肌供血不足，患有严重毒品戒断综合征。入所后，医务所把花某列为重点病号，建立专档，给予药物对症治疗，实行一级护理。15天后，花某的生理依赖基本消除，顺利进入下一阶段的治疗。

问题：结合本案例，谈谈你对稽延性戒断症状的理解？并回答对生理脱毒期戒毒人员管理的重点是什么。

学习任务5　教育适应区管理

一、学习目的

1. 了解对戒毒人员的认知教育与行为养成教育。
2. 掌握对戒毒人员的心理适应教育与不适应心理的调节。

二、知识要点

戒毒人员基本完成生理脱毒后，应当在教育适应区接受不少于1个月的入所适应性教育。在继续缓解和消除稽延性戒毒症状、恢复其生理机能的同时，对戒毒人员开展入所教育和行为养成教育，帮助戒毒人员尽快熟悉强制隔离戒毒所环境，顺利适应戒毒生活。开展认知教育，引导戒毒人员正确认识毒品危害，明确戒毒目标，进行入所心理测试、心理健康教育和心理危机干预。建立心理治疗档案、教育矫治档案和诊断评估档案，对教育适应期满的戒毒人员进行考核评估，合格者转入康复巩固区。

（一）*戒毒人员的认知教育*

1. 角色认知。如何正确认识和对待“强制隔离戒毒人员”这一角色，是每个戒毒人员入所后必须面对的首要问题。同时，树立正确的角色意识也是戒毒人员遵规守纪，自觉接受教育矫治的前提和基本要求。

所谓戒毒人员角色意识，是指戒毒人员在接受强制性戒毒教育矫治期间，应该持有的与其现实法定身份相一致的观念和行为准则。其核心是要确立与矫治场所处境相吻合的完整的权利义务观。也就是说，在强制隔离戒毒期间，要通过自身的言行来明确自己的戒毒人员身份，将自己定位为一个强制隔离戒毒者，自觉接受教育、服从管理。只有这样，才有利于自己的矫治，从而戒除毒瘾。戒毒人员的角色，要贯穿于强制隔离戒毒的全过程。对一个戒毒人员来说，增强角色意识，树立正确的戒毒观念是十分重要的。

（1）有利于培养正确的思想观念。强制隔离戒毒所一切管理教育手段的最终目的，就是帮助戒毒人员戒除毒瘾。戒毒人员的一切行为都要围绕戒毒这一根本宗旨进行，戒毒人员必须树立正确的戒毒观念，坚定戒毒信心。所以，如何帮助戒毒人员正确树立角色意识、身份意识，显得尤为重要。

（2）有利于养成正确的行为习惯。为保证戒毒工作的正常进行，强制隔离戒毒所制定了一系列管理教育制度，并严格推行。对戒毒人员来说，只有树立了正确的戒毒意识，严格要求自己，努力遵守行为规范和各种规章制度，才能在遵守制度的过程中，自觉养成正确的行为习惯。

（3）有利于戒除毒瘾。戒毒人员之所以走上吸毒的道路，与其错误观念、自我抑制力较弱有很大关系。只有树立正确的戒毒意识，改变错误观念，才能在戒毒过程中，主动提高自我抑制力，达到戒除毒瘾的目的。

2. 毒品认知。毒品滥用已成为全球性的问题，被认为是当今世界的瘟疫和社会的毒瘤。强制隔离戒毒所要帮助戒毒人员深刻认识毒品滥用的危害性。

（1）对国家社会的危害。包括：一是冲击国家财政，通过毒品走私，大量资金直接流入贩毒分子手中，直接地削弱了国家财政收入，而国家为了打击毒品犯罪，又必须投入巨大的人力、物力；二是增加社会犯罪率，促使性病流行、加速传染病的传播。

（2）吸毒对家庭的危害。家庭是社会的细胞，一个个稳定的家庭构成了整个社会的安定基础。毒品就像一颗无声的炸弹，使数以万计的家庭陷于深渊，发生破裂。

（3）吸毒对个人的危害。吸毒严重摧残个人身体，使人体生理机能下降，特别是一些毒品会影响人的精神活动，使人产生依赖，突然停用就会出现戒断症状，导致一系列并发症，严重的会导致死亡。

（二）行为养成教育

1. 戒毒人员行为规范的概念与特征。戒毒人员行为规范是指强制隔离戒毒所根据国家法律、法规和政策制定的，戒毒人员在强制隔离戒毒期间必须遵守的行为标准。它具有以下特征：

（1）法定性。戒毒人员行为规范是由强制隔离戒毒所依照《禁毒法》《强制隔离戒毒人员管理工作办法（试行）》等，结合强制隔离戒毒所实际情况制定的行为规范。

（2）特定性。戒毒人员行为规范的对象只能是强制隔离戒毒所内的戒毒人员。他们既不是罪犯，也不是社会上的其他公民。

（3）强制性。戒毒人员行为规范具有普遍约束性，是戒毒人员在所期间必须遵守的言行标准。它规定了戒毒人员应该做什么，不应该做什么，要求戒毒人员的行为活动只能在规定的范围内进行，如果超出了这个范围，就要受到应有的惩处。

（4）科学性。戒毒人员行为规范明确了戒毒人员从起床洗漱到熄灯就寝，从思想矫正到习艺劳动等各个方面的行为标准，要求戒毒人员在起床、洗漱、用餐、行走、劳动、学习、就寝等方面必须协调一致，使戒毒人员的行为标准化、模式化、从而养成良好的行为习惯，进而促进戒毒人员身心健康，达到顺利适应戒毒所环境的目的。

2. 戒毒人员行为规范的意义与要求。

（1）遵守行为规范是维护良好戒毒秩序，保证矫治工作顺利进行的需要。强制隔离戒毒所有计划地组织戒毒人员从事一定的生产活动，以矫正其恶习；进行一定的教育，以矫正其思想，增长知识。戒毒人员学习并遵守行为规范，并用它来约束其行为，就能化解、缓和因琐事引发的矛盾与冲突，减少或消除潜在的矛盾与对抗，从而降低违纪率，保持矫治秩序的稳定，为各项具体管教工作顺利进行提供保证。

（2）遵守行为规范是矫治戒毒人员恶习，培养良好思想品德的需要。戒毒人员走向吸毒的道路大多是因为缺乏法律意识和道德观念淡薄，人生观、价值观扭曲，特别是吸毒之后，更是坚守不了道德底线，丧失了人格和尊严。许多戒毒人员并未认识到这一点，或者有所认识但不愿改变，所以常常复吸，给自身、他人、亲人造成更大的痛苦。

（3）遵守行为规范是使戒毒人员自觉矫治、早日回归社会的需要。戒毒人员必须认真学习并严格遵守行为规范，以严肃、认真的态度对待，服从民警的管理和教育，这样才能形成庄严、和谐的矫治氛围，戒毒人员只有置身于这样的氛围中，才能自觉、文明地接受教育矫治。

3. 戒毒人员良好行为习惯的养成。

（1）树立规范意识。树立规范意识是对戒毒人员的一种要求，每个戒毒人员都必须做到。规范意识树立的过程，实质上是思想矫治的过程。这就要求戒毒人员：一要认真学习，全面掌握。戒毒人员在入所后，就会接受行为规范的教育，应当做到认真学习、熟记内容、严格执行。二要切实领会，经常对照。戒毒人员每天对照行为规范，明确自己哪些方面做得对，哪些方面做得不对，确定今后矫治生活中需要继续保持和改正的地方，力争少犯错误，平安、顺利地度过教育矫治期。

（2）养成良好习惯。养成良好行为习惯，矫正不良习惯，也是戒毒人员自我矫治的一个重要任务。培养习惯有利于“知行合一”的实现，这主要体现在两个方面：一是养成习惯才能把认知转化为行动，并逐渐形成真正的品质；二是习惯培养的过程，在一定意义上既是道德实践的过程，也是道德再认知的过程。

（三）心理适应教育

戒毒人员生理脱毒后，面对新的环境，新的生活，以及生理上受到戒断反应的影响，都会出现不同程度的负面情绪和不适应的心理特征。针对戒毒人员生理

脱毒期心理不稳定的情况，需要进行正确的引导、疏通和调适，从而帮助戒毒人员调整心态，适应环境，这也是教育适应期的主要任务。

1. 不适应心理的常见表现。在戒毒人员中，不适应的心理主要表现为以下三种：

（1）悲观失望心理。这种心理在刚入所的戒毒人员中相当普遍。一般来说，一个人一旦染上毒品，总会形成“自己完了”的心态，对生活、事业丧失信心，对家庭、社会丧失责任感，并常常伴随人性扭曲、人格沦丧、心理变态和行为怪癖。

（2）苦闷心理。由于自由受到一定程度的限制，许多正常的需要得不到满足或者对家人的过度担心，一些戒毒人员心事重重。特别是内向的戒毒人员，更容易出现此种情况，由于他们比较敏感，而且不善于与人交流，容易“有苦说不出”。

（3）焦虑心理。刚入所的人员由于不熟悉强制隔离戒毒所的所规队纪、生活环境以及民警管教等方面的情况，容易产生紧张情绪，进而导致焦虑心理的形成。

2. 不适应心理产生的因素。戒毒人员不适应心理的持续时间长短不同，主要与以下四个因素有关：

（1）人生观和世界观。拥有正确人生观和世界观的戒毒人员更善于调控自己的心理，适应能力也较强，能较快适应新环境。

（2）生理脱毒的时间。戒毒人员生理脱毒的时间长，教育适应期就较快；反之则较慢。

（3）个性因素。个性活泼、开朗、积极大方、有主见的戒毒人员，不良的情绪容易及时得到宣泄，得到的情感支持也较多，适应能力也较强。

3. 不适应心理的调节。

（1）戒毒人员要正确认识自我。要引导戒毒人员认真思考：自己做过什么？自己的行为是否会对社会和其他人造成了危害？这些行为是否为法律法规所禁止？自己是否应该依法受到惩罚？自己是否真的一无是处？只有把这些问题都认识清楚，才能正确认识自己的错误，才能为今后的进一步发展确立正确的道路。

（2）找出不适应心理产生的根源。每个戒毒人员的情况不同，不适应的原因也不相同。如有些人员可能是思亲想家，有的可能是对新环境不熟悉、对所规队纪不习惯。要解决戒毒人员的不适应心理，就要先找出不适应心理的根源，才能从根本上解决问题。

（3）正确认识挫折。对于许多戒毒人员来说，走上吸毒之路是人生中的最大挫折。其实遇到挫折不要紧，关键是要从挫折中吸取教训，立志戒毒，把挫折变成前进的动力。许多戒毒成功的人员都用自己的亲身经历证明了，只要通过自身的努力，也可以像其他人一样过上正常的生活。

（4）拓宽戒毒人员交往范围。有些戒毒人员由于性格等方面的原因，不愿与其他人员交往。这些性格内向、孤僻的戒毒人员，由于与外界交流不多，往往会感到孤立和被排挤，产生焦虑和抑郁的情绪，加大心理压力，对适应新环境也有一定的困难。所以，拓宽戒毒人员的正当人际交往范围，有助于其尽快了解新环境的特点和要求，借鉴他人适应新环境好的经验做法，同时还有利于形成对新环境的归属感和认同感，减少不安和焦虑，尽快地融入新环境中去。

（四）建立戒毒人员心理档案

戒毒人员心理档案一般由背景资料、现实表现、心理测试、咨询记录等内容组成。

1. 背景资料。背景资料包括本人和家庭背景概况。本人概况，主要包括姓名、性别、出生日期、民族，家庭地址、爱好特长、一般健康状况、生理缺陷、重要病史、编号等内容。家庭背景主要收集家庭结构、家中排行、教养关系、教养人文化水平、教养人职业、教养人对学员的期望、教养人对学员接纳程度、教养人对学员允许程度、教养人与戒毒人员沟通情况、父母关系等内容。这些内容是对戒毒人员心理发展有显著影响的变量。为了方便与家属沟通，可以把戒毒人员家庭住址和教养人联系电话也记录在家庭背景栏中。如果收集到其他相关内容，如教养人宗教信仰等，可记载在备注栏中。

2. 现实表现。现实表现主要收集品德评定、出勤情况、行为问题和奖惩情况四项内容。

3. 心理测试。心理测试主要搜集智力发展状况、个性特征、心理测试三方面的资料。在智力发展状况方面，着重考察言语智商、操作智商和总智商；个性特征资料方面，主要考察非智力方面的人格因素；在心理测试方面，除收集心理量表的测验鉴别结果外，还收集管教民警、家属和本人要求辅导内容的问卷调查结果，并在综合两方面资料的基础上对戒毒人员的心理健康状况进行分类。

4. 咨询记录。由咨询员对每次咨询作记载，内容包括来访者姓名、日期、地点、咨询员、主要问题、咨询过程及小结、进一步咨询建议和转介情况记载等项目。

三、任务考核

【案例】 小灰，女，23 岁，有 4 年的吸毒史，因多次复吸，2017 年 10 月 8 日，公安机关将其送到某强制隔离戒毒所戒毒，强制隔离戒毒所依法对其进行收治。在强制隔离戒毒所进行了 15 天的生理脱毒，通过了安全风险评估，转入教

育适应区。在教育适应区，民警通过教她唱歌，进行队列训练，广播体操练习等活动，继续缓解和消除小灰的稽延性戒毒症状、恢复其生理机能，同时通过开展认知教育活动与行为养成教育，引导她正确认识吸食毒品的危害，明确戒毒目标；通过心理测试、心理健康教育和心理危机干预，帮助她尽快熟悉强制隔离戒毒所环境，顺利适应戒毒生活。通过适应期2个月的戒毒治疗，民警为其建立了心理治疗档案、教育矫治档案和更新诊断评估档案，使其顺利转入康复巩固区。

问题：根据以上案例，请你谈谈对教育适应区戒毒人员进行管理的重点是什么？

学习任务6 康复巩固区管理

一、学习目的

1. 掌握对戒毒人员心理康复、运动康复与劳动康复的管理。
2. 了解戒毒人员心理康复的方法与手段。

二、知识要点

康复巩固区的对象是经过教育适应期管理的戒毒人员。对其应当全面开展教育矫正、戒毒医疗、康复训练等各项活动，综合运用戒毒医疗、心理矫治、教育矫正、身体康复训练、习艺劳动和职业技能培训等戒毒治疗手段，帮助他们进一步实现身心康复。康复巩固区管理主要包含继续心理康复、运动康复、劳动康复等内容。

（一）心理康复

心理健康的基本含义是心理的各个方面及活动过程处于一种良好或正常状态。它有两个方面的含义：一是心理健康是保持性格完美、智力正常、认知正确、情感适当、意志合理、态度积极、行为恰当、适应良好的状态；二是心理健康是一种持续且积极发展的心理状态，在这种状态下，主体能做出良好的适应，并且充分发挥其身心潜能。

1. 心理康复的目的和作用。对戒毒人员进行心理康复，目的在于引导他们去认真思考，使之意识到自我心理问题及保持心理健康的重要性，提高教育矫治质量，又能促进其心理成长，增强心理调适能力和回归适应社会能力；指导他们处理好情绪调控、自我管理、环境适应、人际交往、家庭婚姻、求职择业等方面的问题，从而排除心理障碍，增强抵制毒品诱惑的心理耐受力。

戒毒包括生理脱毒、心理康复和回归社会等多个相互影响、相互衔接的环节。在这个综合的运作体系中，心理矫治的作用是十分重要的。戒毒人员完成生理脱毒后，如果没有及时给予他们心理上的调节与康复治疗，他们很容易在心瘾的驱使下复吸毒品。所以，首先，在康复期内要通过医药治疗使戒毒人员在生理上摆脱对毒品的依赖。其次，要在生理脱毒期的治疗基础上继续在认知、行为、个性、能力等方面对戒毒人员进行心理辅导和治疗，努力帮助他们形成一个健康的心理状态，逐步消除其对毒品的心理依赖。此外，进行心理治疗可以使治疗人员设身处地地感受到戒毒人员的处境和痛苦，并给予理解和支持。尊重和信任可以满足或激发戒毒人员的情感需求，从而为其心理、行为的进一步改变奠定基础；同时，由于心理治疗经常采用发泄、缓解的方法，也能弥补强制隔离戒毒所内规范性教育的不足。因此，针对戒毒人员难以戒除的心理依赖即心瘾，非常有必要加强心理矫治。

2. 心理康复的内容。

（1）正确认知重构。认知重构的关键点就是充分了解人与人之间的关系，以及自己在社会和人群中所处的位置。一个人对世界的态度取决于对自己的认知，如果积极改变自己的认知，就能消除忧愁。作为社会的一员，每个人必须承担责任，在实际生活中要专注于当下，通过过去的经验和教训找到通向未来的光明大道。正确的自我认识、良好的生活方式、乐观的生活态度是积极认知的重要因素，更是人们获取良好的社会成长、健康与幸福的法宝。一方面要承认挫折存在的普遍性，它是生活中不可缺少的一部分，每个人都会遇到；另一方面要认识挫折的两面性，挫折既有消极的一面，也有积极的一面。要引导戒毒人员认识到挫折的普遍性与两面性，正确认识并积极面对挫折，在哪里摔倒就在哪里爬起来。

（2）不良情绪调适。戒毒人员容易从自己的意愿出发，常常有“必须”和“应该”的特点，以自我为中心，固执己见，容易产生不良情绪。消除不良情绪的具体方法有：一是体察自己的情绪。也就是时时提醒自己注意：我现在的情绪是什么？为什么会这样？有什么样的影响？是不是需要调整一下？学着体察自己的情绪，是情绪管理的第一步。二是转移注意力。把注意力从引起不良情绪的事情转移到其他事情上，这样就可以使人从消极情绪中解脱出来，进而激发积极、愉快的情绪反应。可以通过改变注意的焦点来达到转移注意力的目的。当自己情绪不佳时，可以做一些平时感兴趣的事或参加一些感兴趣的活动，使自己从消极情绪中解脱出来。三是适当表达自己的情绪。不良的情绪可能来自于自身，也可能来自周围人员的一些不合适的行为。如果是来自他人，可以通过一些适当的方

法，向造成这种情绪的人进行表达和传递，从源头上消除不良情绪。四是合理发泄情绪。在适当的场合，用适当的方式，来排解心中的不良情绪。适当的情绪发泄不是放纵自己的感情，更不是任性和胡闹。如果不分时间、场合、地点而随意发泄，既不会调控好不良的情绪，还会造成不良的后果。

（3）不良行为改变。良好的行为习惯会影响人的一生，有了好习惯，失败不容易；没有好习惯，成功不容易。一个人有不良行为，只要有改正它的意识和技巧，就能纠正。戒毒人员除了有错误的思想根源，还有长期养成的不良行为习惯。养成良好的生活习惯，对戒毒人员而言尤其重要。戒毒人员在所内要遵守行为养成规范，回归社会后要继续保持良好的生活习惯，遵守社会公德和公民道德规范，养成健康的生活方式。

（4）自我危机应对。心理学通常将个体面临压力时，为减轻负面影响，维持心理平衡所做出的认知、行为努力过程称为“应对”。生活本身就充满许多烦恼，当一个人下定决心去承担责任的时候，许多问题会迎刃而解。接触毒品后，现实生活中的各种生理的、心理的、家庭的、社会的现实问题无法回避。要引导戒毒人员以坦然的心态去面对失业、经济拮据、家人及社会不理解、离婚等大众化的生活事件，要以家庭和社会责任审视自己、发现自己、找回自己，重新确立生活的目标，真正看到自身存在的价值和意义，并用行动去戒断毒瘾。

（5）积极心态培养。心态是紧跟着行动变化的，一个人从言谈举止上变得积极起来，才能感染自己的内心，成为一个心态积极者。首先，要引导戒毒人员服法认错；其次，要引导戒毒人员以戒毒作为自己的最高目标，将戒毒的信念融入日常的生活中去。坚强的意志和高度的责任感是战胜毒瘾必不可少的条件，戒毒人员应该以强烈的紧迫感和高度的责任感对待戒毒，从现在做起，从小事做起，体现自己的人生价值。

（6）适应能力提升。社会适应能力是指人为了在社会中更好地生存而进行心理上、生理上以及行为上的各种适应性的改变，最终与社会达到和谐状态的一种执行适应能力。提升戒毒人员的适应能力，可以通过建设文明、健康、和谐、催人向上的文化氛围，激励他们树立积极健康的人生态度，养成文明礼貌、与人为善的精神品质，重拾做人的尊严和正常社会生活的美好，在实际生活中学会做人、做事和生活。还可以按照社会化的要求，在强制隔离戒毒所内建立健全模拟社区功能，开展“家长学校”“社区公益活动”“互动团体”“成长团体”和“兴趣小组”等多种活动，以增强戒毒人员的公民意识、自主意识和互助意识，达到提升其适应社会能力的目的。

3. 心理康复的方法与手段。

（1）心理康复的方法主要有以下几个：心理健康教育、个体咨询、团体辅导、拓展训练 、心理治疗等。

第一，心理健康教育。广义的心理健康教育是指使人能够在社会环境中健康地生活，保持良好的情绪状态，能与人正常交往，适应生活、学习、工作和社会环境的变化与发展需要；狭义的心理健康教育是指使人的基本心理活动过程内容完整、协调一致，即认知正常、情感协调、意志健全、个性完善和适应良好，能够充分发挥自身的潜能，与社会保持同步。戒毒人员如果心理健康，便能为自己设定适当的目标，独立自主、坚毅、悦纳自己，并且可以妥善处理与他人的关系；戒毒人员如果心理不健康，便可能时时感到人生没有奋斗目标，做事容易半途而废，甚至放弃自己的生命，轻视自己，并且无法妥善处理与他人的关系。对戒毒人员进行心理健康教育，使其能够适当地认识和评价自己，能够与别人保持正常的人际关系，基本适应变化的环境，心态上保持积极乐观。

第二，个体咨询。个体咨询是心理辅导员与戒毒人员一对一，在安静、安全、相对独立的空间中，针对其个人的心理问题进行咨询的形式。个体咨询是心理咨询的基本和主要形式，它给戒毒人员提供了极大的心理空间，可以让其充分地诉述心中的苦恼和困惑，有利于心理辅导员对戒毒人员进行直接、准确的观察，在个别治疗或咨询形式中可采用不同的治疗方法，如动机强化治疗、认知治疗、行为治疗、心理动力治疗等。

第三，团体辅导。团体辅导是对戒毒人员开展系统化心理健康知识教育的有效方法之一，要按照心理康复的要求，制定详细的辅导计划，运用团体辅导的教育方法，传播系统的心理健康知识，并对效果进行考核检验。辅导的主要方法有：讲授法、提问法、演示法、游戏法等。

第四，拓展训练。为了消除戒毒人员对周围人群的不信任、人际关系敏感及对他人的敌对情绪可开展拓展训练。目的在于帮助戒毒人员培养对他人的信任感，适当地控制和调节自身的情绪，学习应对挫折和压力的能力，重拾自尊，增强自信，团结互助，从而改变自己的负性情绪，发展积极、合理的行为，从而提高自身的心理健康水平，以便未来重新适应社会。

第五，心理治疗。心理治疗，是以帮助有心理疾病的戒毒人员为目的的一种专业性人际交互过程。在治疗的过程中，通过语言或非语言的方式帮助和影响患者，促进其心理和躯体的积极变化，最终达到治疗心理疾病的目的。

（2）心理康复的具体技术手段主要有：认知行为疗法、系统脱敏疗法、家庭疗法、正念疗法、催眠疗法等。

第一，认知行为疗法。认知行为疗法是一种通过改变思维或信念和行为来改变不良认知，达到消除不良情绪和行为的短程心理治疗方法。

第二，系统脱敏疗法。又称交互抑制法，是由美国学者沃尔帕创立和发展

的。这种方法主要是诱导求治者缓慢地暴露出导致神经焦虑、恐惧的情境，并通过心理的放松状态来对抗这种焦虑情绪，从而达到消除焦虑或恐惧的目的。

第三，家庭疗法。家庭疗法又称家庭治疗，是以整个家庭作为治疗单位，以家庭成员间的互动关系和沟通的问题为焦点的一种心理治疗方法。协调家庭各成员间的人际关系，通过交流，扮演角色，建立联盟，达到认同等方式，运用家庭各成员之间的个性、行为模式相互影响互为连锁的效应，改进家庭心理功能，促进家庭成员的心理健康。夫妻治疗（也叫婚姻治疗）是家庭治疗的一种特殊模式。

第四，正念疗法。正念疗法是对以正念为核心的各种心理疗法的统称，目前较为成熟的正念疗法包括正念减压疗法，正念认知疗法，辩证行为疗法，接纳与承诺疗法。

第五，催眠疗法。通过言语暗示或催眠术使患者处于类似睡眠的状态，然后进行暗示或精神分析来治疗的一种心理治疗方法。

第六，厌恶疗法。厌恶疗法，或称厌恶性条件法，是一种具体的行为治疗技术。将欲戒除的目标行为（或症状）与某种不愉快的或惩罚性的刺激结合起来，通过厌恶性条件作用，减少或戒除目标行为。

第七，音乐疗法 。音乐疗法是通过生理和心理两个方面来治疗疾病。音乐疗法的前提是所有人都会被音乐触动，不管病情多严重，就算是失去行为能力的人，也能被音乐打动。音乐疗法的对象多数是具有淡漠、退缩及思维贫乏等阴性症状者；也有少数抑郁症、神经症与心理疾病患者。

（3）心理康复的实施方式。主要有面对面咨询、远程视频咨询、书面咨询、主动寻求咨询、被动接受咨询、预约平台组织咨询等。

（二）运动康复

1. 运动康复的目的和作用。运动对人体生理机能具有调适强健功能，也对某些疾病导致的机体损伤具有矫治康复作用。运动康复是指应用运动锻炼方法增强人体素质、修复机体损伤、促进身心康复的方法。

对于戒毒人员来说，运动康复的目的在于帮助他们改善病态机体功能，恢复衰退的身体素质；修复吸毒造成的机体损伤，恢复受损的大脑神经功能；增强机体应急耐力，培养拒绝毒品意志；激发运动爱好兴趣，养成拒毒生活方式。

对于戒毒人员来说，运动康复的作用主要在于：改善吸毒导致的运动功能失调，增强退化的心脑肺肾功能，恢复毒品损伤的代谢免疫功能，修复吸毒导致的神经功能损伤；转移心理兴趣、弱化心瘾，增强应急耐力和拒毒意志，培养正常爱好坚定、坚定戒断决心。

2. 运动康复的场地。

（1）环境对人体运动能力的影响。人体的体温受外部气候和内部代谢热源的影响。周围的温度、湿度、气压、气体成分的变化都会使体内的代谢功能产生变化并影响运动能力，特别是气温的变化造成的影响更加明显。

第一，热环境。热环境是指影响人体冷热感觉的环境因素。这些因素主要包括空气温度、空气湿度、气流速度以及人体与周围环境之间的辐射换热。人体与环境间的热交换是持续进行的，剧烈运动时的代谢的能量消耗可达静止时的23倍。在这些能量中用于肌肉做功的不超过25%，其余的热能必须通过代谢机制排出体外。在热环境中运动则会造成正的热平衡，而使体温升高。在炎热的环境中进行剧烈运动，会因大量出汗而引起机体水分和无机盐的丢失，从而引起痉挛、抽筋等症状。丧失的水分和无机盐如果在24小时内得不到及时的补充，容易引发热疾病。另外，由于出汗多会造成口渴感，这时大量饮水，会给血液循环系统、消化系统，特别是心脏增加负担。如果一次锻炼时间较长，可在中间安排1~2次休息，同时适量补充水和无机盐。

第二，冷环境。冷环境一般是指0℃以下或者温度更低的环境。在冷环境中运动，往往会给机体带来某些不利的影响，如机体散热的增加，机体血管收缩，以致皮下组织血流减少，肌肉粘滞性增加等。人们之所以能在寒冷的环境中劳动和生活，除了必要的衣着保护外，更重要的是自身的调节和适应能力。冬季锻炼时注意防寒保暖，开始锻炼时不必立即脱掉外衣，待身体微热后再逐渐减衣。锻炼结束时，应擦净身上的汗液，立即穿上衣服，以防感冒。坚持在冷环境运动可以改善人体对寒冷的适应能力，提高耐寒力，有利于身体各系统功能的进一步加强。在冬季运动前增加热身活动可以提高机体的新陈代谢能力，使机体做好抵御寒冷的准备。

（2）运动建筑设备的一般要求。运动建筑设备的一般卫生要求，包括运动场馆的选址、坐落方向、采光与照明、通风、采暖与降温等。

第一，采光与照明。可分为自然采光和人工照明。自然采光是指白天利用窗户射入室内场馆的自然光线；人工照明指利用电灯照明。

第二，通风。室内运动建筑应配置良好的通风设施。通风可分为自然通风和人工通风。自然通风是指通过门窗和气流作用，与外界进行气体交换；人工通风是指用机械手段促进气体交换。

第三，采暖与降温。建筑物的采暖、降温设备应尽量保证室内有适宜的气温（23℃~25℃），并保证室内各处室温相对均衡稳定（温差不超过2℃~2.5℃）。

3. 运动康复的内容。运动康复是根据患者的功能状况，借助医疗器械或治疗者的操作手法以及患者自身的参与，通过主动或被动运动的方式来改善人体局部或整体的功能，提高个人的生活能力，增强参与社会的适应性，改善患者的生活质量。

（1）运动康复方法分类。运动康复疗法的内容丰富，分类方法也繁多。例如，根据动力来源分为主动运动和被动运动；根据肌肉收缩的形式分为等长运动、等张运动和等速运动；根据能源消耗分为放松性运动，力量性运动和耐力性运动；根据作用部位分为局部运动和整体运动；根据治疗时是否使用器械分为徒手运动和器械运动；等等。

（2）常用运动康复方法。常用的运动康复方法有主动运动、被动运动和牵张运动等。

第一，主动运动。需要依靠患者自身肌力收缩，来实现身体的活动被称为主动运动。主动运动的功能作用主要是增强肌力、改善肢体功能，全身主动的耐力运动具有改善心肺功能和全身状况的作用。

根据运动时有无外力的参与，主动运动可分为自主主动运动、辅助主动运动和抗阻主动运动。

自主主动运动是不依靠助力也无外部阻力的情况下，由患者主动完成全部运动，当其肌力获得一定的恢复时，应鼓励其进行身体活动。自主主动运动能显著促进肌肉、关节及神经系统功能的恢复，是运动训练的主要组成部分，也是戒毒人员主要的康复运动治疗形式。如：广播体操、队列、八段锦、太极拳等。

辅助主动运动是指在外力的辅助下，戒毒人员主动用力完成的运动形式，辅助主动运动是从被动运动向主动运动过渡的一个中间阶段。

抗阻主动运动是患者克服在运动训练过程中由康复治疗师施加的徒手性阻力或运动器械（如沙袋、哑铃、拉力器等）造成的阻力所进行的主动运动。抗阻主动运动能有效地增强肌力，促进肌力恢复，常用于创伤后肌肉的力量恢复和功能训练。这种运动形式戒毒人员很少采用。

第二，被动运动。运动时戒毒人员完全不用力，肌纤维不收缩，肢体处于放松状态，完全借助外力完成整个运动过程，实现康复治疗的目的。被动运动多适用于运动后放松或肌力极弱的情况，这时患者不需要借助自己的力量完成运动，而是通过外来动力完成的。

第三，牵张运动。牵张运动是采用被动或主动的离心或向心的运动方法，对戒毒人员身体局部进行强力牵张的活动。被动牵张时，牵引力由治疗师或器械提供；主动牵张时，牵引力由拮抗肌群的收缩来提供。这种运动主要适用于软组织病变所致的关节挛缩，以及为组织压迫性疾患缓解疼痛；也可以针对某些肌群，为提高其收缩能力，在该肌收缩前，先进行牵张运动。这种运动形式戒毒人员很少采用。

（三）劳动康复

劳动康复就是通过劳动锻炼的手段，磨炼意志、增强体魄、改变观念，使戒毒人员的身体素质与思想意识重新获得适应社会的能力。《司法行政机关强制隔离戒毒工作规定》第 43 条第 1 款规定，强制隔离戒毒所根据戒毒的需要，可以组织有劳动能力的戒毒人员参加必要的生产劳动。

1. 劳动康复的目的和作用。劳动康复是一种具有康复、锻炼、学习技术等价值与功能的综合性康复治疗手段，其根本目的不是追求经济效益，而是通过劳动使戒毒人员成为身体健康、热爱劳动、自力更生、掌握技艺、适应生活、服务社会的公民。

劳动康复的作用，具体包括以下几个方面：

（1）淡化心瘾，激发矫治活力。戒毒人员参加劳动，其注意力就会转移到具体的工作上，使大脑高级神经活动得到有效调节和控制，使以第二信号系统为主导的两种信号系统的活动得以协调运转。劳动还能使戒毒人员思维敏捷，反应灵活迅速，从而提高戒毒人员的反应能力和快速应变能力，这对于部分戒毒人员的心理障碍和心理疾病有一定的调节和辅助治疗作用。劳动能增强内分泌的调节，内分泌腺在中枢神经系统直接或间接的控制下分泌出各种激素，以调节人体的物质代谢，通过参加劳动，可以确保代谢顺畅协调发展。内分泌的平衡还能维持其生殖机能，从而使其生殖机能得以健康发展。尤其是通过劳动，可以缓解或消除戒毒人员的性意识和性亢奋，使畸形的性亢奋和性冲动在劳动中得到一定程度的宣泄和释放，这无疑对戒毒人员的心理健康十分有利。

（2）锻炼体魄，强化戒毒意志。由于从事既违背社会发展规律又违背人的身心发展规律的违法活动，绝大部分戒毒人员有一种或多种疾病，这些疾病包括各种肝病、肺结核病、胃病、艾滋病等，有的戒毒人员存在 5 种以上的疾病。通过开展劳动康复，对增强戒毒人员的体质、保持其身心健康具有重大作用。生命在于运动，戒毒人员在劳动时，全身血液循环会进一步加速，从而促进血流畅通；戒毒人员长期参加体力劳动，也会使心脏机能增强；劳动还会使其肌内力量增强，从而使骨骼强壮有力并且肌肉发达；劳动也会促进肺功能提高，有利于呼吸深度加大，肺活量增加。总之，长期劳动能使戒毒人员身体各机能得以顺畅运行，使脏腑各器官协调运转，促进其身体素质的全面提高，锻炼体魄，增强意志力。

（3）矫正恶习，规范生活行为。戒毒人员之所以走上违法的道路，就是因为他们违反了社会的法律规范，而他们之所以违反法律规范，又与他们身上所沾染的各种各样的恶习密切相关。因此，对戒毒人员进行教育矫治的一个重要内容就是修正戒毒人员的恶习。恶习修正方法多种多样，而劳动就是其中一种重要的

方法。劳动虽然不能对所有的恶习进行修正，但对于戒毒人员身上所存在的好逸恶劳、游手好闲等习惯却有独到的矫正作用。由于劳动是一种强制、反复、持续的活动，因而，劳动对戒毒人员而言是一种反复刺激和不断作用的过程，有利于培养勤劳的美德，而勤劳与好逸恶劳、游手好闲等习惯是死敌，戒毒人员在形成勤劳美德的同时，也就祛除了好逸恶劳，游手好闲等恶习，劳动也是矫正戒毒人员存在的放荡不羁、无法无天等相关恶习的重要途径，这是因为劳动的过程是一种严格管理的执法过程，在劳动中，戒毒人员不仅要严格遵守劳动纪律，而且要保质保量地完成劳动定额，且劳动现场有严格的定置管理制度和操作规程制度，戒毒人员如果违反，就会受到处罚，加之劳动是一种不断持续的活动，久而久之戒毒人员就会形成严格的组织纪律观念和行为规范理念，戒毒人员身上的散漫恶习也就得到了矫正。

（4）以劳取酬，认知劳动价值。戒毒人员中的大多数人员一方面在社会上巧取豪夺、坑蒙拐骗、贪得无厌；另一方面又大吃大喝、挥霍无度、奢侈腐朽，最终走上背离劳动人民的违法之路。通过让戒毒人员参加劳动，可以使其感受到劳动的艰辛，劳动成果的来之不易，明白“谁知盘中餐，粒粒皆辛苦”的道理。实践证明，戒毒人员通过亲身参加一段时间的生产劳动，通过自身感悟和民警的教育都会认识到劳动的艰辛和劳动成果的不易，从而对自己以往的奢侈、贪婪、自私和懒惰产生反思和悔恨，拉近了与劳动人民的距离，增强了与劳动人民的感情，对劳动人民的辛苦和付出表现出理解和敬意，并愿意通过劳动获取报酬，用劳动创造自己新的生活。

（5）端正态度，形成劳动观念。尽管戒毒人员走上违法道路的原因复杂、形式多样，但绝大多数戒毒人员有一个共同的特点，即他们的劳动观不正确，他们认为“劳动致不了富，劳动发不了财”“人无横财不富，马无夜草不肥”。正是这种错误的劳动观使他们鄙视劳动、鄙视劳动人民，认为“劳动是下等人干的事，靠劳动吃饭的人是窝囊废”。通过劳动，培养他们劳动致富的观念。劳动作为一种复杂的社会实践活动，需要戒毒人员全身心投入，且付出较多的体力与智力，方能完成劳动任务，仅仅敷衍了事或做一下表面文章，是无论如何也难以完成的，所以戒毒人员在劳动过程必须端正态度，认认真真工作。

（6）学习技艺，增强就业能力。劳动的主要目标是要使戒毒人员通过劳动学习技能和实用技术，为以后立足社会奠定基础，因而，在进行劳动项目选择时一般都会考虑项目的科技含量和技能培养等因素，所选择的劳动项目一般为机械制造、汽车修理、服装加工、纺织服务加工，种植养殖等实用技术，戒毒人员从事这些劳动项目不仅能养成良好的组织纪律观念，掌握劳动所需的操作规程和职业规范，而且能够学到很多实用技术，培养一技之长乃至多技之长。近年来，各强制戒毒场所加大了劳动中习艺的比重，有的专门聘任生产技术人员或教员在课堂上或劳动现场向戒毒人员讲授生产技能的基本理论知识；有的安排戒毒人员报名自选劳动岗位，加大技能培训比重，千方百计提高劳动技能，使劳动中的习艺功能进一步显现。

2. 劳动康复场地布置。

（1）整体环境的场地布置。戒毒人员劳动场地，应选择建设于戒毒矫治大院内的恰当位置，一般以一个大队或中队为一个单元（车间或厂房）布置为宜。无论从事何种产业，劳动场地的设置必须符合司法部相关规范标准要求，应合理设置消防通道设施，应配备护窗、监控等安全防控设施，应便于车间内部的通风、冬季的保暖与夏季的降温，车间周围应根据所在地域的气候、土壤条件种植合适的花草树木，并注意道路的通畅、方便联系其他车间等问题。

（2）车间内部场地布置。

第一，劳动设备的摆放应整齐划一，密度以便于操作为宜，车间墙面上要悬挂必要的操作规程和各种积极的标语、图案，可以悬挂音响设备，让戒毒人员以愉悦的心情投入劳动，窗户上应配合适的窗帘，并在合适的位置摆放盆景等，美化工作环境。

第二，车间内应标有明显的区域界线和提示标志，主要包括人员通道、物流通道、消防通道、戒毒人员劳动区、危险工作区、生产资料存放地、生产工具保管室、成品仓库、戒毒工作人民警察值班室等，并为戒毒人员个人用品设置一定的储物柜。

第三，车间内人流物流通道的设置，要充分考虑产品的生产流程，力求生产线顺、直、短、捷，尽量避免交叉倒流，使产品运转符合生产流水线的要求，方便原材料的运输，缩短运输距离，省时省力。

第四，车间应合理设置人员、物质、消防通道，至少开设两个大门，一个是人员进出和物流的通道，另一个是消防安全通道，应按规定配齐消防栓、灭火器等消防器材。

第五，车间内应按规定设计安装电路电器设施，配备安全防护设施，标有规范操作流程和安全警示标识。

第六，车间内要设置民警值班室、谈话室等配套用房，配备警械、保险柜等安防设备，便于民警管理和处置突发事件；还要设置更衣间、卫生间等辅助用房，以方便戒毒人员生活。

三、任务考核

【案例】 章某，男，1972 年 11 月 6 日出生，初中文化程度，父母离异，在

单亲家庭中长大，家境比较贫困，为了生存，初中毕业后在外闯荡，误信朋友开始吸毒。这是他首次接受强制隔离戒毒。刚进入康复巩固区时，章某猜忌心极强，脾气暴躁，又有暴力倾向，尤其对民警极度不信任，敌对情绪明显，声称自己患有多种疾病，视力不好，拒绝参加生产劳动。针对以上情况，中队民警认真查阅并细心分析他的档案，又从其他戒毒人员那里了解到章某的其他详细情况后，决定从他的心理康复方面入手。首先，时刻关注他的病情，及时带他到医院检查治疗，无微不至地关心他的日常生活，嘘寒问暖，观察和掌握他的心理变化，中队长也经常利用值班时间找其谈心等。民警们这样日复一日的关怀，使他慢慢地敞开了心扉，表现也积极起来。之后，民警又及时抓住他的心理变化，经常在集中点名教育会上表扬他，肯定他的进步，免费让他参加特长班学习并考取了操作证书，便于他回归社会。章某在劳动康复过程中，获得劳动分满分，还取得了两次劳动竞赛一等奖。他还积极参加强制隔离戒毒所组织的运动康复训练，身体也慢慢变强壮了。经过6个月的康复巩固治疗，章某最终通过了戒毒康复巩固期的评估。

问题：请根据以上案例，谈谈你对康复巩固区劳动康复、运动康复、心理康复的理解，并分析对康复巩固区戒毒人员进行管理的难点？

学习任务7 回归指导区管理

一、学习目的

1. 掌握戒毒人员回归指导区的管理方式。
2. 掌握戒毒人员解除强制隔离戒毒出所流程。
3. 了解戒毒人员出所后的社会延伸工作。

二、知识要点

回归指导区的主要工作内容和目标是加强戒毒认知和拒毒操守教育，增强戒毒人员的戒毒信心、提高其抵御毒品和适应社会的能力，通过进行职业技术培训和就业指导，增强其回归社会的就业能力。对回归指导区的戒毒人员应实行较为宽松的回归训练管理，着重进行出所前的职业培训，培养戒毒的信心，提升拒毒防毒能力。同时，应将戒毒工作看作是一项系统的社会工程，把回归社会看作是戒毒流程中一个不可分割、十分重要的阶段，进一步落实后续照管工作，巩固戒毒工作成果。

（一）回归指导区教育矫治工作内容

1. 宽松式的回归指导区管理。回归指导区管理，指的是戒毒人员经过生理脱毒期的脱毒治疗、教育适应和康复巩固区的教育矫正治疗并取得好的成效后，转入出所队接受回归社会教育指导的过程。由于回归社会准备期的戒毒人员都经过了几个月的教育矫治，戒毒人员大多已对自己的吸毒行为有了正确的认识，基本上能够自觉地遵守强制隔离戒毒所的各项规章制度，并开始思考自己出所后的人生道路。因此，此阶段的管理应与前几个阶段的管理有所不同。为了尽量避免封闭式管理带来的缺陷，更好地实现戒毒人员融入社会的目的，宽松的半开放式管理逐渐成为一种新型管理模式。

本阶段主要针对戒毒人员普遍存在的“心瘾”难除、回归社会后很难融入社会、一旦周围环境影响就有可能复吸的问题，实施更为宽松的、半开放式、人文化和自我约束的管理。在这一阶段，戒毒人员除了要学会学习和学会做事外，还要学会做人。要通过道德、伦理、人文、法制、拒毒、情感等教育，使他们获得与人共处、交流、合作的知识和技能；通过沟通和互动，让他们相互交流戒毒经验和脱毒历程，从而帮助他们提高对毒品的抵御力和控制力；通过就业前生存训练和回归就业指导工作，培养他们在未来生活中生存所需的综合素质和能力，以适应自己日后所处的生存环境；通过就业形势和政策教育、择业技能教育和回归前心理辅导等，帮助他们选择符合自己身心特点的发展道路。

2. 回归指导区的教育矫治内容。对于戒毒人员而言，急性脱毒治疗只是戒断治疗的第一步，教育适应、康复巩固区是各种戒断治疗的保障，出所前的回归指导区更是真正走向康复的关键。此阶段主要开展以下内容的教育矫治：

（1）政治思想教育。政治教育首先应以近现代中国深受毒品危害，特别是18世纪中叶开始的鸦片战争史，中华人民共和国成立后禁毒工作的伟大成就，现在国际与国内日益严峻的毒品形势为重点，把禁毒、戒毒工作上升到爱国主义的范畴。使戒毒人员清楚地认识到吸毒、戒毒不只是个人行为，还是关系家庭、社会、国家的大事，帮助其树立戒掉毒品的信心和决心。临近出所的戒毒人员因入所时间长，对外界了解不多，对出所后的一切都感到无助，尤其是不知道怎样去融入社会。此阶段还应当对他们进行形势和政策教育，帮助他们了解自己将要回归的社会环境，让他们了解党和国家为解决民生问题所采取的一系列惠民政策，唤起他们对党的政策的理解和对现实的认同感。

（2）戒毒动机教育。吸毒者依赖毒品是一个过度依赖的不良行为模式。戒毒人员如不能有效应对高危情境，复吸就难以避免。强制隔离戒毒所要使戒毒人员明了如果继续吸毒就会带来短期的得与长期的失，增强他们保持操守的动力；

帮助戒毒人员明确高危情境，教会他们采用恰当的行为应对高危情境；强化戒毒人员禁毒法制教育，强调“吸毒违法、贩毒犯罪、吸毒必戒、贩毒必惩”，引导戒毒人员远离毒品，珍爱生命；帮助戒毒人员改变与使用毒品有关的生活方式，培养健康的生活方式；引导他们掌握识别和应对毒品渴求感的技能，提高其抵御毒品诱惑的能力；帮助他们学习如何适应新的环境，练习拒绝不良关系，塑造自己新的行为。

(3) 社会适应教育。强制隔离戒毒所就是一个小型社会，戒毒人员在所里需要处理各种人际关系。要处理好这些人际关系，最重要的是要学会尊重别人。只要做到将心比心，对他人真诚尊重、热心互助，同时讲究一定的方式技巧，就能营造出和谐的人际关系，从而使自己从这些良好的关系中获得更多的支持与帮助，更好地生活。引导戒毒人员以积极的态度面对社会生活，能够从失衡状态中尽快找到平衡点，使自己的状态与场所环境和要求相适应，为将来适应社会打下基础。

(4) 开展职业技能训练与就业指导。职业技能训练作为教育体系中的一项重要内容，对于消除戒毒人员好逸恶劳的思想，树立正确的劳动观，进而增强其就业谋生的本领和自食其力的能力，进一步降低复吸率等具有十分重要的作用。强制隔离戒毒所要在戒毒人员解除强制隔离戒毒之前的回归社会训练期，专门对他们进行有针对性的职业技能与就业培训和安置联系，全面提升他们的就业竞争力，帮助他们解决就业问题，使他们真正融入社会。

(5) 自我心理调适。这个阶段戒毒人员的心理技能训练的形式主要以小组活动为主。建立训练小组时应考虑到成员之间的熟悉程度、环境舒适程度、形成支持性、开放性氛围，促进成员之间相互理解、相互信任、互相帮助等。心理技能包括以下几方面：

第一，自我情绪调节。只有学会应用心理调节手段，克服不良情绪影响，战胜各种挑战，才能成为生活的强者。情绪调节有以下几点：

其一，自我引导法。自我引导是通过宣泄、回避、补偿、升华等方法调整心态，变不利为有利，化被动为主动，通过新的努力获得补偿，以摆脱不良情绪的困扰，走出不良情绪的阴影。

其二，自我安慰法。自我安慰是克服自我悔恨、烦恼以及悲伤的有效方法，可采取自勉法、漠视法、暗示法等达到自我安慰的效果。

其三，调节认知。非理性的认知一般表现为绝对化要求、过分概括化、糟糕至极、任意推断、选择性消极关注、消极情绪推理及个人化等。可通过辩论、语义分析、重新归因、概念重建、真实性检验，“无损失”行为作业、合理情绪想象技术等来改变非理性认知，保持健康的情绪状态。

其四，放松技术。自我放松技术可帮助人们的精神和躯体从意识要求中解脱出来，变得不再紧张、焦虑，恢复理性思维，享受美好人生。自我放松包括身体放松和精神放松。这些放松技术具有缓解压力、训练注意力、控制思维过程、提高处理情绪的能力和放松身体的作用。

第二，社交技能学习。掌握社交技能，才能建立良好人际关系，才能更好地融入社会。值得学习的人际交往基本技巧有很多，如谈话交流、寻找双方的共同点、文明礼貌的言语、经常保持微笑、真诚地赞美他人、设身处地地为对方着想、尽量避免争论、与人交往时多倾听、消除交往障碍等。

第三，认识和完善自我训练。正确认识自我，从多角度、多层面来评价自我，既不妄自菲薄，也不夜郎自大。积极接受自我，一个人首先要接纳自己，才能被他人接纳，要接纳自身的优点与缺点、成功与失败等。在接受自我的基础上，建立自信、自立、自强、自主的心理品质，从而发展自我，完善自我。

有效控制自我。首先，要合理定位理想自我；其次，要培养自尊和自信；最后，要培养健全的意志品质。

自我认知的方法，可以通过自我观察，实践检验和借助外力等，积极主动地体验个人心中的自我，不断感知和内省；注意从自己对某件事情的态度和专注程度来确认自己的志向、兴趣，从完成某事的状态来确定自己的水平；从做一件事情遇到的困难来确认自己的意志品质；并通过与他人的比较，感受他人的态度，借助他人的评价来认识自己；还可以通过专家咨询、心理测验、反馈控制等方法来进行自我认知，掌握自我认知的方法。

（6）不良心理矫治。可根据戒毒人员的不同心理问题，选择性地开展认知疗法、系统脱敏、家庭治疗、正念疗法等心理矫治，以缓解戒毒人员的心理问题，弱化心瘾渴求，增强戒毒决心，夯实拒毒堤坝，提高操守能力。

（二）解除强制隔离戒毒管理

1. 大（中）队民警整理戒毒人员档案材料，包括戒毒人员正档、副档、戒毒人员健康档案，到所政管理部门换取《出所通知单》。

2. 大（中）队民警应按规定办理、交接戒毒人员的现金、物品、入所队配发的物资，戒毒人员查收无误后应在《戒毒人员物品代管登记单》的反面写上“原封口未开启，本人确认原物品已领回”，并签上姓名和日期，经办民警做好记录，做到账目清楚、财物相符。

3. 出所当日，大门值班室民警认真核对《提前（按期）解除强制隔离戒毒证明书》或《逮捕证》《刑拘证》《调遣通知单》等出所材料，仔细核对《出所通知单》和戒毒人员胸卡上戒毒人员名、照片等个人信息，并在值班本上按规定登记。大（中）队民警在大门值班室登记本上签字后，将戒毒人员一卡通账户

上的余款、强制隔离戒毒所发给的路费、《提前（按期）解除强制隔离戒毒证明书（戒毒人员留存联）》和戒毒人员个人物品移交给戒毒人员，签字确认后，从人行通道出所。

此外，大（中）队民警对提前（按期）出所时已收到《责令社区康复（戒毒）决定书》的戒毒人员，应告知其按《责令社区康复（戒毒）决定书》要求在7个工作日内到户籍所在地的社区康复机构报到。在与公安机关或其他单位办理逮捕、刑拘、调遣等移交工作时，还应做好强制隔离戒毒所与公安机关或其他单位的交接工作，内容包括出所戒毒人员有无吞食异物，戒毒人员有无个人财物、物品未领回等，并由双方确认一致。

（三）构建后续帮扶平台

1. 后续帮扶的内容。戒毒人员被解除强制隔离戒毒后将回归社会，但这并不意味着彻底戒毒成功。戒毒全过程的“脱毒、康复、回归社会”三个阶段应当无缝对接，不能相互割裂。降低“复吸率”是个社会难题，社会各方面应共同努力，做好戒毒人员回归社会后的管理与教育工作。戒毒人员回归社会后的管理和教育工作包括社区康复、社会帮教，同时要做好预防复吸工作。

（1）社区康复。《禁毒法》第48条第1款规定，对于被解除强隔离戒毒的人员，强制隔离戒毒的决定机关可以责令其接受不超过3年的社区康复。这是我国首次以法律的形式规定社区康复这种全新的戒毒措施，是对于解除强制隔离戒毒者或其他被采取强制性（如受刑罚处罚刑满释放）戒毒人员，为了巩固戒毒的效果，以城市街道、乡镇的小型社区为单位，通过公安机关责令或者与其签订康复协议的方式，由社区帮助其彻底戒除毒品、重返社会的模式。

社区康复是对被采取强制隔离戒毒措施或者其他戒毒措施（如自愿戒毒、社区戒毒）的人员进行后续照管的一种康复模式。实践证明，戒毒人员回归社会后如果能够及时获得必要的帮助，得到他人的关心，保持操守的时间就会延长，戒毒的成功率就会大大提高。

（2）社会帮教。对戒毒人员回归社会的社会帮教，指的是依靠全社会各方面的力量，通过各种方法和手段，对从强制隔离戒毒所回归社会的吸毒人员进行帮助教育，使他们从思想上、生理上和心理上戒除毒瘾，促使他们健康成长，成为对社会有用之人。戒毒人员离开强制隔离戒毒所后，如果没有社会上各方面的帮助、教育和监督，很容易走上复吸之路。加强对戒毒回归人员的社会帮教，防止“以吸带吸”，是控制和压缩吸毒人群、改变禁吸戒毒的被动局面、防止滋生更多吸毒人员的有效措施。

想要尽可能减少戒毒人员回归社会后复吸现象的发生，就必须建立和健全“家庭、社会、政府三位一体”的联合帮教体系，建立戒毒康复社区，帮助戒毒回归人员培养健全的人格，彻底完成“再社会化”，使其走上自食其力的道路，成为守法公民，开始新的生活。

第一，家庭力量。家庭力量主要是指家庭成员为戒毒人员提供的包括爱情、亲情在内的情感支持，协助社区做好戒毒人员的思想工作，帮助戒毒人员调整好自己的情绪。家庭成员是戒毒人员的生活依靠和精神支柱，也是社会帮教最直接的力量。因此，在戒毒人员解除强制隔离戒毒之前，要积极争取戒毒人员家属的支持。例如，跟家属取得联系，打消家属的顾虑和担忧，利用探视时间积极和戒毒人员进行交流、沟通。向戒毒人员家属宣传毒品危害的同时，要着重宣传其在社会帮教工作中的重要性和帮教工作的方法，如接纳戒毒人员，把他们引回正途，不再与毒友来往，坚定其意志力，帮助他们抗拒毒瘾，同时用亲情对戒毒人员进行感化教育。

第二，社会力量。社会力量包括社会中的慈善福利机构、私营企业、社会团体、知名人士、戒毒成功人士等。社会中的慈善福利机构、私营企业为戒毒回归人员提供就业培训及就业岗位，帮助戒毒回归人员实现就业。社会团体、知名人士则可实施激励帮教。可以广泛邀请社会人士、党政机关团体的负责人、专家教授、英雄模范人物等，以作报告的形式进行正面教育，以正面人物为榜样，感染、鼓励戒毒人员。面对现实、面对人生，从而获得新生。另外，让戒毒成功人士现身说法，用这些“回头浪子”的切身感受和成功经验教育其他戒毒回归人员，培养和强化戒毒回归人员戒毒的信心和毅力，抵御毒品的诱惑力，保持戒毒操守。

第三，政府力量。“三位一体”的全方位帮教体系应以政府为主导。政府要将戒毒回归人员的就业安置和生活保障工作纳入整个社会就业安置和社会保障计划中，并将他们视为特殊的社会弱势群体，免费提供就业指导、就业培训等服务和帮助，引导戒毒回归人员正确处理在找工作过程中遇到的某些不公平待遇，积极参加社区和街道举办的再就业培训，使他们认识到只有自身能力达到用人单位的要求，才会增加成功就业的可能性。鼓励他们通过灵活多样的形式实现就业。对自己创业、自谋职业的，制定并落实优惠的税收、费用、市场准入等政策，政府可提供小额贷款或创业基金扶持。鼓励讲信誉、有实力的社会企业积极安置戒毒回归人员、真正为他们的顺利就业铺路搭桥。

2. 后续照管的衔接。戒毒回归人员失控问题一直是影响社会稳定的因素。为此，强制隔离戒毒所必须将帮教工作的关口前移，环环紧扣，确保每一个戒毒回归人员都能及时接受社会帮教，主要抓好出所前后四个环节的帮教工作。

（1）加强出所教育，做好思想准备。强制隔离戒毒所要在戒毒人员在所戒毒的后期开展有针对性的教育，使每一个戒毒人员都能深刻认识生理上的毒瘾易

脱、心瘾难戒。所内无毒环境使戒毒人员容易保持戒毒决心，所外有毒环境对他们的考验仍旧十分严峻，既要自己有决心，也需要他人的帮助，因此要做好戒毒人员出所后接受社会帮教的思想准备工作。

(2) 严格规范衔接工作的程序。强制隔离戒毒所要在戒毒人员回归社会之前，告知其户籍所在地或决定强制隔离戒毒的公安机关，由公安派出所告知当地安置帮教机构及其家属，落实帮教责任人，并与其家属签订《共同帮教协议书》。家属凭协议书到强制隔离戒毒所办理出所手续，并带领出所戒毒人员到居住地派出所报到。

(3) 落实责任，及时开展帮教工作。戒毒人员出所报到后，由帮教责任人与其签订帮教责任书，明确双方的权利和义务，及时开展具体的帮教工作。另外，必须加强对重点戒毒回归人员的衔接管控。对于在强制隔离戒毒所期间戒毒表现较差、有对立情绪的戒毒人员，要严格做到“无缝对接”，将人员、档案、思想状况及现实表现等信息交接清楚。交接后，针对戒毒回归人员的具体情况，制订有针对性的帮教计划，并落实到实际的帮教工作中去。

(4) 建立外出戒毒回归人员的网络体系。流出地安置帮教机构要在摸排外出戒毒回归人员去向的基础上，与流入地的安置帮教机构签订《委托帮教协议》；若有关部门有组织地安排戒毒回归人员外出务工的，要在外出务工人员中建立帮教组织或明确专人承担帮教的任务；流入地安置帮教组织要通过与本地外来人口暂管中心、公安派出所、劳务公司等涉及外来人口管理的单位建立和完善情况通报和信息反馈机制，排查甄别外来戒毒回归人员。同时，还要通过安置帮教工作的联络员和信息员，从出租屋房东、用工企业处了解信息，进行排查甄别，最大限度地将外来戒毒回归社会人员纳入帮教安置渠道，尽最大努力减少不稳定因素，使其保持戒毒操守，做守法公民。

三、任务考核

【案例】 戒毒人员在期满前1个月或提请提前解除强制隔离戒毒后，由康复巩固区转入回归指导区，进行回归适应性教育。2018年4月4日8点，浙江省某某强制隔离戒毒所大门口，面对已经换上便服的戒毒人员李某某，教育科长叶某某语重心长地说：“这次的奖励性探视机会来之不易，是对你戒治成绩的肯定，你要好好珍惜，除了解决好你与妻子的问题外，我建议你去一趟你们社区的贺某某工作室以及宁波奉化农业科技有限公司，那里是我们所和社区签订协定的安置帮扶基地，对你回归社会能够有很大的帮助。”

李某某是“二进宫”，入所之初，妻子就提出离婚，他一再挽留，但妻子说要看他具体表现。痛定思痛，李某某在戒治过程中积极配合。经历了1年6个月的戒毒，他各项戒毒指标都保持在优秀，今年浙江省戒毒系统又出台了“奖励性外出探视”的政策，经过层层审批，处于回归指导期的他获得了这次机会。当他出现在妻子面前时，两个人都呆住了，妻子流泪了，他也流泪了……

“你再给他一次机会吧！”社区贺某某工作室主任贺某某打破僵局，做他妻子的工作。妻子扭过头去擦了擦眼泪，拉起了李某某的手。第二天，李某某早早来到了宁波奉化农业科技有限公司，公司老总沈某某曾经也是一名戒毒人员，回归社会后靠着自己打拼，成就了一番事业。2017 年，他与某某强制隔离戒毒所签订了《安置帮扶协定》，在公司内设置了“戒毒人员回归康复人员就业安置基地”，成为回归戒毒人员出所时的“中途岛”和“爱心驿站”。这次，李某某先来了解一下情况。经过一个上午的交流，李某某决定出所后就先到公司上班。

戒毒人员最终要重新进入社会，并接受社会的检验，为此戒毒工作就需要强制隔离戒毒所“开门搞戒毒”，要将强制隔离戒毒所的戒治工作融入整个大的矫治环境中去，确保戒毒人员在回归社会之时能够形成“无缝对接和有效帮扶”。

问题：根据以上案例，讨论怎样理解宽松式的回归指导区管理，并阐述回归指导区的管理重点。

项目小结

本项目主要讲解强制戒毒所戒毒的生理脱毒区、教育适应区、康复巩固区和回归指导区四区流程管理。

生理脱毒区的流程管理主要是开展入所接收、入所体检、吸毒史调查、脱毒观察、建立戒毒档案等程序；根据吸毒人员的具体情况，制定脱毒方案，分类实施急性脱毒治疗，消除急性戒断症状，确保戒毒人员生理上安全脱毒。

教育适应区的流程管理是继续缓解和消除戒毒人员稽延性戒毒症状，通过简单的身体运动恢复其生理机能，开展认知教育，引导戒毒人员正确认识毒品危害，明确戒毒目标；通过心理测试、心理健康教育和心理危机干预，帮助戒毒人员尽快熟悉强制隔离戒毒所环境，顺利适应戒毒生活。

康复巩固区的流程管理是对戒毒人员全面开展教育矫治、戒毒医疗、康复训练等各项活动，综合运用戒毒医疗、心理康复、教育矫正、运动康复、劳动康复和职业技能培训等戒治手段，巩固前期的戒毒效果。

回归指导区的流程管理是对即将解除强制隔离戒毒的戒毒人员开展预防复吸毒品教育、形势政策教育、就业指导；鼓励被责令社区康复的人员到社区戒毒康复场所进行社区康复，帮助戒毒人员了解社区戒毒机构和流程；进行出所前体

检；为戒毒人员构建后续帮扶平台、构建家庭和社会支持。以上措施不仅能够较好地缓解戒毒人员出所前的负面情绪，还能增强其融入社会的信心，在思想上做好回归社会的准备，完成戒毒人员回归社会的衔接与帮扶，使其将来能更好地进入社会，做守法公民。

1. 你对进一步完善强制隔离戒毒管理流程，以提高戒毒工作效率、更好地降低复吸率，有什么建议？

2. “2018 年 5 月，司法部部署建立全国统一的司法行政戒毒工作基本模式。这种以分期分区和流转为基础，突出戒治流程规范运行；以专业中心为支撑，实现专业化戒毒；以科学戒治为核心，实现科学精准戒毒；以衔接帮扶为延伸，实现戒毒康复指导的社会化的基本模式的建立，标志着新时代司法行政戒毒工作已经由转型走向定型，科学、统一、规范的司法行政戒毒工作基本模式日趋完善。”请你结合本项目的学习内容，谈谈你对上面这段话的理解。

实训项目 2　“四区”流程管理训练

一、训练目标

使学生熟练掌握四区管理流程，并实际运用于戒毒执法活动。

二、训练要求

1. 明确训练目的。
2. 明确训练的具体内容。
3. 熟悉训练手段和方法。
4. 按步骤、方法和要求进行训练。

三、训练条件和素材

（一）训练条件

校内模拟强制隔离戒毒所及配套基本器材、设施、设备等，戒毒人员相关资料。

（二）训练素材

戒毒人员李某，男，1974 年 12 月 22 日出生，高中文化程度，父母经商，后离异，在单亲家庭中长大，家境比较好，高中毕业后在外闯荡，误信朋友开始吸毒。李某被强制隔离戒毒的期限为 2017 年 9 月 16 日~2019 年 9 月 16 日。李某于 2017 年 9 月 16 日入所并进行入所诊断，如接受安检、体格检查等。通过体检，发现李某患有糖尿病，并伴有轻度高血压。在入所半个月后，将对其进行生理脱毒阶段性评估，通过评估后，进入教育适应区。他在教育适应区的时间是 2 个月，在继续缓解和消除戒毒稽延性戒毒症状、恢复其生理机能的同时，通过开展认知教育活动，引导他正确认识毒品危害，明确戒毒目标；通过心理测试、心理健康教育和心理危机干预，帮助他尽快熟悉强制隔离戒毒所环境，顺利适应戒毒生活。如果他通过教育适应期满考核评估，合格后将转入康复巩固区。在康复巩固区，将对他继续进行教育矫治、劳动康复、运动康复、心理康复等各项活动，时间不少于 6 个月。在期满前 1 个月，由康复巩固区转入回归指导区，进行回归适应性教育，期满后进行综合诊断评估，若合格则解除强制戒毒、出所。

四、训练方法和步骤

在指导教师指导下，以学生分组模拟各角色（大队民警、心理咨询师、戒毒人员）的形式在训练场进行，具体方法和步骤如下：

1. 准备素材，确定训练方式，学员复习有关四区流程的理论知识，做好包括入所、出所、康复训练等强制隔离戒毒所的情景及配套基本器材、设备准备工作。

2. 指导教师介绍训练内容和要求。

3. 掌握戒毒人员李某的相关情况，在指导教师的指导下形成模拟场景。

4. 完成对戒毒人员四区流程方案制定。对案例中没能提供的条件，由学生酌情进行合理设计和补充。

5. 整理训练成果，形成书面材料。

五、训练评估

1. 总结训练成果，写出训练心得体会。

2. 指导教师进行讲评，并评定训练成绩。

拓展阅读

学习项目三　强制隔离戒毒执法事务管理

学习目标

1. 知识目标：掌握戒毒人员通邮通讯、探访探视、单独管理、保护性约束措施、申诉、控告、检举、离所就诊、所外就医、移交刑拘、逮捕收监、解除强制隔离戒毒及档案管理等执法事务的法律政策规定与管理要求；熟悉所务公开的范围与内容、熟悉“四大现场”管理、戒毒人员档案管理的方法与标准。

2. 技能目标：能按规范处理戒毒人员通邮通讯、探访探视、申诉控告检举事务；能正确办理单独管理、离所就诊、所外就医、移交刑拘、逮捕收监、解除强制隔离戒毒等重要执法事务的审批审核工作；能解决“四大现场”管理、戒毒人员档案管理中遇到的各种实际问题。

3. 情感目标：保持公开公平、公正廉洁、文明执法的执法素质。

重点提示

本学习项目重点包括通邮通讯管理、探访探视、单独管理、离所就诊、所外就医、解除强制隔离戒毒等执法事务的管理。要特别注意的是在通邮管理中，对戒毒人员写给上级机关、纪检监察机关、检察机关的信件只做登记，不进行拆检；在探访、探视管理中，戒毒人员被采取单独管理措施期间停止探访；在离所就诊与所外就医的管理中，对强制隔离戒毒所无力诊断治疗，存在严重健康风险的，一般选择使用离所就诊；对危及戒毒人员生命，短期内难以治疗痊愈或具有传染风险，符合所外就医诊断标准的，通常选择所外就医。

【项目简介】

《禁毒法》《戒毒条例》《强制隔离戒毒人员管理工作办法（试行）》《司法行政机关强制隔离戒毒工作规定》等全面、详细地规定了戒毒执法中通邮通讯、探访探视、申诉控告检举处理、解除强制隔离戒毒措施等执法要求与规范。了解对戒毒人员通邮与通讯、探访与探视、申诉控告检举处理、解除强制隔离戒毒措施等内容的具体规定与操作方法；掌握对戒毒人员实施单独管理、采取离所就诊、所外就医或保护性约束措施的适用情形、条件、审批程序、管理方式；熟悉强制隔离戒毒所所务公开业务、熟悉对戒毒人员的生活现场、生产现场、学习现场和康复现场等常规执法管理的基本做法是每个戒毒工作人民警察应具备的基本功，也是公开、公平、公正、文明执法的重要保障。

学习任务8 通邮通讯管理

一、学习目的

1. 了解通邮通讯管理的现实意义。
2. 熟悉通邮通讯管理的流程。
3. 掌握通邮通讯管理的主要内容与操作要领。

二、知识要点

通邮通讯是强制隔离戒毒人员的合法权利，是戒毒人员与外界交流、弥合家庭和社会关系、寻求心理慰藉的重要方式与手段。但是也有戒毒人员利用与外界的通邮通讯传递不良信息甚至危害社会稳定的情况存在，如何做到既保证戒毒人员正当地行使权益，又避免不良后果的产生，这是戒毒工作人民警察需要认真对待的问题。

（一）通邮管理

通邮管理是指戒毒工作人民警察对戒毒人员与外界往来的信件、包裹、汇款等邮件进行登记、检查、收发或扣留的执法管理活动。

1. 戒毒人员邮件的类别。根据不同标准，可以对戒毒人员的邮件做不同的划分：

（1）根据邮件往来方向的不同，可将戒毒人员的邮件分为：发给戒毒人员的邮件和戒毒人员发出去的邮件。

（2）根据邮件的具体形式，可以分为书信、包裹、汇款等。书信又可再细分为普通书信、挂号信、特快专递等。

（3）根据邮件的用途，可以分为私人邮件和对公邮件。凡戒毒人员的亲属、朋友或与戒毒人员有其他关系的人发给戒毒人员的，戒毒人员发给这些人的处理个人事务的邮件，属于私人邮件；戒毒人员发给机关部门、其他行政机关的，或机关单位发给戒毒人员处理相关公务的邮件，属于对公邮件。

（4）根据邮件的重要程度，可以分为普通邮件和重要邮件。凡涉案、涉及海外关系的戒毒人员的往来邮件都属重要邮件，其他邮件属于普通邮件。

2. 戒毒人员往来邮件的登记、检查和收发。

（1）戒毒人员往来邮件管理流程图如下：

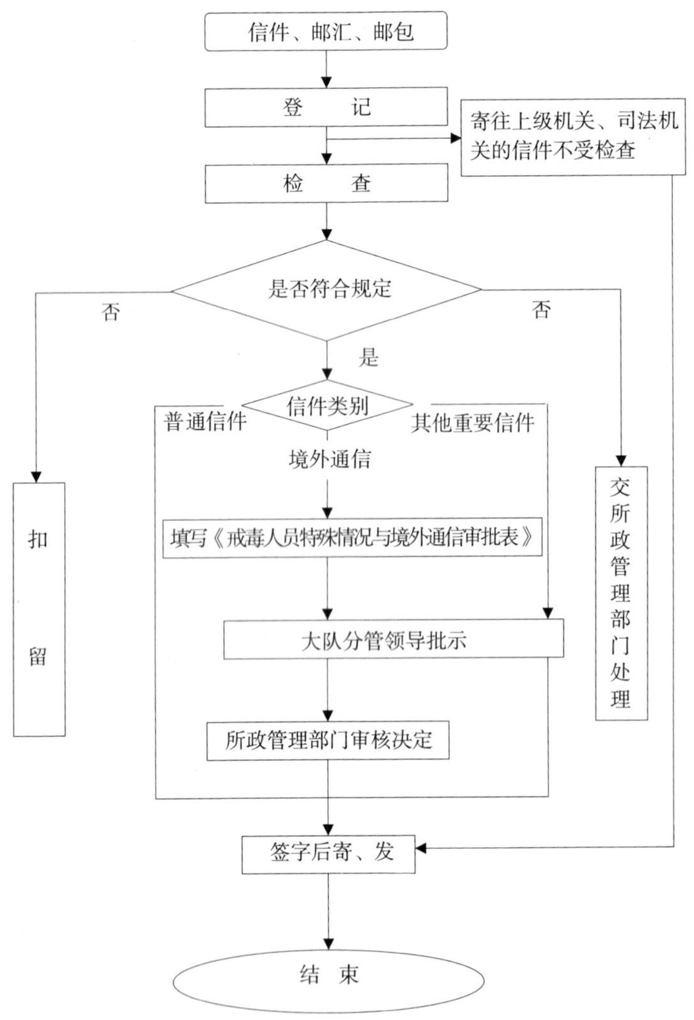

图 3-1　戒毒人员往来邮件管理流程图

（2）戒毒人员邮件登记。对戒毒人员收发邮件的登记应以戒毒大队为单位，分别建立《戒毒人员接收邮件登记册》与《戒毒人员发出邮件登记册》。《戒毒人员接收邮件登记册》由各强制隔离戒毒所自行设计表格，其栏目应包括：收件日期、收件戒毒人员姓名、寄件人姓名、寄件人地址、寄件人与戒毒人员的关系、邮件数量、邮件内含物品、检查结果、处理情况、收信人签字、经办人签字、备注等内容。《戒毒人员发出邮件登记册》内的表格应包括寄发日期、发件人（戒毒人员）姓名、收件人姓名、收件人地址、收件人与戒毒人员的关系、邮件的数量、邮件内含物品情况、检查的结果、处置的情况、发件人签字、经办人签字、备注等栏目。

登记表中的栏目，除“备注”外，均必须及时、如实填写，不得空白或不填写。

（3）戒毒人员邮件检查。

第一，邮件检查的目的。确认邮件内无违反法律的物品或内容，没有夹带违禁品，没有影响强制隔离戒毒所安全管理的物品。

第二，邮件检查的形式。由2名民警与收件人或发件人面对面检查。一名民警负责检查，另一名民警负责监督。

第三，检查标准。主要包括：

其一，戒毒人员的来往信件、包裹应接受责任民警的检查和登记，其中涉及戒毒人员个人隐私的，检查民警要为其保守秘密。

其二，检查戒毒人员信件、包裹时，应当有本人和2名以上民警在场。

其三，对戒毒人员申诉、控告、检举方面的信件，民警要及时转递，不得扣压。

其四，对戒毒人员写给戒毒所上级机关和司法机关的信件，不进行拆检。

其五，严禁任何人为戒毒人员私自传递信件、捎带物品。

其六，涉及违宪违法、违禁、危及强制隔离戒毒所安全的信件和包裹，应当扣留。

其七，特殊情况需要通信的，需填写《强制隔离戒毒人员特殊情况通信审批表》，并经所政管理部门和相关所领导审核批准。此处“特殊情况”主要是指与国外通信，或在单独管理期间、在接受案件调查期间的对外通信。

（4）戒毒人员邮件收发。戒毒人员的往来邮件，经过检查无问题的，外来的邮件由收件人当场签收，寄出的邮件由发件人当场签发；如邮件内容涉及强制隔离戒毒所安全问题或有影响戒毒人员戒毒康复的情形而不宜收发的，应及时说明情况，对收件人或发件人现场填写扣押通知单，对邮件做扣押处理。

（5）注意事项。对戒毒人员所有往来邮件都必须登记。发给上级领导机关、政法机关的信件只做登记，不能开封检查；对其余邮件，不仅需要登记，还要检查信件内容，并记载检查情况。

（二）通讯管理

通讯管理是指戒毒工作人民警察依法对戒毒人员使用指定的固定电话或者符

合安全规定的专用计算机与其亲属、监护人或者所在单位、就读学校有关人员通话或者视频通话的审批、监督、控制等执法管理活动。

1. 戒毒人员通讯的类别。

（1）固定电话通话。固话通话，即戒毒人员使用固定电话设备与其亲属、监护人等有关人员拨打电话。

（2）网络视频通话。网络视频通话，即戒毒人员利用强制隔离戒毒所提供的专用计算机网络设施与亲属、监护人等相关人员进行视频通话。

2. 戒毒人员通讯的管理。

（1）戒毒人员通讯管理的要求。

第一，按程序申报。戒毒人员要与亲属、监护人等拨打电话，必须按《司法行政机关强制隔离戒毒工作规定》及强制隔离戒毒所的相关规定，向大队、管理部门提出申请，大队应及时对“申请事由（理由）”“申请通话对象”的相关资料进行审核。

第二，依法审批。戒毒人员使用专用电话设备进行通话，必须按戒毒管理规定要求、处遇等级或重点人员管理规定进行审批。

第三，安排使用专门的设施设备通话。戒毒人员拨打电话只能使用强制隔离戒毒所专门提供的固定电话设备或指定的电脑网络通讯设备，不得使用移动通讯设备通话。

第四，通讯过程要安排责任民警全程监听、记录与控制，如发现通话内容有违规违纪或危害强制隔离戒毒所安全稳定的情形，应立即中止通话。

（2）戒毒人员通信管理的工作标准。

第一，责任民警负责审核戒毒人员与通讯对象的关系，核实通讯对象的身份。

第二，责任民警负责审核戒毒人员的分级处遇情况，并按照戒毒人员处遇等级标准安排戒毒人员拨打情亲电话，并做好记录。

第三，掌握戒毒人员通讯条件：遵规守纪，表现良好；当月无违规违纪，无强制隔离戒毒所规定“不宜通话”的特定情形；申请通话对象符合条件。

第四，责任民警认真监听拨打电话的内容，对不利于戒毒人员戒治的通话内容应及时制止。

第五，戒毒人员拨打电话应当使用强制隔离戒毒所指定的通话设施，拨打号码限于亲属或者监护人电话号码。如需拨打其他电话号码的，应经大队领导批准。

第六，发现戒毒人员有异常情况，及时对戒毒人员作个别谈话教育。

第七，戒毒人员与境外配偶、亲属通话，通话时应有民警在场监控，使用汉语通话，不得使用隐语、暗语等。

第八，少数民族戒毒人员用本民族语言通话时应当有翻译员在场。

第九，戒毒人员被采取单独管理期间、因违纪受到大队处罚期间禁止通电话。

第十，戒毒人员不得持有或使用移动通信设备。

三、任务考核

【案例】 某日某强制隔离戒毒所三大队收发室收到三名戒毒人员拟寄发的三封书信，一封寄往贵州省遵义市某路某小区；一封寄给四川省内江市某房地产公司，还有一封寄给某省纪委驻司法厅纪检组。

问题：如果你是值班民警，将如何处理这三封书信？

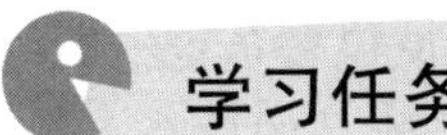

学习任务9　探访与探视

一、学习目的

1. 了解探访探视法律规定。
2. 熟悉探访探视的程序与主要管理标准。
3. 掌握合理处理探访探视可能出现的各种突发情况的方法和技巧。

二、知识要点

《禁毒法》第46条规定："戒毒人员的亲属和所在单位或者就读学校的工作人员，可以按照有关规定探访戒毒人员。戒毒人员经强制隔离戒毒场所批准，可以外出探视配偶、直系亲属。强制隔离戒毒场所管理人员应当对强制隔离戒毒场所以外的人员交给戒毒人员的物品和邮件进行检查，防止夹带毒品。在检查邮件时，应当依法保护戒毒人员的通信自由和通信秘密。"《禁毒法》在赋予戒毒人员家属探访戒毒人员、强制隔离戒毒所戒毒人员探视家属的权利的同时，也对探访探视提出了严格要求。

（一）探访

1. 探访的对象。《禁毒法》第46条和《司法行政机关强制隔离戒毒工作规定》第22条规定，戒毒人员的亲属和所在单位或者就读学校的工作人员，可以按照有关规定探访戒毒人员。

根据上述规定，可到强制隔离戒毒所探访戒毒人员的对象限于戒毒人员的亲属、因工作需要的原工作单位的工作人员、原就读学校的工作人员。

探访有现场探访和视频探访两种形式，探访对象与戒毒人员可以根据实际情况和条件选择现场探访或视频探访。

（1）现场探访。现场探访是指戒毒人员的亲属、监护人或者所在单位、就读学校的工作人员，持有效证件或证明，按规定到强制隔离戒毒所探访中心或经强制隔离戒毒所批准的所内指定地点，看望戒毒人员并进行交流的活动。

通常情况下，属于普通管理级处遇的戒毒人员在探访中心接受探访，属于宽松管理级处遇的戒毒人员可在强制隔离戒毒所指定的区域接受探访。

第一，现场探访的组织管理。一般来说，现场探访主要是指在探访中心的探访。所政管理部门、安全警戒部门、戒毒大队、探访中心值班民警等职能部门及专职人员分工负责，共同完成现场探访管理工作，具体分工如下：

所政管理科负责统筹组织全所戒毒人员探访工作；探访中心值班民警负责来所探访人员身份信息的审核，探访资格的确认及登记工作；大队民警负责组织戒毒人员接受探访，指导探访人员给戒毒人员的钱款交接工作与物品的检查工作，并做好登记；安全警戒部门负责维持探访秩序；分管所领导负责现场探访特殊情形的审批。

第二，现场探访工作流程。现场探访集中在探访中心进行，按如下流程依次进行：探访人员提交身份证明材料→管理民警核实身份→探访人员安检→责任民警告知相关政策与注意事项→安排探访窗口→指导办理钱物交接手续。

第三，现场探访标准。探访中心设置必备的安检设施，对进入人员进行安检。

来所探访的人员，必须持身份证件及其他有效证明，到探访中心办理探访手续。经审查符合规定的，由强制隔离戒毒所安排探访；如果经审查或在探访时发现不符合探访规定情形的，不准探访或停止探访。

对正被采取保护性约束措施或者正处于单独管理期间的戒毒人员，不予安排探访；特殊情况需要探访的，须经强制隔离戒毒所分管领导批准。

除宽管级处遇的戒毒人员外，不准在探访中心以外的任何地点进行探访。

探访中心民警将来所探访人员情况及被探访戒毒人员情况通报大队，大队按照戒毒人员分级处遇规定，将符合条件的戒毒人员带至探访中心。

探访人员必须服从民警安排，不得大声喧哗，不得随地抛洒杂物；探访中不得吵闹，不得录音、录像；严禁使用少数民族语言、隐语、暗语和外国语交谈；不准交谈涉及党和国家、强制隔离戒毒所秘密的内容；交谈不准有不利于戒毒人员戒治的言语；不准私自传带信件、物品、现金等。

探访时间由各强制隔离戒毒所根据本所实际情况自行确定，每次探访时间不超过30分钟，同一被探访人原则上每月被探访1次，1次探访人数不得超过3人，不准超时超范围探访。

其他情况确实需要探访的，报经所政管理部门审批后方可探视。

戒毒人员探访时，责任民警应当实时监控，并做好相关记录。探访过程中有下列情形之一的，强制隔离戒毒所可以视情节决定中止探访或暂停探访：

使用隐语、暗语交谈的；谈论有碍强制隔离戒毒所安全或戒毒人员戒治内容的；有照相、录音行为的；私自传递手机、毒品、现金、信件等违禁物品的；扰乱强制隔离戒毒所探访秩序的。

（2）视频探访。视频探访管理又称网络探访管理或网络视频探访管理，是指强制隔离戒毒所针对戒毒人员和其亲属、监护人或者原所在单位、原就读学校的工作人员之间相互看望之愿望，而通过网络视频的媒介形式，安排其进行远程探访的执法管理活动。

视频探访通常使用于戒毒人员与其家属、原单位、原就读学校距离较远，不方便来强制隔离戒毒所探访，却具备远程网络通信条件的情况。

第一，视频探访的组织管理。视频探视的组织管理由所政管理部门、信息技术部门、戒毒大队等职能部门专职人员分工负责，共同完成对视频探访的管理工作，具体分工如下：

所政管理科负责与各地司法所衔接，建立预约远程网络探访机制，办理远程网络探访的受理与审批；信息技术部门负责网络探访的技术支持；大队民警负责对网络探访过程进行监督管理。

第二，视频探访标准。视频探访严格按照戒毒人员分级处遇规定执行，戒毒人员正被采取保护性约束措施或者正处于单独管理期间的，不予安排视频探访。

所政管理部门负责核实远程探访人员身份信息，对身份不明或者无法核实身份的人员，不允许视频探访。

视频探访时禁止使用隐语和暗语交谈，不准交谈涉及党和国家、强制隔离戒毒所秘密的内容，不准交谈不利于教育戒治的内容。禁止探访人员在探访过程中进行录音、录像和拍照。

视频探访时，民警应当全程在场监控。

特殊情况需要视频探访的，报所政管理部门审批后，方可视频探访。

3. 探访的执法文书制作。无论是到强制隔离戒毒所进行现场探访，还是通过网络媒介进行远程视频探访，都应建立健全探访文书与登记台账。

现场探访通常以大队为基本单位，设计《戒毒人员探访情况登记表》，逐一予以登记。表格项目应包括：“探访时间”“探访对象（即探访的戒毒人员）”“探访人姓名”“探访人的证件名称与证件号码”“探访人的联系电话”“探访人

与探访对象的关系”“探访人捎送钱物情况”“经办民警签名”等。登记表按年装订成册。

不符合正常探访条件，包括探访人居住在国外、探访对象正处在单独管理期间或被采取保护性约束措施期间等情况，如此时确实需要探访的，必须提前履行审批手续，按《戒毒人员特殊情况探访审批表》要求，由中队或大队提出意见，依次经过大队领导、所政管理部门、分管所领导审批后，才可安排特殊探访。

视频探访主要适用于戒毒人员亲属居住地距离强制隔离戒毒所较远，且具备网络通讯条件的地区，通常应以大队为基本单位，设计《戒毒人员视频探访登记表》，逐一予以登记。表格项目应包括：“探访时间”“探访对象（即探访的戒毒人员）”“探访亲属姓名”“探访亲属住址”“探访亲属的联系电话”“探访地点的电子网址”“探访人与探访对象的关系”“探访事由”“视频探访的起止时间”“经办民警签名”等。登记表按年装订成册。

（二）探视

探视是指戒毒人员因家中出现特定情形或鉴于戒毒人员的优异表现，强制隔离戒毒所依法准许戒毒人员回家看望家人、处理家庭事务的执法管理活动。

1. 探视的情形事由。

（1）家庭发生重大变故。戒毒人员的配偶、直系亲属病危、死亡或者家庭有其他重大变故，急需本人回家处理；

（2）戒毒人员戒治效果良好，符合给予“回家探视”奖励的条件。

2. 探视的场所和规定。探视地点限于强制隔离戒毒所确认的戒毒人员直系亲属户籍所在地与探视有关的场所；探视人员必须接受当地公安派出所的监督管理，第一时间到派出所登记备案，办理相关手续。一次探视时间不得超过10日（包含在途时间）。

（1）探视的组织管理。探视由戒毒大队、所政管理部门、分管领导分别负责申报、审核、审批工作，具体职责如下：

第一，戒毒大队根据探视规定组织戒毒人员的申请或推荐，并对申请或推荐认真审查，对符合条件的组织审批材料上报。

第二，所政管理部门负责审核大队上报材料，提出是否同意戒毒人员外出探视的建议，经分管领导批准同意并报省（自治区、直辖市）戒毒管理局备案后，出具戒毒人员探视证明。

第三，家属出具书面申请和担保书，确保戒毒人员外出探视期间遵守各项法律规定，保证戒毒人员按时回所。

第四，戒毒人员到达目的地后，应及时持证明到当地公安机关报到，主动接受公安机关的监管，承诺遵守国家法律法规和探视纪律，不得擅自离开探视地。

（2）探视流程。探视流程包括出所流程与回所流程：

第一，出所流程。戒毒人员亲属提出申请或大队推荐→经大队全体民警集体研究同意→填制审批表及相关材料报所政管理部门→所政管理部门审核→亲属签订担保书→分管所领导审批，并报省（自治区、直辖市）戒毒管理局备案→所政管理部门出具探视证明→谈话教育，接受相关检测→亲属接回。

第二，探视回所流程，具体内容如下图所示：

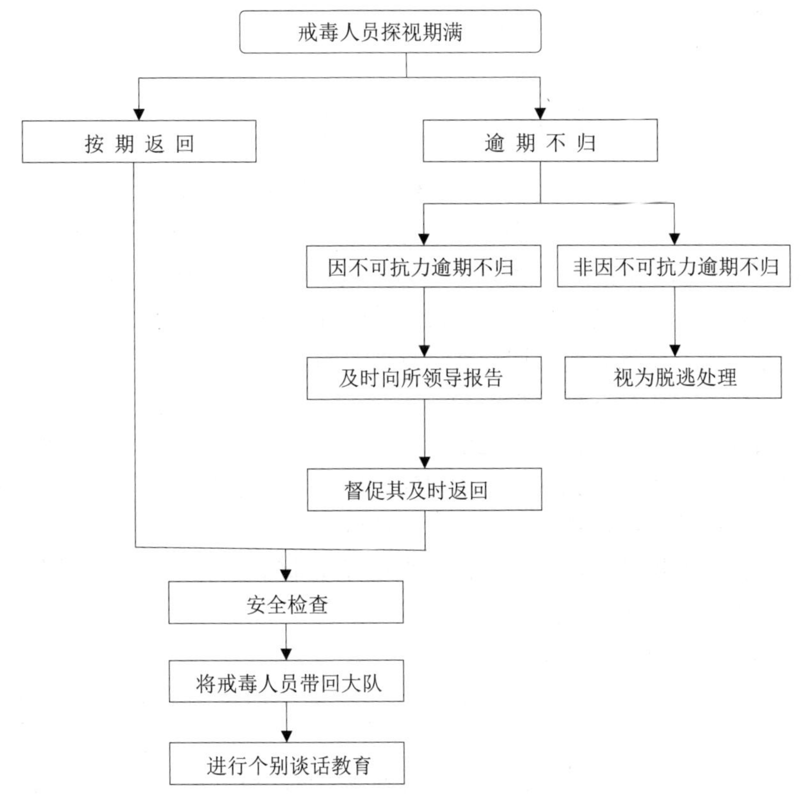

图 3-2　探视回所流程图

（3）探视管理工作标准。

第一，探视的对象限于配偶和直系亲属。

第二，戒毒人员外出探视及在途时间不得超过 10 日，对非因不可抗力逾期未归的戒毒人员，视作脱逃处理。

第三，戒毒人员有下列情况之一的，可以申请探视：配偶、直系亲属病危、死亡需本人回家处理的；达到相应管理处遇的；有其他特殊情况确需本人离所处

理的。

第四，戒毒人员有下列情形之一的，不准探视：处于急性脱毒期的；正在被采取保护性约束措施或被单独管理的；曾因探视不能按时回所的；其他不宜办理探视的。

第五，探视应当提供的证明材料：①县级以上医院出具的配偶、直系亲属病危通知书或者公安机关、国务院卫生行政部门规定的医疗机构出具的死亡证明。②戒毒人员户籍所在地或现居住地公安派出所、原单位或街道（乡、镇）的证明材料。③家中发生重大变故的，有当地居民（村民）委员会、派出所出具的证明和签署意见。

（4）探视的审批程序。

第一，奖励性质探视的审批程序：

其一，中队根据外出探视的条件组织戒毒人员按条件申请或推荐。

其二，大队对申请或推荐的戒毒人员进行认真审查，对符合条件的，填写《戒毒人员外出探视审批表》，经所政管理部门审核报分管领导批准。

其三，经批准探视的戒毒人员，由所政管理部门发给探视证明，同时告知探视地公安派出所，亲属到所接回，并出具担保书。

第二，因事由探视的审批程序：

其一，戒毒人员亲属提出探视申请，同时提供相关证明材料，并做出担保。

其二，经大队集体研究，符合条件的，填写《戒毒人员外出探视审批表》。

其三，所政管理科审核后，报分管领导审批。

其四，经批准探视的戒毒人员，由所政管理部门出具探视证明，同时告知探视地公安派出所，由亲属接回。

（5）探视办理注意事项。

第一，对被批准外出探视的戒毒人员，在离所前进行谈话教育，明确纪律要求。

第二，戒毒人员家属出具担保书，明确戒毒人员探视期间的权利与义务，协助强制隔离戒毒所做好戒毒人员思想工作，遵守各项法律规定，保证按时送戒毒人员回所。

第三，戒毒人员到达探视地后，应及时持证明到当地公安机关报到，主动接受公安机关的监管，在探视期间必须严格遵守国家法律法规和探视纪律，不得参与和探视无关的活动，不得擅自离开探视地。

第四，戒毒人员离所前及回所后，强制隔离戒毒所应当对其进行身体检查、随身携带物品检查和尿检，对女性戒毒人员应当进行妊娠检测。

（6）探视的执法文书制作。根据《禁毒法》《戒毒条例》《司法行政机关强制隔离戒毒工作规定》的相关精神，对戒毒人员依法办理探视，应当完善法律文书，履行登记手续。

第一，按戒毒人员外出探视条件，以《戒毒人员外出探视审批表》记载的内容为标准，先由所在中队提出初步意见，再由大队、所政管理部门、所领导逐级审批后，办理探视手续。

第二，《戒毒人员外出探视证明书》。按地方法规，向探视的戒毒人员开具《戒毒人员外出探视证明书》一式二联，一联由强制隔离戒毒所留存备查，一联由探视的戒毒人员留存，以证明外出的合法性。

第三，《戒毒人员外出探视登记表》。制作《戒毒人员外出探视登记表》，详细记载戒毒人员在探视过程中的具体情况，包括"戒毒人员姓名""探视原因""探视对象户籍所在地""探视地址""批准探视的起止时间""离所时间""回所时间""回所体检结论""回所随身物品检查结果""回所尿检结果"等详细信息。

三、任务考核

【案例】2018年3月1日上午10时，某省女子强制隔离戒毒所2名戒毒人员兴奋地换上家属带来的便服，开启了为期3天的"探亲之旅"，在家人的陪伴下高高兴兴地回家过元宵节。这是继该所在春节期间开展远程视频探访工作之后，再次从现实表现、复吸倾向、家庭帮教、戒毒意愿、诊断评估以及人身危险性等方面对全体戒毒人员进行综合评价和考量，选出2名戒治成效显著的戒毒人员作为首次外出探视的对象，管理部门还在探视前及时与家属、当地公安机关做好沟通协调，通过组织离所前重温戒毒誓词、签定保持操守承诺书、开展家属座谈会等，向家属和戒毒人员宣传外出探视要求，并每日通过电话、视频等方式了解探视情况，督促戒毒人员遵守法律法规、按期回所，积极稳妥地开展了元宵节戒毒人员外出探视工作。3月3日，2名外出探视戒毒人员按时回所，尿检结果均呈阴性，无吸毒及违法违纪行为发生。

问题：你认为该所安排的此次探视有何积极意义？

学习任务10　离所就诊与所外就医

一、学习目的

1. 掌握离所就诊的程序和管理标准。

2. 掌握所外就医的诊断标准与适用范围，熟悉所外就医的审批流程。

3. 能正确进行离所就诊与所外就医期间的管理。

二、知识要点

因受毒品侵蚀等诸多原因，绝大多数吸毒人员身体素质极差，入所时多携带各种各样的随时都有恶化可能的疾病。离所就诊和所外就医，是强制隔离戒毒所本着对戒毒人员生命安全高度负责的态度而采取的人性化举措，符合强制隔离戒毒以人为本的管理理念。合理运用离所就诊和所外就医制度，不仅能使戒毒人员的疾病及时得到治疗、生命及时得到挽救，还有利于教育和感化戒毒人员，提高其戒毒积极性，增强其戒除毒瘾的信心和动力。

（一）离所就诊管理

1. 离所就诊管理的概念。离所就诊管理是指强制隔离戒毒所对戒毒人员因病、因伤，所内诊断、治疗困难，确需到社会医院进行诊断治疗的全程的管理执法活动。

2. 离所就诊医院的选择。戒毒人员离所就诊，就医医院应按照就近、高效、安全原则进行选择。

（1）就近原则。尽可能选择强制隔离戒毒所区域范围内的或区域附近、交通安全便利的医院，确保离所就诊的戒毒人员得到最及时的医治。

（2）高效原则。要尽可能选择医疗设施完备、医疗技术高超、医疗队伍医德高尚的二级以上医院作为戒毒人员离所就诊的定点医院，以确保就医的戒毒人员得到最有效的救治。

（3）安全原则。要尽可能选择安防设施完备、保安措施得力、工作人员责任心强的医院，以最大限度确保戒毒人员在离所就诊期间的安全。

3. 离所就诊的程序。离所就诊由强制隔离戒毒所医院、戒毒大队、所政管理部门、警戒护卫部门分别负责审批与安全管理：

（1）强制隔离戒毒所医院负责出具戒毒人员离所就诊的诊断证明或提出书面建议。

（2）大队对离所就诊提出初步意见，并填写离所就诊审批材料。

（3）所政管理部门负责对戒毒人员离所就诊的材料进行全面审核，并报强制隔离戒毒所主要负责人批准。

（4）强制隔离戒毒所医院、大队和警戒部门相关人员共同负责戒毒人员离所就诊期间的全程监督管理。

4. 离所就诊的管理。

（1）警力配置。戒毒人员离所就诊及住院治疗期间，强制隔离戒毒所至少应派遣 3 名民警进行不间断管理。应当指定 1 名大队以上领导带队，带领 2 名（或 2 名以上）普通民警，实行 24 小时实行直接管理，并合理安排警力、轮流当值管理。

（2）离所就诊管理工作标准。

第一，戒毒人员离所就诊，需由强制隔离戒毒所医院出具诊断证明或提出书面建议。

第二，大队就强制隔离戒毒所医院建议进行集体讨论，提出离所就诊的意见，形成离所就诊材料报所政管理部门。

第三，所政管理部门负责审核，并报强制隔离戒毒所主要负责人批准。

第四，出现戒毒人员伤、病情危重，情况紧急时，可先行向强制隔离戒毒所主要负责人电话汇报进行相关处置，并在 24 小时内补办相关手续。若需住院的，报省（自治区、直辖市）戒毒管理局备案。

第五，戒毒人员离所就诊时，强制隔离戒毒所应当使用执法执勤车或社会急救车辆接送。按照民警与戒毒人员不低于 3∶1 的比例配备民警全程管理。所内医务人员应当随行，并将戒毒人员病情如实告知就诊医院医生。

第六，负责管理的民警应当告知戒毒人员离所就诊期间必须遵守的规定，若有戒毒人员可能脱逃等危险情形的，可以依法使用约束性警械。

第七，戒毒人员患有或疑似传染性疾病的，负责管理的民警应当配备医疗防护用品，并采取必要的防护措施。

第八，戒毒人员离所就诊住院治疗期间，强制隔离戒毒所应当安排至少 2 班以上民警轮流值班值守，2 名民警为一班，进行 24 小时直接管理，确保戒毒人员不能脱离民警视线，并对管理情况进行记录。有条件的强制隔离戒毒所可以使用电子定位管理装置，防止戒毒人员脱管失控。

第九，戒毒人员在离所就诊期间，应当穿着便于识别且有特殊标识的服装；住院治疗时，应当与社会就诊人员隔离，入住独立病房，病房应当选在便于管理的位置，并设有必要的安全防护设施，危险医疗设备定置管理；需要服用的药物应当由医务人员和民警管理，在民警的直接监督下按时按量使用，用药记录由民警和本人签字；戒毒人员无法或拒绝签字的，应当拍摄视频留证或由民警书面注明。

第十，戒毒人员离所就诊期间，禁止离开规定区域，禁止私自与其他人员接触、交谈、私传信件，禁止使用互联网和通讯工具。对违反规定的戒毒人员，管理民警应及时制止，并视情节予以处罚。

第十一，戒毒人员伤病情危重、医院发出病危通知的，强制隔离戒毒所应第一时间告知家属，亲属到医院看望的，人数一般不超过 3 人。

第十二，戒毒人员离所就诊期间病亡的，强制隔离戒毒所凭医院出具的死亡证明书并报公安机关备案。

第十三，戒毒人员病情好转的，医院通知出院后，强制隔离戒毒所应及时将戒毒人员收回所内，归所时应进行严格的身体、随身物品及毒品尿液检查，并妥善保存病例资料和管理记录，做好后续诊治工作。

第十四，离所就诊期间应加强请示汇报。

5. 离所就诊的执法文书制作。戒毒人员离所就诊要履行审批手续，由管理的中队提出申请或初步意见，填写《戒毒人员离所就诊审批表》，经医院主管医生、大队领导、所政管理部门、所领导签署意见后，方能办理离所就诊。

除此之外，离所就诊人员进出强制隔离戒毒所，还需按管理规定如实填写《戒毒人员进出戒毒管理区登记表》《强制隔离戒毒人员出门条》等管理文书。

（二）所外就医管理

《司法行政机关强制隔离戒毒工作规定》第37条规定，戒毒人员患有严重疾病，不出所治疗可能危及生命的，凭所内医疗机构或者二级以上医院出具的诊断证明，经强制隔离戒毒所所在省、自治区、直辖市司法行政机关戒毒管理部门批准，报强制隔离戒毒决定机关备案，强制隔离戒毒所可以允许其所外就医，并发给所外就医证明。

1. 所外就医管理的概念。所外就医管理就是强制隔离戒毒所对需要办理所外就医的戒毒人员依法进行审核、审批、监督、管理等执法活动。通常由强制隔离戒毒所医院、戒毒大队、所政管理部门和所领导依职权行使建议、审核、审批与监督执行等职能。

2. 所外就医的对象。戒毒人员在执行强制隔离戒毒期间有以下情形的，可以办理所外就医：

（1）患有严重疾病，强制隔离戒毒所不具备诊断、治疗条件，经县级或二级以上医院诊断符合所外就诊标准，不出所治疗可能危及生命的。

（2）因身体严重残疾，生活不能自理的。

3. 所外就医的程序。

（1）所外就医的办理步骤：

第一，强制隔离戒毒所医院或医务所依据县级或二级以上医院诊断证明，提出所外就诊意见。

第二，患病戒毒人员向所在大队提出申请并出具保证书，征得亲属、原工作单位或就读学校同意并愿意担保（“三无”人员可征得其户籍所在地或经常居住地的居委会或村委会、派出所同意）。

第三，强制隔离戒毒所大（中）队集体讨论提出意见，并填写《强制隔离戒毒人员所外就医审批表》一式三份。

第四，所政管理科审核，签署审核意见。

第五，所领导集体研究，提出戒毒所意见。

第六，报省（自治区、直辖市）戒毒管理局审批。

第七，对患危重病的戒毒人员，戒毒所可先电话请示省（自治区、直辖市）戒毒管理局，经同意后作好记录、先行办理，并及时补办相关手续。

第八，戒毒所应及时通知其亲属（单位、就读学校、社区监护人，街道办事处或乡镇工作人员）来所签收《所外就医出所证明书》并将其领回，特殊情况可由强制隔离戒毒所送回并由亲属（单位、就读学校、社区监护人，街道办事处或乡镇工作人员）签字接收。戒毒所应及时通知原决定机关、户籍所在地或居住地公安派出所。

（2）所外就医的工作流程图。

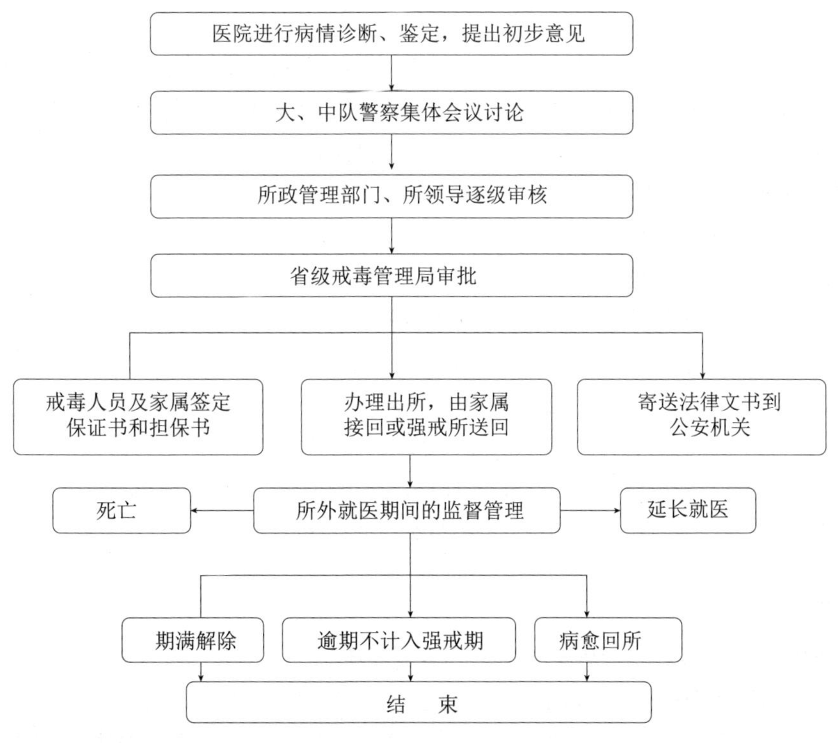

图 3-3 所外就医的工作流程图

4. 所外就医执行期间的管理。

（1）戒毒人员一次所外就医的时间为1~3个月，根据病情需要可以办理延长所外就医时间的手续，延长时间与首次所外就医时间相同，也是1~3个月。

（2）所外就医期满，因健康状况不适宜回所继续执行强制隔离戒毒的戒毒人员，由强制隔离戒毒所填写《变更戒毒措施意见书》，向作出原强制隔离戒毒决定的公安机关提出变更建议。

（3）符合所外就医条件、病情特别严重的戒毒人员，经原决定机关同意，可直接变更为社区戒毒，同时将相关情况报省级戒毒管理局备案。

（4）所外就医的戒毒人员应接受帮教单位和当地公安机关的管理教育。戒毒人员所外就医期间，每月须向强制隔离戒毒所汇报一次治疗和思想情况。

（5）强制隔离戒毒所应及时了解和掌握所外就医人员的疾病治疗和现实表现情况，将已痊愈未归所的戒毒人员及时收回所内执行剩余期限；未痊愈的可以续办所外就医；在外违法犯罪尚不够刑事处罚的，要及时收所并按有关规定处理。

（6）戒毒人员所外就医的时间，计算在强制隔离戒毒期限内。所外就医期间违法犯罪的，从违法犯罪之日起不再计算为强制隔离戒毒期限。强制隔离戒毒期满的，本人要出具思想总结，由帮教单位和当地公安机关提出鉴定意见，符合解除强制隔离戒毒条件的，由强制隔离戒毒所办理解除手续。所外就医期间病亡的，凭医院或公安机关证明注销在册强制隔离戒毒人员身份。

5. 所外就医的执法文书制作。

（1）填写《戒毒人员所外就医审批表》。办理所外就医应按规定制作《戒毒人员所外就医审批表》，逐级通过审批后，才能办理相关手续。

（2）填写《撤销戒毒人员所外就医审批表》。如果办理了所外就医后发现不符合法定条件，应及时纠正错误行为，撤销所外就医，并填写《撤销戒毒人员所外就医审批表》，详细记载“原批准所外就医的时间”“原批准所外就医原因”“现撤销所外就医事由”“强制隔离戒毒所负责人审核意见”等情况。

三、任务考核

【案例】 曾某，女，1969年9月出生，2017年2月4日因吸毒被强制隔离戒毒2年。2017年10月5日，曾某在习艺劳动时，突感心痛，全身不适，经所医院救治，曾某稍有好转后，随即被送往所外就医。10月6日，经某市人民医院诊断证明，曾某患有冠心病，心肌供血不足。

问题：你认为强制隔离戒毒所对曾某适用离所就诊还是所外就医医疗措施更

为适宜，为什么？

学习任务 11　现场管理

一、学习目的

1. 掌握戒毒人员生活、劳动、学习、康复现场的划分及主要功能。
2. 熟悉对各大现场进行管理的流程及主要工作标准。

二、知识要点

戒毒人员的日常生活、习艺、学习和身心康复都是在与外界隔离的环境下完成的，所以对他们生活、习艺、学习和身心康复的各个现场应当加强管理和监督，以便他们安全、顺利地完成在强制隔离戒毒所内的学习、劳动、矫治，真正成为身心健康的正常人。戒毒工作人民警察通过计划、组织、协调、控制、监督、处置等手段，对戒毒人员的生活、学习、劳动、康复“四大现场”进行管理，确保戒毒人员“四大现场”的秩序稳定。

（一）生活现场管理

生活现场是指戒毒人员日常起居、就餐、购物、开展娱乐活动及其他零星活动的现场或区域。

1. 生活区域的划分。按强制隔离戒毒所相关人员活动的主要功能，设置以下区域：

（1）就餐区。为戒毒人员提供舒适的就餐环境，设置餐厅，提供就餐的饭桌、座位与个人专用餐具，对戒毒人员的就餐区域、餐桌、座位、餐具实行定置化管理，并在相应位置设置明显标识。

（2）就寝区，即宿舍区。对戒毒人员实行宿舍、人员、床位、床上用品、其他物品的定置化管理，并统一在宿舍门口显著位置设置人员定置分布标识榜牌。

（3）购物区。为戒毒人员购买生活用品而设置的超市、网上购物的平台系统、网购商品的派送收付场所与设施等。于固定时间统一开放，由值班民警统一管理。

（4）卫生洗浴区。包括卫生间、洗漱间、浴室、洗衣房、衣物晾晒场等，于固定时间统一开放，由值班民警统一管理。

2. 生活现场管理内容。

（1）警力布局。生活现场管理的警力布局以大队为基本单位，每天安排2名民警值班，实行24小时不间断的直接管理。任何时候都要保证值班民警在岗在位。

（2）管理要求。生活现场的值班民警或管理民警，要按戒毒人员每天的作息时间表，完成以下工作：

第一，清点核对人数，检查门窗、防护设施、警械具完好情况。

第二，督促戒毒人员按时起床，有序安排洗漱、个人内务和集体内务整理活动。

第三，负责戒毒人员在规定时段的点名清人和一日讲评。

第四，组织戒毒人员就餐、文娱活动。

第五，负责大队环境卫生、内务卫生检查管理。

第六，办理戒毒人员探访、购物等事务性工作。

第七，负责处理值班期间戒毒人员违规违纪行为，并做好登记。

第八，负责戒毒人员生活区内的学习和就寝、查铺管理。

第九，保管好宿舍、保管室、浴室等房屋的钥匙及警械具。

第十，按时巡查生活区域，密切关注重点人员情况，并对巡查情况进行详细登记。

第十一，做好值班期间所情队情记录。

第十二，按时交、接班，及时、准确填写交接班记录。

第十三，完成上级机关和领导交办的其他工作。

（3）管理工作标准。生活现场管理实行管理民警直接管理制度，标准如下：

第一，直接管理戒毒人员，要做到“八亲自”。“八亲自”，即亲自整队带操、亲自清点人数、亲自查岗查铺、亲自监督分菜、亲自关门上锁、亲自管理重点物品、亲自搜身检查、亲自组织各种活动。

第二，每天应有1名值班领导，负责督促值班民警认真完成值班警务和处理重要事务。

第三，合理安排值班警力，值班民警每班不得少于2人。节假日和其他重大活动期间，应适当增加值班警力。

第四，值班民警定期对生活区重点部位、安全设施等进行检查，夜间每小时至少进行1次查铺清人并做好记录。

第五，值班民警应了解戒毒人员人数变化、思想动态等情况，并落实重点戒毒人员的包夹管控措施。

第六，严禁值班民警擅自调换班，有特殊情况确需调换班的，须报本大队领导批准。

第七，提高安全防范意识，按规定着装，佩戴单警装备。

第八，发生戒毒人员脱逃、行凶、骚乱或其他重大事件时，要立即采取果断措施控制事态发展，保护现场，并及时上报。

第九，坚守岗位，依法履职，不得脱岗；值班期间不得睡觉、饮酒，不得从事与岗位职责无关的活动。

第十，严格按照相关要求认真、完整、准确填写值班记录。

第十一，交班前整理好值班室内务卫生，保持环境整洁。

第十二，与接班人员交接警械等物品，并核实数量、检验性能。

第十三，列队集合，面对面与接班人员清点戒毒人员人数。

第十四，通报值班情况及监管重点戒毒人员的情况。

第十五，根据上级指示，按时完成上级交办的其他工作任务。

（4）管理流程。管理流程如下：起床→洗漱→内务整理→集合、点名、早操→早餐→交接班→出工→内务检查及安全检查→收工→午餐→午休→出工→内务检查及安全检查→收工→交接班→晚餐→洗漱→文体活动→晚学习→就寝→交接班→夜间巡查（查岗查铺清人）→起床。

（二）生产现场管理

生产现场管理即劳动现场管理，是指劳动现场带班民警依法组织戒毒人员参加习艺劳动，并在各种劳动场合实施管理控制的执法活动。

1. 生产区域的划分和功能。

（1）设施设备管理区：主要负责设施设备、工艺流程的布局与固定。

（2）劳动岗位管理区：主要负责劳动岗位人员的配备与定置，提供生产劳动设施、劳动用品放置、个人用品存放的场地。

（3）原材料、产品、劳动工具管理区：主要负责劳动生产的原材料、半成品、产品的存放，劳动工具、危险化学用品发放、回收的场所。

通常设施设备安装区域、劳动岗位定置区域、原材料存放区域、产品成品与半成品存放区域，要合理分开设置，要确保设施设备、电器线路、工具辅料消防器材及劳动区间的安全实用。

2. 生产现场的警力布局。强制隔离戒毒所必须保证基层有充足的警力，以防范各种生产现场突发事件的发生。生产现场至少有 2 名民警负责现场控制与管理，另外应不定时派出机动警力巡回检查。

3. 生产现场管理的要求及标准。生产现场管理涉及设备管理、人员管理、物料管理、生产秩序管理、生产安全管理等多个层面。其中设备管理包括场地定置、设备定置、电气设备安全管理等；人员管理包括戒毒人员管理、外协人员管理；物料管理包括原材料管理、辅助材料与劳动工具管理、成品与半成品管理、

危险化学品管理等；生产秩序管理包括生产流程、操作工艺、人员定置、货物流动、劳动纪律及工间操管理等；生产安全管理包括设备操作安全、生产用电安全、车间消防安全、货物装卸安全及外来车辆安全管理等。管理环节与层面非常复杂，要善于抓关键、抓要害，重点把握好以下管理要求与工作标准：

(1) 出收工管理要求与标准。

第一，管理要求。大队民警按规定着警服，佩带单警装备，带领戒毒人员出工和收工；按行进线路，带戒毒人员列队到达生产劳动现场；在劳动现场进行工前教育，安排劳动生产任务；督查戒毒人员做工前准备、组织发放劳动物品和劳动工具；劳动结束，清理劳动现场，回收劳动产品，清点劳动工具；工后讲评、随身物品检查完毕后，列队行进返回生活区。

第二，工作标准。出收工时均要清点戒毒人员人数，做到准确无误；出工和收工均应做好登记，确保记录清楚准确；按队列行进要求进行指挥，队列行进时，遇到上级领导，应当指挥队列停止，整理好队伍后向领导报告，领导指示后继续带队行进；根据工作时间和单件产品生产时间，结合生产实际下达劳动定额任务，提出产品质量标准；根据工艺流程、安全操作规程，结合实际讲解安全生产注意事项；按需发放物品，准确及时登记；停工后清理、清扫劳动现场，有序进行整理，确保无人员无序流动情况；物品回收登记要准确及时，按类别摆放并认真核对；工后要根据生产任务完成情况、安全生产情况进行讲评，同时对戒毒人员进行表扬及批评，最后提出下一班次的工作任务和要求。

(2)“6S”管理要求与标准。戒毒人员的生产劳动管理要按现代企业的“6S”管理模式来进行。要通过教育与培养，切实将“整理、整顿、清扫、清洁、素养、安全”的理念根植于生产全过程及参与生产劳动的戒毒人员心里。因六个理念的单词的第一个字母都是“S”，人们称之为“6S”管理，它是整个生产现场管理最基本的理念。具体要求与标准如下：

第一，管理要求如下：整理（seiri）：将工作场所内的全部物品区分为有必要和没有必要的，有必要的留下，其他的都消除掉。目的在于腾出空间，活用空间，防止误用，塑造清爽的工作环境。

整顿（seiso）：把留下的必要物品依规定位置摆放整齐并标识。目的在于使工作场所一目了然，减少乃至消除寻找物品的时间，使工作环境整整齐齐，避免积压过多物品，提高工作效率。

清扫（seiso）：将工作场所内看得见与看不见的地方清扫干净，保持工作场所干净、亮丽。目的在于稳定生产品质，减少工业伤害。

清洁（seiketsu）：将整理、整顿、清扫进行到底，并且制度化，保持环境处在美观的状态。目的在于创造明朗的现场，维持整理、整顿、清扫成果，营造舒适的工作环境。

素养（shitsuke）：使每位成员养成良好习惯，并遵守规则做事，培养积极主动的精神（也称习惯性）。目的在于培养习惯良好、遵守规则的员工，营造团队精神。

安全（security）：重视成员安全教育，每时每刻都牢记安全第一，防患于未然。目的在于打造安全生产环境，使所有工作都建立在安全的前提下。

第二，工作标准。生产现场通道畅通、整洁；场所的设备、物料堆放整齐；办公桌上、抽屉内办公物品归类放置整齐，杜绝杂乱；机器设备定期保养并悬挂设备保养卡，布局整齐合理，处于最佳状态；工具、零部件定位摆放，定期保养，有统一标识，有责任区及责任人；保持地面干净无任何杂物、作业场所中的物品存放整齐；办公桌、工作台面以及四周环境整洁，门窗、墙壁干净整洁，工具、机械、机台随时清理；通道作业区域划分清楚，人流、物流通道顺畅不交叉；保持整理、整顿、清扫成果并及时改进现有状况；戒毒人员穿着整齐清洁，仪容庄重大方；言谈举止文明，对人热情礼貌；精神状态饱满，认真工作，按要求做工间操；有团队精神，互帮互助，积极参加“6S”活动，纪律观念强，服从安排，规范操作；重点危险区域设置安全警示牌；树立安全意识，遵守安全操作规程，保障生产正常进行。

（3）物品定置管理要求与标准。

第一，管理要求。通过整理，把生产过程或管理过程中不需要的东西清除掉，不断改善生产现场条件。把所有有关生产、管理的物品，包括操作台、工具柜、物品保管柜及柜中的工作物品、私人物品、劳动工具等物品按提取便利的要求划定固定的存放位置。

第二，工作标准。民警执勤岗台台面上摆放与现场管理及岗位工作内容相关的物品，台面下存放当班使用的资料。警务装备的抽屉、柜体要上锁；车间设工具柜和特殊物品专用保管柜，柜内物品分类摆放，柜体、物品有标识。工具柜、保管柜统一采用铁质柜体，配备专业锁具，钥匙有序安放于钥匙盘上，并由民警随身保管或放置于民警值勤室或值勤岗台内；水杯、凳子、操作台呈线性摆放，操作台固定于地面，台面上的物料、工具摆放有序，能够固定的工具必须有效固定，台上台下无杂物，保持整齐整洁；对操作台面进行适当划分，分为工具、原材料、半成品、成品、废料等摆放点。

（4）戒毒人员定置管理要求与标准。

第一，管理要求。强制隔离戒毒所要按生产劳动、教育戒治、安全生产、安全统筹兼顾原则，结合戒毒人员的特点科学安排劳动岗位，包括人员定岗、人员定位和人员定号。定置后不允许戒毒人员私自调岗、串岗。

第二，工作标准。合理确定生产劳动岗位，不将重点人员安排在危险性或流动性较大的岗位上；车间内的戒毒人员定岗定位，操作台、凳子上统一标明岗位和座位号，制作《定置管理卡》，戒毒人员与《定置管理卡》相对应，做到卡随人走，人卡一致；戒毒人员参加劳动时穿着统一制式工作服和必要的防护装备。

（5）生产设施设备管理要求与标准。

第一，管理要求。建立设施设备使用登记台账制度、学习培训制度、维护检修制度，对生产设施设备进行规范化管理，对设备进行定期检修保养，保证生产设施设备的安全运行，保证生产活动的正常进行。

第二，工作标准。按要求管理生产设施设备，做好相应记录（日常维护保养记录、运行故障和事故记录、大修或改造记录等），由相关人员签字确认，其中主要设施设备还应建立技术档案和记录，包括：产品出厂合格证、使用维护说明、安装技术文件等资料；按规定在生产设施设备的转动部位和其他存在重要危险性的部位设置防护罩、防护盖或防护栏；生产设施设备应满足防护罩牢固，各种限位、连锁装置可靠灵敏，接地（零）线保护可靠有效；生产设施设备实行定人、定机、定时、定保养的责任制。由具有法定资质的机构组织安装、调试、检测、验收、保养。戒毒人员不直接从事设施设备安装维修工作；设备操作人员应接受上岗前教育培训，持证上岗，并做好记录；报废设备的拆除应充分考虑安全环保因素，大型特种设备的拆除应及时报告主管部门；有安全隐患或风险较大的设施设备，应确定为安全生产控制点。

（6）危险品管理的要求与标准。

第一，管理要求。生产劳动现场要建立独立危险化学品、易燃易爆物品管理区域或仓库，建立限量使用、申请领用登记与余量回收入库登记、入库上锁等制度。

第二，工作标准。危险化学品、易燃易爆物品进入仓库或仓储区域后，由戒毒工作人民警察以及仓库管理人员进行清点查验，核对型号、规格、数量和质量，办理入库验收手续，同时查看包装内外及运输车辆上是否存有“两违”物品；危险化学品、易燃易爆物品入专用储存柜，分类摆放整齐，并张贴标签，标明物料名称、型号、规格、数量、厂家和入库时间等；危险化学品、易燃易爆物品出库时，由管理民警开具多联单，分别交大队和收货方，门岗检查核实后才可放行；定期对危险化学品、易燃易爆物品进行盘点，做到登记准确，账物相符；定期对仓库、仓储区域的消防设施设备、装卸物料设施设备及应对突发事件所需设施设备进行检验、检查，并记录在案。

（7）外来车辆与装卸货物管理要求与标准。外来车辆到强制隔离戒毒所生产区域装卸货物是生产劳动过程中一个重要的环节，是一个不断出现和反复进行的过程，涉及物品安全、人员安全及强制隔离戒毒所安全问题，必须严格监管。

第一，管理要求。外来车辆必须办理相关审批手续才能进出生产区；外来车辆必须服从管理，接受安检；必须在指定的区域停车，装卸货物；货物装卸期间，车辆必须车头朝里，关闭引擎，拔出钥匙；车辆驶出生产区离开强制隔离戒毒所时，必须经过检查，无任何问题才准许驶离。

第二，工作标准。外来车辆入所装卸货物必须履行严格的审批手续，并有专人负责带入和送出；货物装卸应在设置标识牌的装卸区域内进行；货物装卸时间安排在戒毒人员劳动期间，其他时段或节假日原则上不进行货物装卸，确需装卸货物的，经值班所领导批准，由大队协同生产部门统筹组织实施；装卸货物的戒毒人员按规定统一着装，出入人数一致；按照送货单或出货单装卸货物；进出时门卫要准确记录出入车辆信息；大队应安排民警在装卸货物现场进行全程直接监督管控，督导驾驶员按规范要求停车、熄火、制动、拔钥匙、关车窗、锁车门，指挥戒毒人员安全规范装卸货物，并亲自检查车厢货物，整队清点戒毒人员。

（8）生产工具管理要求及标准。

第一，管理要求。生产劳动工具实行专人定置管理制度。危险性工具由民警直接管理，一般工具由民警或职工管理，可固定工具一律有效规范固定，所有工具实行统一登记管理，按日记录使用人、使用时间、回收时间等信息。

第二，工作标准。具有一定伤害性的工具如拖把、扫把、杯具等工具实行全塑化处理，禁止使用非塑化的劳动工具；危险性工具包括电动工具、刀刃具、钳子、錾子、斧子、攀高物件、破坏钳、钢钎、铁锤、铁锹等工具必须统一放入工具房或工具柜，编号登记并由民警直接管理；绳索、钝器、锐器、棍棒等具有危险性工具定点、定人管理使用；对危险性工具采取短化、钝化、固化的“三化”处理措施，明确规定尺寸、程度、位置等；对劳动车间或劳动现场的劳动工具实行“三固定”管理：工具编号与使用人固定，使用人与操作岗位固定，劳动工具与操作台固定。工具固定物统一使用铁链或钢绳，粗细长短应与工具相匹配，确保牢固无松动；每天清理检查劳动工具，统一集中修缮破损工具、处理报废工具、清理多余工具，并做好登记记录。

（9）生产安全管理要求及标准。

第一，管理要求。生产现场由民警直接管理，值班民警全面负责生产过程中各方面的安全；建立健全生产安全检查与安全员责任制度；落实日常安全教育制度与岗前培训制度；强化设施设备的维护保养与防护设施日常检查。

第二，工作标准。建立健全强制隔离戒毒所各项安全生产管理规章制度，规章制度应完整、全面、具体、明确，装订成册；安全生产组织机构健全，有专（兼）职安全生产管理员，安全责任明确。

强制隔离戒毒所及所属单位、部门的主要负责人、分管安全生产的领导、安全生产管理人员应当经过培训，取得安全生产管理部门颁发的安全资格证书；安全员按各自职责检查、督促安全生产措施的实施与改进。

生产现场严格落实民警直接管理制度，直接管理门、箱、柜的钥匙，钥匙统一集中，分类编号，妥善保管，不得由非民警身份的他人代行民警管理职权、代办管理事务。

严格执行“5+1+1”的劳动时间规定，每周劳动时间不超过5天，每天劳动时间不超过6小时。不得组织夜间劳动、超时或超体力劳动。

对引进的生产项目进行安全评估，并严格落实考察、申报、审核、批准、备案制度；生产项目应符合“安全性、环保性、习艺性、效益性”，不得从事食品、药品、医疗用品、易燃易爆、有毒有害危险化学品和严重污染等项目的生产。

制定外协人员管理办法，外协人员须经审查登记，签署安全承诺书，穿着有别于戒毒人员的工作服并佩戴明显标识，凭出入证进出，在规定的区域内上岗；外协人员不得住在车间、仓库、工具房、配电房以及戒治区内，出入时进行安全检查和办理有关手续；严禁外协人员与戒毒人员私下密切接触，带入、传递违禁品、违规品。

新建、改建、扩建工程项目的安全设施，应当符合国家标准和行业有关规定，并与主体工程同时设计、同时施工、同时投入生产和使用；戒毒人员不参与工程建设项目施工。

（10）消防管理要求及标准。

第一，管理要求。生产现场的消防实施设备、器材与生产实施设备同步投入使用；消防设施设备定置摆放，由专人管理，定期检查维护，确保设施设备正常运行；定期对生产人员进行消防教育及消防应急演练，提高生产人员消防应急处置的能力。

第二，工作标准。按《中华人民共和国消防法》（以下简称《消防法》）要求在生产现场设置疏散门、安全出口，定置摆放消防设施设备，并在现场明显位置、疏散楼梯口处设置安全疏散指示图，标明人员所在位置、安全出口、疏散门及紧急疏散线路；落实消防安全管理措施，建立日常防火巡查与检查制度，督促相关人员及时关闭开关与阀门；落实消防器材的维护保养责任制，在主要消防设施设备及器材上张贴载有维护保养情况的标识，按期维护、保养消防设施设备与器材，确保其完好有效或处于正常运行状态；生产时段不得锁闭场所疏散门与安全出口，不得占用疏散通道，保障疏散线路畅通无阻。

4. 生产现场管理流程。生产现场管理流程如下图：

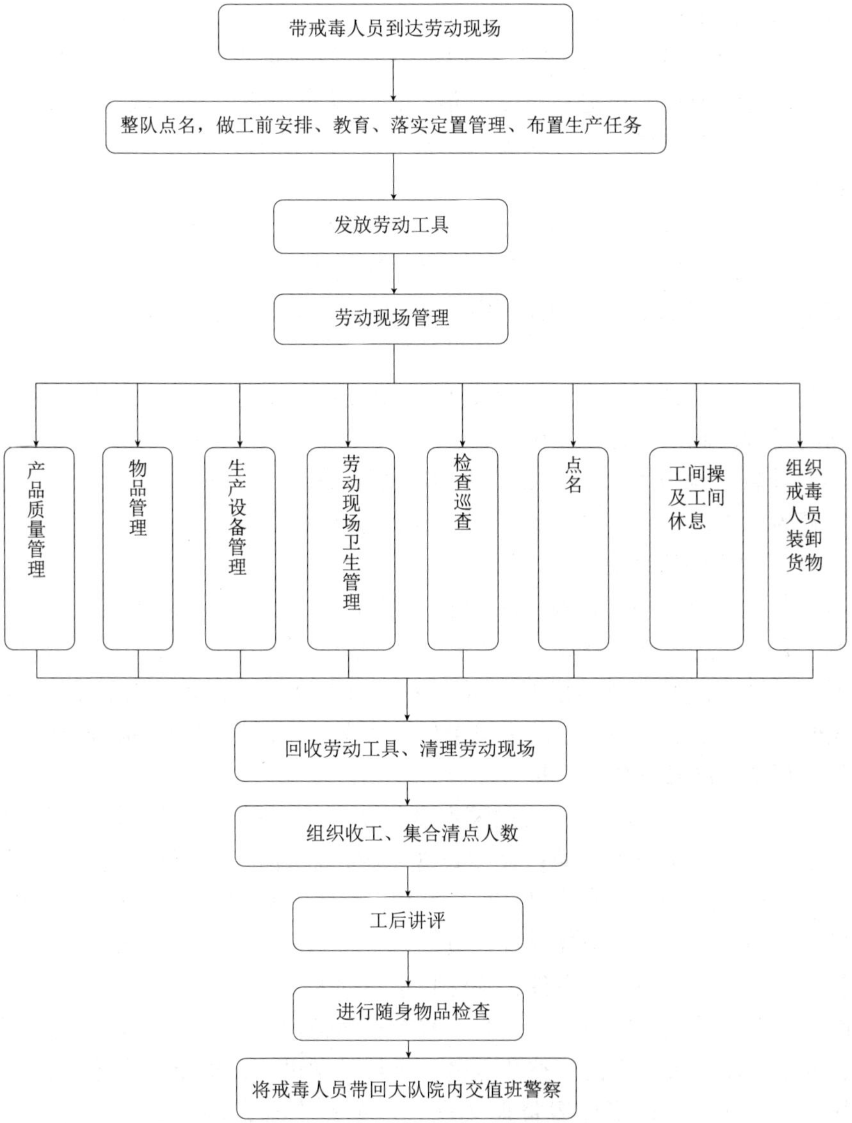

带戒毒人员到达劳动现场

↓

整队点名，做工前安排、教育、落实定置管理、布置生产任务

↓

发放劳动工具

↓

劳动现场管理

↓

产品质量管理 | 物品管理 | 生产设备管理 | 劳动现场卫生管理 | 检查巡查 | 点名 | 工间操及工间休息 | 组织戒毒人员装卸货物

↓

回收劳动工具、清理劳动现场

↓

组织收工、集合清点人数

↓

工后讲评

↓

进行随身物品检查

↓

将戒毒人员带回大队院内交值班警察

图 3-4　生产现场管理流程图

（三）学习现场管理

学习现场管理指学习现场值班民警对戒毒人员接受教育学习的活动现场实施

的组织、监督、控管的执法活动。

1. 学习区域的划分和功能。学习区域通常设在教育矫治中心及生活区，按所在具体地点的不同分为：

（1）集体教育现场。集体教育现场，即组织戒毒人员参加集体教育活动的场所，包括组织戒毒人员进行日常政治法律、禁毒戒毒、文化教育、技术教育、心理健康教育的专门场所，一般集中在教室，也可以集中在操场或其他较宽阔的地方进行。

（2）个别教育现场。个别教育现场，即戒毒工作人民警察对有特殊问题的戒毒人员进行谈话教育的场所，可以是教育矫治中心的个体咨询室或者大队的相关功能室（心理咨询室、个别谈话室等），也可以是民警办公室，或者其他恰当场所。

（3）集体娱乐活动现场。集体娱乐活动现场，即组织戒毒人员开展文化娱乐活动的场所，通常设置在文化广场、礼堂、教育活动中心、操场等地点。

（4）体育活动现场。体育活动现场，即组织戒毒人员进行各项体育活动、体育比赛的场所，通常设置在操场、运动康复中心。

2. 学习现场的管理。

（1）管理要求。由大队统一安排民警负责组织教学活动，民警按要求提前组织戒毒人员到达教学活动场地接受教育或参加文体娱乐活动，全程监督戒毒人员上课、讨论、自习，现场指导戒毒人员参加文体娱乐活动，维护教学活动秩序，及时处理教学活动中出现的突发事件，确保教学活动安全，促进教学活动正常进行，帮助提高教育矫治质量。

（2）工作标准。戒毒工作人民警察全程亲自组织戒毒人员参加学习、开会、小组讨论、上课、比赛等活动；直接管理，履行监督管理职能，做到认真组织，随堂听课、跟班到组，掌握情况，维持好秩序；及时解决教学活动中的矛盾和问题，做好个别教育工作，督导戒毒人员端正学习态度，维护正常教学秩序；及时处理教学活动中出现的突发事件，确保教学活动安全。

教学活动开始前，民警整队点名，宣布教学纪律，提出学习要求，组织有序进场；教学活动结束后，民警整队点名，进行教学讲评，提出改进希望，组织有序退场。学习期间，值班民警督促戒毒人员尊重老师，讲文明、礼貌，互相帮助，互相鼓励。

（3）学习现场管理流程。带戒毒人员到学习现场→提出学习要求→维持好课堂秩序→整队清点人数、讲评→带回并交接班。

（四）康复现场管理

康复现场管理指戒毒工作人民警察对戒毒人员接受生理脱毒治疗、体能运动康复、心理矫治训练的场所进行组织、监督、管控的执法活动。

1. 康复区域的划分和功能。根据功能区划通常分为：

（1）医疗现场。医疗现场，即对戒毒人员各种疾病及戒断症状、稽延症状、并发症进行诊断治疗的场所，通常指强制隔离戒毒所医院（医务所）及设置在大队的医务室。

（2）心理矫治现场。心理矫治现场，即针对存在心理问题的戒毒人员进行测试、咨询、辅导、矫治、训练的场所，一般设置在心理矫治中心的各功能室，也可以设置在医院（医务所）或大队的咨询室。

（3）体能康复训练现场。体能康复训练现场，即各大队设置的帮助戒毒人员恢复体能的训练场所，地点一般不固定，可在室内训练室，也可在户外操场。

2. 康复区域的管理。

（1）医疗现场管理。

第一，管理要求。值班民警应掌握戒毒人员疾病情况，及时将患病戒毒人员带到医务室或医院；医务室或医院民警及时按诊疗规范进行诊断诊疗，注意治理过程中病员反应与病情变化，随时排查戒毒人员患病情况，对重点病人进行重点监测和医学随访。

第二，工作标准。值班民警及时将患病戒毒人员带到医务场所，向医生说明疾病情况，负责就医秩序与就医人员安全。

医生每日定时开放医院或医务室，对生病的戒毒人员及时进行诊治，将戒毒人员的疾病情况和治疗情况及时记载在病历中，对生病不能参加习艺劳动的戒毒人员提出病休意见。

医务人员定期对场所进行消毒，对有关人员发放流行病预防药品；就医戒毒人员服用的药物由值班民警直接管理，值班民警监督戒毒人员按医嘱服药，做到“送药到手，服药到口，说话再走”，做好服药记录，并由民警和戒毒人员签字。

戒毒人员无法签字或拒绝签字的，须拍摄视频留存证据或由民警书面记录。

（2）心理矫治现场管理。

第一，管理要求。根据强制隔离戒毒工作需要，负责心理矫治的戒毒工作人民警察适时组织对戒毒人员的心理测评，掌握戒毒人员心理状况，分析甄别戒毒人员心理问题，分类分级地采取心理教育、心理咨询、团体辅导、危机干预等形式解决戒毒人员心理问题。

第二，工作标准。负责心理矫治的戒毒工作人民警察要对全体戒毒人员开展心理健康教育，通过集体教育向戒毒人员普及心理健康的基本知识，让戒毒人员逐步学会认识自我、进行自我心理调节，积极面对现实，提高自我适应能力和心理健康水平。

有选择性地开展心理测试，对所选取的测量工具量表进行耐心讲解、引导与指导，认真分析测试结果，综合观察、面谈、调查等多方面资料，对个体或群体心理特征作出科学判断。

对筛选出的一般心理问题，戒毒工作人民警察应运用心理学的理论和方法，认真负责地对有心理问题的戒毒人员提供咨询服务，让戒毒人员认知自我、接纳自我，促进戒毒人员心理素质和社会适应能力的提高。

针对有共同心理问题的戒毒人员集中进行心理团体辅导，通过在团体情境中提供心理学帮助、指导，促进戒毒人员个体观察、学习、体验，认识自我，审视自我，调整和改善与他人的人际关系，特别要对即将解除强制隔离戒毒的人员做好团体辅导。

对遭遇重大变故而产生严重心理失衡的戒毒人员采取危机调停和劝阻措施，缓解戒毒人员的心理冲突，平息焦虑，防止演变为严重的精神疾病和突发事故。

（3）运动康复现场管理。

第一，管理要求。戒毒工作人民警察负责戒毒人员体质测试和运动康复训练的现场组织工作，承担戒毒人员整队点名、进场、测试、训练、督导、考核、归队等全程管理工作，及时处理测试及训练中出现的各类矛盾和问题，确保测试及训练安全、顺利地进行，有效期提高康复训练效果。

第二，工作标准。戒毒工作人民警察应根据戒毒人员吸食、注射毒品的种类、成瘾程度和戒断症状轻重等不同情况，进行有针对性的运动康复训练，并做好现场管理工作。

应设置室内康复训练和室外体育活动场地，配备相关健身器材和运动器械。应根据各所条件，在肺活量、俯卧撑、仰卧起坐、立定跳远、反应式5米三向折回跑、握力、20米往返跑、闭眼单脚站立、坐位体前屈、人体成分分析等体质测试项目内，选择恰当项目进行测试，以便对戒毒人员的体质状况做出评估诊断。充分利用所内运动康复资源，结合戒毒人员生理特点，采用徒手运动、器械训练、体育锻炼、趣味活动等方式，对戒毒人员进行身体康复训练，帮助戒毒人员恢复体能、修复损伤、增强体质。具体应围绕速度、灵敏、力量、耐力、柔韧、协调、平衡等身体素质指标，组织戒毒人员开展体操、跑步、球类、立定跳远、跳绳等徒手运动项目和平衡球、动感单车、功率自行车、跑步机、椭圆机、抗阻力组合器械等器械康复项目的训练，也可组织戒毒人员开展太极拳、易筋经、八段锦、五禽戏等传统健身项目的训练。

戒毒工作人民警察应对康复训练活动实施全程直接管理。训练开始前，亲自整队点名，提出训练要求，组织有序进场；训练实施过程中，要加强巡视督导，规范训练行为，及时处理各类问题，确保训练安全、有序进行；训练结束后，再次整队点名，进行训练讲评，组织有序退场。

阶段性运动康复训练结束后，按规定组织多项目综合体质测试，检验训练效果，做好康复训练活动记录，认真填写《戒毒人员康复训练记录表》。

（4）康复训练现场管理的流程。如下图：

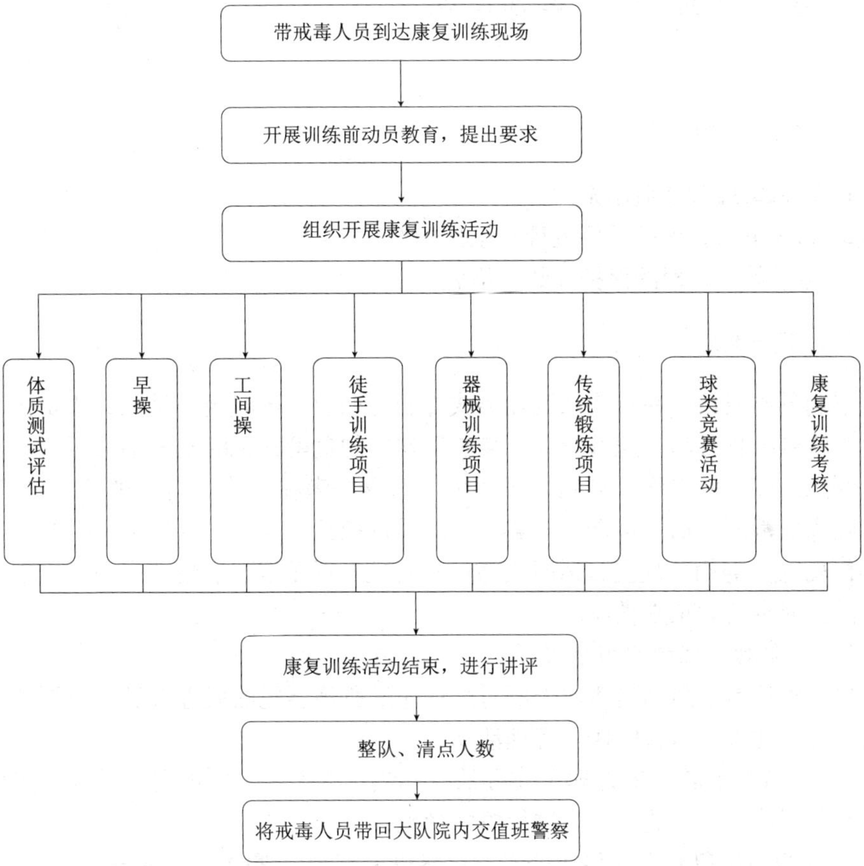

图 3-5　康复训练现场管理流程图

三、任务考核

【案例】某强制隔离戒毒所的戒毒人员王某某，入所以后与家人的关系时好时坏。某日，在车间劳动时看到拐角处墙角有一桶稀释剂无人看管，偷偷用水杯倒了半瓶，拧紧瓶盖，谎称为“喝剩的水”带回生活区，在宿舍休息时趁其他戒毒人员不注意，悄悄喝光杯子里的液体，不久王某某便出现口吐白沫、全身抽

搐与呕吐症状，被发现后及时送往所医院抢救。

问题：你认为该案中的现场管理出现了什么漏洞？应怎么处理？

学习任务12　单独管理

一、学习目的

1. 熟悉单独管理适用条件。
2. 掌握单独管理的适用流程与工作标准。
3. 熟悉单独管理的保护性约束措施。

二、知识要点

强制隔离戒毒所在行使强制隔离戒毒职能期间，随时会遇见戒毒人员因为种种原因藏匿吸食毒品、脱逃行凶、自杀等现实的危险；也时常面临戒毒人员为逃避强制隔离戒毒而自伤、自残、恶意传播病毒等潜在危险。面对种种危机状态，强制隔离戒毒所应切实根据《禁毒法》《戒毒条例》《司法行政机关强制隔离戒毒工作规定》的相关规定，适时实施单独管理，或采取保护性约束措施，以确保强制隔离戒毒所的正常秩序。

（一）单独管理的适用情形

单独管理是指强制隔离戒毒所对严重违反所规所纪的戒毒人员采取严格限制自由的强制性管理措施的执法管理活动。

《强制隔离戒毒人员管理工作办法（试行）》第33条规定，强制隔离戒毒人员有下列情形之一的，应当进行单独管理：

1. 涉嫌违法犯罪需要移送公安、检察机关审查处理的；
2. 在所内涉嫌违法犯罪需要隔离审查的；
3. 有行凶或预谋行凶行为的；
4. 煽动闹事或聚众斗殴的；
5. 以患有艾滋病为由攻击他人，可能造成艾滋病病毒传播的；
6. 有其他危险行为的。

《司法行政机关强制隔离戒毒工作规定》第28条第1款规定，对有严重扰乱所内秩序、私藏或者吸食、注射毒品、预谋或者实施脱逃、行凶、自杀、自伤、自残等行为以及涉嫌犯罪应当移送司法机关处理的戒毒人员，强制隔离戒毒所应当对其实行单独管理。

（二）单独管理的审批程序

1. 单独管理的执法流程。单独管理由戒毒大队、所政管理部门、单独管理室值班民警、医院等职能部门和分管所领导分工协作，共同完成。

（1）戒毒大队根据戒毒人员的现实表现及单独管理的条件，对符合条件的戒毒人员负责提出单独管理意见，填报审批材料报所政管理部门。

（2）所政管理部门负责审核单独管理材料，核实适用单独管理的事实，报分管所领导批准。

（3）警戒护卫大队单独管理室值班民警负责对被单独管理戒毒人员的日常管理。

（4）强制隔离戒毒所医院负责对单独管理戒毒人员的身体检查、日常巡诊。

2. 单独管理的工作标准。

（1）单独管理的期限。一次单独管理的时间不得超过5日，单独管理不得连续使用。

（2）单独管理的工作要求。需要单独管理的戒毒人员，由大队全体民警集体讨论，提出意见，并填写《戒毒人员单独管理审批表》，连同相关材料呈报所政管理部门。遇有紧急情况，报告后可先行采取措施，并在24小时内及时补办审批手续。

强制隔离戒毒所对戒毒人员采取单独管理措施，要做到依法、严格、公正、文明管理。

单独管理由民警直接管理，实行24小时双警值班制。

应在单独管理后12小时内对戒毒人员进行谈话教育，并指派民警做好专门的教育转化工作，防止突发事故发生。

戒毒工作人民警察不得单独接触单独管理人员，谈话教育需同时有2名警察在场。

（3）强制隔离戒毒所单独管理室应当建立规范的管理制度，做好以下工作：

单独管理室由强制隔离戒毒所根据需要进行统一设置和管理。

应当对单独管理的戒毒人员进行人身和物品检查。

强制隔离戒毒所医院派医生严格对单独管理的戒毒人员进行体检，对患病戒毒人员进行及时治疗。

暂停单独管理戒毒人员的探访、通信、通讯、购物。

保持单独管理室清洁、卫生、干燥、通风、透光。

每日对单独管理室门窗、照明、活动场地等设施进行安全检查，发现问题及时处理。

对进出单独管理室的管理、管教民警要严格登记。其他人员需要询问、讯问被单独管理人时，须经强制隔离戒毒所批准，并严格履行登记手续。

建立单独管理登记制度，准确执行单独管理时间，做好对单独管理戒毒人员日常表现情况的记载，认真执行交接班制度。

对单独管理人应当按照标准供应饭菜和饮用水，保持室内卫生，室外活动时间每日不少于1小时。

按时巡查、点名。单独管理室执勤民警除随时在监控器旁监视单独管理戒毒人员外，还应按时到现场巡查和定时点名，并对巡查、点名情况做详细登记。

单独管理戒毒人员提出的申诉、控告等材料，强制隔离戒毒所应当及时转递，不得扣压。

依法严格文明管理，不打骂、体罚、虐待单独管理戒毒人员。

（4）单独管理的解除。符合以下情况之一的，可以解除单独管理：单独管理期满的；问题基本查清、排除现行危险、能接受教育的；出现严重疾病需要及时治疗的；发现其他不利于单独管理之突发性因素的。

（三）单独管理中的执法文书制作

1. 填写《戒毒人员单独管理审批表》。对戒毒人员适用单独管理，应严格按《司法行政机关强制隔离戒毒工作规定》第28条规定办理审批手续。依照程序，首先由戒毒大队提出意见，经过所政管理部门审核、所领导审批后实施。

2. 填写《单独管理记录表》。所领导批准单独管理后，大队将单独管理的戒毒人员移交给警戒护卫大队负责单独管理的民警。专职民警负责单独管理期间的全面管理，如实填写《单独管理记录表》，定期、定时巡查，并将“巡查时间”“巡查发现的情况”“采取的措施”“情况处理结果”等信息详细记录在记录表中。

（四）单独管理的保护性约束措施

1. 保护性约束措施的概念。保护性约束措施是指强制隔离戒毒所对毒瘾发作、精神障碍、心理严重异常，可能发生自伤、自残或者伤害他人等情形的戒毒人员，使用约束带（衣、椅、床）对其实行约束的保护性措施，以确保其人身安全的执法手段。

2. 保护性约束措施的操作程序。保护性约束措施由各戒毒大队、强制隔离戒毒所医院、所政管理部门、分管所领导分工负责，依次履行申报、审核、审批、管理、检查职能。

（1）戒毒大队或医院针对戒毒人员戒毒矫治情况提出采取保护性约束措施的意见。

（2）所政管理部门负责审核采取保护性约束措施的报送材料，报分管所领导批准。

（3）医生负责对被采取保护性约束措施的戒毒人员进行身体检查。

（4）被采取保护性约束措施的戒毒人员由大队民警或医务人员直接管理，并经常进行安全检查。

3. 使用护性约束措施的执法流程。保护性约束措施的使用按如下程序进行：发生应采取保护性措施的情形→管理民警或值班医生提出初步意见→大队或医院填报《使用保护性约束措施审批表》→所政管理部门审核→分管所领导审批→适用保护性约束措施→专人检查、看护、教育→适用情形消失→解除保护性约束措施。

4. 保护性约束措施的工作标准。

（1）强制隔离戒毒所对戒毒人员采取保护性约束措施，要做到依法、严格、公正、文明管理。

（2）对戒毒人员使用保护性约束措施，应由大（中）队或强制隔离戒毒所医院提出意见，填写《使用保护性约束措施审批表》，经所政管理部门审核，报所领导批准。遇到紧急情况，若不及时采取措施，可能会造成严重后果的，可口头请示所领导同意后，先行采取保护性约束措施，并在24小时内按照规定补办审批手续。

（3）束缚带（衣、椅、床）应当间隔使用，严禁24小时不间断使用，防止造成戒毒人员人身伤害。

（4）在对戒毒人员实施保护性约束措施时，民警或医务人员应值班看护，随时准备处置出现的紧急状况，其症状缓解或危险解除后应及时解除约束措施，并在《使用保护性约束措施审批表》上签字，注明解除时间。

（5）实施保护性约束措施时，根据需要进行录音录像，留存证据。

5. 保护性约束措施的执法文书制作。

（1）填写《使用保护性约束措施登记表》。对戒毒人员采取保护性约束措施的，责任民警必须认真填写《使用保护性约束措施登记表》，对“接收时间”“使用人姓名”“使用的时间”“使用的原因”“使用保护性约束措施的种类”“解除保护性措施的时间”“责任民警”等情况予以详细记录。

（2）填写《使用保护性约束措施看护情况登记表》。在采取保护性约束措施期间，管理民警要持续关注被采取保护性约束措的戒毒人员的情况变化，填写《使用保护性约束措施看护情况登记表》，对“看护日期”“看护的时间段（节点）”“发现的情况”“采取的措施”“处理的结果”“责任民警”等情况予以细致地记载。

三、任务考核

【案例】张某在2016年6月因吸食了K粉被公安机关决定强制隔离戒毒，从7月3日入所以来，张某的戒毒表现一直很差，行为举止极为异常，既不配合医生的戒毒治疗，也不服从民警的管理教育，故意找其他戒毒人员的茬，多次殴打他人，或故意与他人发生打架行为。更为严重的是自己还写了遗书，扬言要“以死来对抗”。戒毒大队针对张某多次严重违反所规所纪的实际情况，填写审批材料报所政管理科审核后，报经分管所领导批准，对张某进行单独管理。

问题：对张某进行单独管理，应当注意哪些事项？

学习任务13 所务公开

一、学习目的

1. 了解所务公开的具体组织形式。
2. 熟悉所务公开的主要内容及公开的方式、方法。

二、知识要点

所务公开是强制隔离戒毒所深入推进公正、文明、廉洁执法，有效维护戒毒人员合法权益，不断提高执法能力、执法水平、执法公信力的重要举措，是展示和体现戒毒工作人民警察执法素养与技能的重要窗口。全面推行所务公开制度，保证各项具体措施落实到实处，关系到戒毒人员、戒毒人员家属、管理服务人员、社会相关单位的切身利益。

（一）所务公开的概念与执法依据

1. 所务公开的概念。所务公开是强制隔离戒毒所向戒毒人员及其亲属、社会公众公开执法依据、执法程序和执法结果，并接受社会监督的执法活动。它也是司法行政机关政务公开的重要内容。

2. 所务公开的执法依据。

（1）《禁毒法》的第三章、第四章等对强制隔离戒毒场所的执法管理工作进行了总体的原则性规定，是强制隔离戒毒所所务公开的基础。

（2）《戒毒条例》的第四章进一步细化了戒毒执法管理的主要内容与执法要求，是强制隔离戒毒所所务公开的重要组成部分。

（3）2008年5月1日国务院颁布实施，并于2019年修订的《中华人民共和国政府信息公开条例》对国家各级政府机关、行政机关都有约束力。强制隔离戒毒所作为司法行政系统中一类特殊的行政执法机关，也必须严格执行《中华人民共和国政府信息公开条例》。

（4）2014年10月14日发布的《司法部关于司法行政强制隔离戒毒所所务公开工作的指导意见》，对所务公开的意义、原则、公开内容、公开方法、监督途径等提出具体意见与要求，是强制隔离戒毒所所务公开工作的基本规范。

（二）所务公开的原则

1. 严格依法原则。要严格按照有关法律法规规定的内容和程序，向戒毒人员及其亲属、社会公众公开相关执法信息。

2. 真实客观原则。要按照“以公开为原则、不公开为例外”的要求，除涉及国家秘密、工作秘密和戒毒人员的个人信息，以及公开后可能妨害正常执法活动的信息外，应真实准确、客观公正地公开相关执法信息。

3. 及时便民原则。对应该公开的事项，采用方便、快捷的方式及时公开，使戒毒人员及其亲属、社会公众能够方便及时地获得公开信息。

（三）所务公开的组织机构与工作开展

1. 所务公开的组织机构。所务公开涉及的工作层面多，人员广泛，情况复杂，强制隔离戒毒所必须建立健全组织机构，统一协调，相互配合、相互协作才能较好地完成工作任务，所务公开的组织机构通常主要包括以下机构：

（1）强制隔离戒毒所所务公开工作委员会。强制隔离戒毒所所务公开工作委员会由所领导以及管理、教育、戒毒、生活卫生、习艺劳动、生产安全、纪检监察、人事警务、警戒护卫、医疗、政策法规、信息等部门的负责人组成，设主任1人，副主任若干人。由所长任主任，主管领导、分管领导任副主任，负责所务公开工作的领导组织具体工作的实施、考评；对涉及所务公开工作的重大事项，要进行集体讨论研究与审定。

（2）所务公开办公室。所务公开委员会下设办公室，其设置以便于强制隔离戒毒所开展工作为宜，既可设在纪检监察部门，也可设在所办公室，由所在部门的负责人兼任所务公开办公室主任，负责所务公开的统筹协调工作。

2. 所务公开部门职责。所务公开工作在所务公开工作委员会的统一领导及所务公开办公室的组织协调下，按委员会的统一部署，根据所务公开工作的要求和各职能部门的职责，分工负责，相互配合，密切协作，共同完成所务公开相关内容的筛选、审查、更新、上报审核、公开公示等工作。各部门负责的公开内容如下：

政治部门负责：强制隔离戒毒所的性质，任务和职责权限，民警、警务辅助

人员、协勤人员的权利、义务和纪律要求等内容的所务公开。

纪检监察部门负责：戒毒机关和民警执法、管理工作进行举报投诉的方式和途径；民警纪律要求和执法责任；戒毒人员申诉、检举、揭发、控告处理的规定等内容的所务公开。

办公室负责：强制隔离戒毒所的名称、通讯地址及联系方式；需要向戒毒人员亲属、社会公众公开的其他综合内容的所务公开。

所政管理部门负责：戒毒人员教育矫治期间应当遵守的行为规范；戒毒人员行为规范、戒毒人员守则和一日生活制度；戒毒人员分期、分级管理的规定；戒毒人员通信、通讯、探访的规定；戒毒人员外出探视的规定；戒毒人员所外就医、变更戒毒措施的规定；对戒毒人员使用警械、采取保护性约束措施及单独管理等措施的规定；对戒毒人员脱逃和自伤自残处理的规定；对按期解除强制隔离戒毒、提前或延长强制隔离戒毒期限的规定及审核；戒毒人员财物保管的规定等内容的所务公开。

戒毒指导部门负责：戒治流程；戒毒诊断评估的规定及其诊断评估结果应用等内容的所务公开。

教育矫治部门负责：戒毒人员思想、文化、职业技术教育有关情况；戒毒人员康复训练的规定；戒毒人员教育矫治的规定；戒毒人员参加职业技能培训等内容的所务公开。

生活卫生部门负责：戒毒人员伙食、被服实物量标准，食品安全、疾病预防控制有关情况；戒毒人员食品、日用品消费及个人钱款账户收支情况；戒毒人员身体、健康状况、体检结果以及疾病诊治等内容的所务公开。

习艺劳动部门负责：戒毒人员生产劳动的规定；戒毒人员劳动项目、岗位技能培训、劳动时间、劳动保护和劳动报酬有关情况；戒毒人员从事的劳动项目、劳动岗位及劳动技能、劳动绩效和劳动素养的评估情况等内容的所务公开。

安全环保部门负责：戒毒人员安全生产、环境保护、环境保护指标监测等内容的所务公开。

信息技术部门负责：将各职能部门审查完毕并经分管领导审核同意公开的内容公布于相关门户网站，并对相关的网站、网页相关信息的管理、更新维护。

（四）所务公开的内容与方式

1. 所务公开的内容。根据《司法部关于司法行政强制隔离戒毒所所务公开工作的指导意见》第3条的规定，所务公开的主要内容是：

（1）关于强制隔离戒毒工作的法律法规和规章。

（2）强制隔离戒毒诊断评估的规定及诊断评估结果。

（3）强制隔离戒毒戒治流程。

（4）戒毒人员行为规范、戒毒人员守则和一日生活制度。

（5）戒毒人员分别、分期、分级管理的规定。

（6）戒毒人员治疗康复的规定。

（7）戒毒人员教育矫治的规定。

（8）戒毒人员通信、探访的规定。

（9）戒毒人员外出探视的规定。

（10）戒毒人员所外就医、变更戒毒措施的规定。

（11）对戒毒人员使用警械和采取保护性约束措施及单独管理的规定。

（12）对戒毒人员采取惩戒措施的规定。

（13）对戒毒人员脱逃和自伤自残处理的规定。

（14）戒毒人员参加职业技能培训和生产劳动的规定。

（15）戒毒人员生活卫生管理的规定。

（16）戒毒人员财物保管的规定。

（17）戒毒人员个人伙食费、被服费、医疗费的使用情况。

（18）戒毒人员申诉、检举、揭发、控告处理的规定。

（19）提前解除强制隔离戒毒或延长强制隔离戒毒期限的规定。

（20）解除强制隔离戒毒的规定。

（21）司法行政强制隔离戒毒所人民警察纪律要求和执法责任。

（22）对司法行政强制隔离戒毒所及其人民警察执法管理工作进行监督的规定。

（23）需要公开的其他事项。

2. 所务公开的范围。

（1）面向全社会公开。有关戒毒的法律法规、行政规章、管理操作办法、流程等应向全社会公开，所有人均可从网络媒体、公共媒介查询了解。

（2）局部公开。戒毒人员在戒毒期间执法情况与结果，如诊断评估结果、奖惩、探访探视等执法管理行为，一般只在所内公开，或大队公开；公开效力仅及于戒毒人员所在的大队、强制隔离戒毒所职能管理部门、所领导与相关戒毒人员家属，不得向其他无关人员泄露相关信息。

除上述公开事项外，对于公民、法人或其他组织根据自身生产、生活、科研等特殊需要提出的获得相关信息的申请，强制隔离戒毒所应当依法予以办理，不能确定申请公开事项是否可以公开时，应当依据法律、法规和国家有关规定报请有关主管部门或同级保密部门确定；涉及国家秘密、工作秘密的信息和戒毒人员的个人信息，不予公开。

3. 所务公开的方式。

（1）制作、印发《所务公开手册》，确保新入所戒毒人员、来所探访的亲属及来所考察的社会各界人士能够便捷获阅。

（2）丰富拓展所内公告明示途径，通过设立所务公开栏，运用所内报刊、所区广播、电子显示屏、闭路电视、局域网等，在戒毒人员学习区、生活区、医疗康复区、生产劳动区、探访中心等区域公告所务公开的内容。

（3）开展所务咨询，开通并公布所务公开咨询电话，建立健全所领导接待日制度，逐步开发网上咨询功能，及时接待有关咨询来访。

（4）加强所务公开信息平台建设，购置专业设备，设置所务公开触摸屏浏览设施，实现戒毒人员及其亲属对戒毒人员有关戒治信息的自助查询。

（5）发挥新闻媒体作用，充分利用报刊、电台、电视等传统媒体，探索运用互联网、手机短信平台、微博、微信等新兴媒体，向社会各界公开有关信息。

（五）所务公开监督

1. 畅通监督渠道。在加强内部监督的同时，强制隔离戒毒所要自觉接受人大、政协和人民检察院等机构的监督，接受舆论和公众的监督，进一步提高所务公开工作的透明度。

2. 健全执法监督员制度。聘请党政机关和社会团体中的人员、人大代表、政协委员、知名人士和强制隔离戒毒所离退休干部等作为执法监督员，定期检查、监督所务公开工作。

3. 设立并公布监督举报电话。在所内适当区域设置举报箱，公布监督举报电话，完善网络举报途径。与此同时，有条件的单位在确保安全稳定的前提下，严格按照有关程序报批后，可以适当组织戒毒人员亲属和社会各界人士到所内，进行参观、考察、监督。

（六）所务公开的执法流程

所务公开的执法流程为：所务公开成员部门筛选、审查公开内容→所务公开委员会审定→所务公开办公室统筹汇总再审核→所务公开办公室根据实际情况采取多种方式公开→对有异议的情况进行回复处理。

三、任务考核

【案例】2016年6月8日，江西省永桥强制隔离戒毒所主动推动所务透明公开，举办了第一届开放日活动，邀请戒毒人员亲属代表共二十余人来所帮教，零距离了解戒毒人员在所内的学习、生活、劳动与戒治康复情况，并接受对其执法工作情况的监督。该所为广泛接受社会监督，不断扩宽渠道，通过“所长信箱”“投诉举报信箱”和戒毒人员离所谈话，获取戒毒人员家属对戒毒执法的真实评价及对戒毒管理执法工作的意见和建议。同时，聘请8名退休干部、县委和人大等单位的人员担任执法监督员，充实和加强社会监督力量。该所还充分利用所内、所外两个公开形式：在所内通过公示栏、告示牌公布戒毒人员的奖惩考核、劳动报酬、诊断评估等情况；在所外通过所务公开栏、执法联系卡、电子触摸屏、电子显示牌等载体对外公布涉及戒毒管理工作的22个方面的内容。

问题：根据以上案例，请谈谈永桥强制隔离戒毒所运用了哪些行之有效的所务公开的方式和方法？你认为所务公开对强制隔离戒毒工作有何意义与作用？

学习任务14 戒毒人员申诉、控告、检举的处理

一、学习目的

1. 了解戒毒人员申诉、控告、检举的形式和相关的法律规定。
2. 掌握处理申诉、控告、检举行为的操作规范与工作标准。

二、知识要点

申诉、控告、检举是法律赋予戒毒人员的基本权利，也是戒毒人员进行自我救济的有效形式。依法保障戒毒人员申诉权、控告权、检举权是强制隔离戒毒所全面推进法治化进程的必要手段，也是对戒毒人员实行科学、文明、人文管理的重要举措。

（一）申诉、控告、检举的概念与方式

1. 申诉、控告、检举的概念。戒毒人员申诉是指戒毒人员认为强制隔离戒毒决定机关、执行机关对某一事项的处理结果不正确，向国家有关机关申诉请求重新处理的行为。戒毒人员控告是指戒毒人员向司法机关揭露违法犯罪事实或提供犯罪嫌疑人线索，要求依法予以惩处的行为。戒毒人员检举是戒毒人员向有关机关、部门或组织揭发违法犯罪的行为。申诉、控告、检举是戒毒人员的基本权利，任何人或组织不得剥夺。

2. 申诉、控告、检举的行使方式。戒毒人员行使申诉、控告、检举权，一般采用书面形式，通过书写申诉书（信）、控告书（信）、检举书（信），请强制隔离戒毒所移送有关机构的方式进行。也有少数戒毒人员由于自身的文化水平低而不能书写申诉、控告、检举材料，主动找戒毒工作人民警察口头申诉、控告、检举的。这就要求民警为戒毒人员的申诉、控告、检举行为提供必要帮助，指导其撰写相关材料，或向其介绍有效途径，或直接根据其口述情况制作笔录材料等，随后将相关材料移交给有关机构。

（二）对申诉、控告、检举的处理规定

现行法律法规保护戒毒人员的申诉、控告、检举权。《禁毒法》第40条第2款规定，被决定人对公安机关作出的强制隔离戒毒决定不服的，可以依法申请行政复议或者提起行政诉讼。《司法行政机关强制隔离戒毒工作规定》第32条规定，戒毒人员提出申诉、检举、揭发、控告的，强制隔离戒毒所应当及时依法处理；对强制隔离戒毒决定不服提起行政复议或者行政诉讼的，强制隔离戒毒所应当将有关材料登记后及时转送有关部门。

根据上述规定，各戒毒大队在接收到戒毒人员的申诉、控告、检举材料后应认真进行分类登记，并及时将这些材料送所政管理、纪检监察等部门处理。

（三）处理申诉、控告、检举的工作规范

1. 强制隔离戒毒所应充分保护戒毒人员申诉、控告和检举的权利。

2. 强制隔离戒毒所应畅通戒毒人员申诉、控告、检举的渠道。由纪检监察部门在教育戒治区内设立专门信箱，并定期开启，接受戒毒人员的申诉、控告、检举材料。

3. 所政管理部门等相关部门负责处理纪检监察部门转交的相关材料。

4. 戒毒大队负责处理上级部门转交的相关材料，并采取措施防止他人打击报复检举人；负责将戒毒人员直接交到大队的材料及时转交上级部门。

5. 戒毒人员写给强制隔离戒毒所上级机关和司法机关的信件，不受拆封检查。

（四）处理申诉、控告、检举的工作标准

1. 大队应及时将戒毒人员直接交给民警的申诉、控告、检举材料转交纪检监察部门，并填写《戒毒人员材料转递通知单》。

2. 纪检监察部门应当对戒毒人员的申诉、控告、检举材料进行检查、登记，并填写《戒毒人员材料转递通知单》，依据强制隔离戒毒所职能划分，及时转交给所政管理科等相关部门，不得无故扣押、拖延、销毁，一般情况下逐级传递不超过3个工作日；需由上级纪检部门、公安机关、检察机关、人民法院或者其他机关处理的，应当及时转交；对强制隔离戒毒决定不服提起行政复议或者行政诉讼的，及时转交行政复议机关或者人民法院，不得私自扣押相关材料。

3. 对于所内的调查结果，处理单位应及时将调查结果反馈给纪检监察部门，由纪检监察部门及时将处理结果告知戒毒人员本人；强制隔离戒毒所收到人民法院、公安机关或有关部门对戒毒人员申诉、控告、检举材料的处理结果后，应于3日内向戒毒人员反馈；对举报情况属实的，可根据反馈情况，给予检举人相应奖励。

4. 戒毒大队应根据不同的情况，做好申诉、控告、检举戒毒人员的思想工作，防止戒毒人员因要求得不到满足而采取过激行为。

5. 在处理戒毒人员申诉、控告、检举过程中，强制隔离戒毒所有关部门和相关工作人员，应根据戒毒人员的具体情况，主动与上级机关、地方政法部门、相关行业组织及其亲属加强沟通、交流，以依法办事、保障权益、解决问题为原则，促使戒毒人员安心接受戒毒。

三、任务考核

【案例】某强制隔离戒毒所三大队教导员发现戒毒人员范某欲言又止，心事重重，觉得范某一定有什么事情，便主动找范某谈话，范某说出了同在强制隔离戒毒所戒毒的李某曾经提起过“李某的一个老乡被亲哥哥杀害”的事情。确定无误后，教导员又立即找戒毒人员李某核实情况，李某将某市的徐某酒后将亲弟弟伤害致死的事件全盘讲出，并详细说出了死者伤口的部位、形状、大小，提供了现场目击者名单和受害人埋葬的地点，最终协助某市公安局成功破获“杀弟藏尸”案件。

问题：本案中戒毒人员范某、李某的举动属于什么行为？应不应该受到奖励？应当如何处理范某、李某的上述行为？

学习任务15　移交刑拘、逮捕、收监

一、学习目的

1. 理解移交刑拘、逮捕、收监的概念。
2. 熟悉移交刑拘、逮捕、收监的流程。
3. 掌握移交刑拘、逮捕、收监的工作标准。

二、知识要点

《司法行政机关强制隔离戒毒工作规定》第61条明文规定：“戒毒人员被依法收监执行刑罚或者依法拘留、逮捕的，强制隔离戒毒所应当根据有关法律文书，与相关部门办理移交手续，并通知强制隔离戒毒决定机关；戒毒人员被依法释放时强制隔离戒毒尚未期满的，继续执行强制隔离戒毒。”强制隔离戒毒所要

将被依法刑事拘留、逮捕、收监的戒毒人员及时移交相关执行机关。

（一）移交刑拘、逮捕、收监的概念

1. 刑拘、逮捕、收监的概念。刑拘的全称为刑事拘留，根据《中华人民共和国刑事诉讼法》（以下简称《刑事诉讼法》）第82条规定，刑拘是公安机关依法对现行犯或者重大嫌疑人员采取的限期剥夺其人身自由的强制措施，其目的是及时抓获现行犯或者重大犯罪嫌疑人，取得证据、查明案情，保证侦查活动的顺利进行。

根据《刑事诉讼法》第81条第3款的规定，逮捕是指公安机关、人民检察院或者人民法院对犯罪嫌疑人、被告人实行羁押，防止其继续犯罪、逃避刑罚、阻碍刑事诉讼活动的顺利进行，依法暂时剥夺其人身自由的一种强制性措施。

依据《刑事诉讼法》第264条，收监又称收押，是指监狱对被判处死刑缓期二年执行、无期徒刑和有期徒刑的罪犯，依照法定程序予以收监关押的活动。

2. 移交刑拘、逮捕、收监的概念。移交刑拘、逮捕、收监是指强制隔离戒毒所根据公安机关、人民检察院、人民法院出具的刑事拘留、逮捕、收监文件，将正在接受强制隔离戒毒的人员移交给相关机关执行刑拘、逮捕、收监的执法活动。

（二）移交刑拘、逮捕、收监的工作内容

移交刑拘、逮捕、收监工作由调查、所政、医务、管理大队等部门协作完成。

1. 调查部门负责核实来所办案人员的身份及移交涉案戒毒人员所依据的法律文书。

2. 所政管理部门负责通知大队办理相关出所手续。

3. 大队负责涉案戒毒人员人身和物品检查，并协助办理移交手续。

4. 强制隔离戒毒所医院负责涉案戒毒人员的出所体检。

5. 教育戒治区大门值班民警负责出所涉案戒毒人员身份、法律文书的复查和登记工作。

（三）移交刑拘、逮捕和收监流程

移交流程如下：办案人员来所执行——→调查部门核实情况——→所政管理部门通知大队——→大队进行人身物品检查、返还物品——→医院体检——→人员交接——→将出所情况告知家属。

（四）移交刑拘、逮捕和收监的工作标准

1. 调查部门核实来所办案人员的身份及移交涉案戒毒人员所依据的法律文书。

（1）认真核对办案人员出具的介绍信、警官证、身份证等有效证件。

（2）审查法律文书是否齐全。移交刑拘需具有县级以上公安局开具的《拘留证》；移交逮捕需具有县级以上公安局开具的《逮捕证》；移交收监需出具人民法院生效的判决书（裁定书）与执行通知书。

（3）涉案戒毒人员审查。根据法律文书对涉案戒毒人员进行核查，重点核查姓名、年龄、籍贯、身份证号码、家庭住址、家庭主要成员等基本情况，情况不符的，不予移交。

（4）调查部门应认真填写《来人来访事项登记表》，并做好相关证件的复印留存。

调查部门核实办案人员身份、相关法律文书和涉案戒毒人员信息后，符合条件的，告知所政管理科办理相关事宜。

2. 所政管理部门通知大队办理涉案戒毒人员相关出所手续。

（1）大队接到通知后，由指定民警对涉案戒毒人员进行搜身和随身物品检查，办理出所手续。

（2）涉案戒毒人员凭《戒毒人员财物代管登记表》领取大队代为保管的财物，如戒毒人员保存的《戒毒人员财物代管登记表》单据丢失的，需由本人书写情况说明，并签字、按手印。

3. 出所体检。

（1）强制隔离戒毒所医院严格按戒毒人员出所体检项目逐一对涉案戒毒人员进行体检。

（2）体检完成后，由涉案戒毒人员在《出所体检表》上签字、按手印确认。

4. 交接手续办理。

（1）对符合移交条件的涉案戒毒人员，由所政管理部门和戒毒大队民警与来所办案人员办理交接手续。

（2）涉案戒毒人员于所内代管财物的清单、《出所体检表》由来所办案人员签字确认。原件归档，复印件交来所办案人员。

（3）涉案戒毒人员在相应的法律文书上签字确认，并按手印。

（4）大队应对出所涉案戒毒人员、来所办案人员、办案车辆的相关影像和视频资料进行留存。

教育戒治区大门值班民警应认真核实出所涉案戒毒人员的身份和相关法律文书，进行登记后由带出民警和涉案戒毒人员签字。强制隔离戒毒所应在戒毒人员执行刑事拘留、逮捕、收监之日起5日内通知戒毒人员家属。

三、任务考核

【案例】 2014年8月12日，刘某因吸食毒品被孝感市公安局决定强制隔离戒毒2年，送孝感市强制隔离戒毒所戒毒。同年11月8日，刘某因在被决定强制隔离戒毒前涉嫌多起盗窃案，被孝感市公安局决定逮捕。

问题：如果你是该强制隔离戒毒所民警，针对孝感市公安局要来强制隔离戒毒所执行逮捕，你将如何处理？

学习任务16 强制隔离戒毒的解除

一、学习目的

1. 熟悉解除强制隔离戒毒的内涵与相关法律规定。
2. 掌握解除强制隔离戒毒的流程及工作标准。
3. 能够正确计算强制隔离戒毒的执行期限。

二、知识要点

根据《禁毒法》的规定，强制隔离戒毒的法定期限为2年，但在强制隔离戒毒期间，强制隔离戒毒所根据戒毒人员实际戒毒表现情况和诊断评估结果，可以建议提前解除强制隔离戒毒，或建议延长强制隔离戒毒期限。

（一）解除强制隔离戒毒的概念与依据

1. 解除强制隔离戒毒的概念。解除强制隔离戒毒是指强制隔离戒毒所对强制隔离戒毒期限届满，或经过诊断评估符合提前解除强制隔离戒毒、延长强制隔离戒毒期限条件的戒毒人员，按法定期限或批准的期限解除强制隔离戒毒措施，准予其回归社会的执法活动。

2. 解除强制隔离戒毒的执法依据。

《禁毒法》第47条规定，强制隔离戒毒的期限为2年。执行强制隔离戒毒1年后，经诊断评估，对于戒毒情况良好的戒毒人员，强制隔离戒毒场所可以提出提前解除强制隔离戒毒的意见，报强制隔离戒毒的决定机关批准。强制隔离戒毒期满前，经诊断评估，对于需要延长戒毒期限的戒毒人员，由强制隔离戒毒场所提出延长戒毒期限的意见，报强制隔离戒毒的决定机关批准。强制隔离戒毒的期限最长可以延长1年。

《戒毒条例》第33条规定，对强制隔离戒毒场所依照《禁毒法》第47条第2款、第3款规定提出的提前解除强制隔离戒毒、延长戒毒期限的意见，强制隔离戒毒决定机关应当自收到意见之日起7日内，作出是否批准的决定。对提前解除强制隔离戒毒或者延长强制隔离戒毒期限的，批准机关应当出具提前解除强制隔离戒毒决定书或者延长强制隔离戒毒期限决定书，送达被决定人，并在送达后24小时以内通知被决定人的家属、所在单位以及其户籍所在地或者现居住地公安派出所。

《司法行政机关强制隔离戒毒工作规定》第58条规定，强制隔离戒毒所应当按照有关规定对戒毒人员进行诊断评估。对强制隔离戒毒期限届满且经诊断评估达到规定标准的戒毒人员，应当解除强制隔离戒毒。经诊断评估，对符合规定条件的戒毒人员，强制隔离戒毒所可以提出提前解除强制隔离戒毒的意见或者延长强制隔离戒毒期限的意见，并按规定程序报强制隔离戒毒决定机关批准。强制隔离戒毒所收到强制隔离戒毒决定机关出具的提前解除强制隔离戒毒决定书或者延长强制隔离戒毒期限决定书的，应当及时送达戒毒人员。

（二）解除强制隔离戒毒工作的职责分工

戒毒人员解除强制隔离戒毒工作由分管所领导、戒毒大队、诊断评估小组、诊断评估办公室、所政管理部门等分工负责，协同完成。

分管戒毒矫治业务的所领导负责按期解除、提前解除、延长期限解除强制隔离戒毒的审批工作。

诊断评估办公室负责戒毒诊断评估具体工作，为按期、提前或延长期限解除强制隔离戒毒提供依据、意见和材料。

诊断评估小组（大队）负责戒毒人员日常奖励与处罚的呈报，开展诊断评估，填写《解除强制隔离戒毒审批表》《提前解除强制隔离戒毒审批表》《延长期限解除强制隔离戒毒审批表》并上报。

所政管理部门负责与原决定机关做好对接工作，填写《提前解除/延长期限解除强制隔离戒毒意见书》。

强制隔离戒毒决定机关负责《提前解除强制隔离戒毒审批表》《延长期限解除强制隔离戒毒审批表》审批并决定是否出具《提前解除强制隔离戒毒审批决定书》或《延长强制隔离戒毒审批决定书》。

所政管理部门负责审批填发《解除强制隔离戒毒证明书》和《解除强制隔离戒毒通知书》。戒毒大队负责通知戒毒人员家属或所在单位、就读学校。

（三）解除强制隔离戒毒工作的执行标准

1. 按期解除强制隔离戒毒的执行标准。

（1）强制隔离戒毒所应当按照有关规定对强制隔离戒毒期限届满的戒毒人员进行诊断评估，评估结果达到规定标准的，应按《强制隔离戒毒决定书》所载的解除期限解除强制隔离戒毒。

（2）生理脱毒、身心健康、行为表现评估结果均达到“合格”，社会环境与

适用能力评估结果或综合评估结果为“一般”的戒毒人员，由所在大队为其填写《解除强制隔离戒毒审批表》报所政管理部门审批。

第一，所政管理部门审核上报《解除强制隔离戒毒审批表》并提出意见报分管所领导审核批复。

第二，分管所领导审批同意后，由所政管理部门填发《解除强制隔离戒毒证明书》和《解除强制隔离戒毒通知书》。

第三，强制隔离戒毒所应当在解除强制隔离戒毒3日前通知强制隔离戒毒决定机关，同时通知戒毒人员家属或所在单位、户籍所在地或在现居住地公安派出所将其按期领回，戒毒人员出所时无人领回，采取自行离所的，强制隔离戒毒所应当及时通知强制隔离戒毒决定机关，并向戒毒人员出具《解除强制隔离戒毒证明书》，发还代管物品，结清账目，核对身份，办理出所手续，送其出所，并做好拍照等相关证据留存工作。

（4）所外就医的戒毒人员强制隔离戒毒期限届满的，强制隔离戒毒所应当及时办理解除强制隔离戒毒手续。

2. 提前或延长期限解除强制隔离戒毒的标准。强制隔离戒毒所建议提前或延长戒毒期限，按公安部、司法部、国家卫生计生委的《强制隔离戒毒诊断评估办法》及各省、区、市戒毒管理机关制定的地方诊断评估实施细则执行。

（1）强制隔离戒毒期满前，强制隔离戒毒所应当对戒毒人员进行评估，对生理脱毒、身心健康、行为表现评估结果均达到“合格”，社会环境与适用能力评估结果或综合评估结果为“良好”的戒毒人员，可以提出提前解除强制隔离戒毒的意见。

具有下列情形之一的戒毒人员，不得为其提出提前解除强制隔离戒毒的意见：

第一，拒不交代真实身份和住址的。

第二，有脱逃或者自杀自残行为的。

第三，所外就医、探视外出回所时毒品检测结果呈阳性，或者直接拒绝毒品检测的。

第四，被责令接受社区康复的人员拒绝接受社区康复或者严重违反社区康复协议，因再次吸食、注射毒品被决定强制隔离戒毒的。

第五，患艾滋病等传染病，可能引发疾病大范围传播的。

第六，其他不宜提前解除强制隔离戒毒的人员。

（2）戒毒人员在强制隔离戒毒所提出提前解除强制隔离戒毒意见后，有脱逃、自杀自残或者殴打其他戒毒人员等严重违反所规所纪行为的，强制隔离戒毒所应当撤回提前解除强制隔离戒毒的意见。戒毒决定机关已批准的，强制隔离戒毒所应当建议强制隔离戒毒决定机关撤销该决定。

（3）强制隔离戒毒期满前，强制隔离戒毒所应当对戒毒人员进行评估，对生理脱毒、身心健康评估结果中有1项以上为“不合格”的，可以提出延长强制隔离戒毒期限3个月~6个月的意见；

（4）行为表现评估结果尚达不到“合格”的，可以提出延长强制隔离戒毒期限的意见，延长时间不得超过12个月。

（四）强制隔离戒毒期限的计算

强制隔离戒毒的期限按照以下方法计算：

1. 强制隔离戒毒期限从《强制隔离戒毒决定书》规定之日起计算。

2. 诊断评估延长的戒毒期限，与原决定戒毒期限合并执行；诊断评估提前解除的戒毒期限，从原决定期限中扣除。

3. 戒毒人员所外就医时间，外出探视（含路途）时间，计算为已经执行的强制隔离戒毒期限。

4. 戒毒人员脱逃在逃时间，及所外就医、外出探视逾期不归的时间，不计算入强制隔离戒毒期限内，直至其自行返回、被亲友送回或被公安机关、强制隔离戒毒所追回，应顺延戒毒期限。

5. 戒毒人员请假回家，逾期时间不计算为已执行期限，应顺延戒毒期限。

6. 决定强制隔离戒毒后，被依法收监执行刑罚、采取了强制性教育措施或者被依法拘留、逮捕的，强制隔离戒毒的时间连续计算；刑罚执行完毕时、解除强制性教育措施时或释放时强制隔离戒毒尚未期满的，继续执行强制隔离戒毒。

（五）解除强制隔离戒毒手续的办理

1. 出所前身体检查。出所前1个月内进行身体检查，检查内容按戒毒人员体检表所列项目进行。

2. 开展回归社会教育。根据司法部《强制隔离戒毒人员教育矫治纲要》精神，要对即将解除强制隔离戒毒、回归社会的戒毒人员进行回归社会教育，帮助戒毒人员了解社会形势，做好回归社会的准备。回归社会的教育时间不少于1周。

3. 出所通知。所政管理部门在戒毒人员解除强制隔离戒毒3日前通知强制隔离戒毒决定机关，同时通知戒毒人员家属、所在单位、户籍所在地或现居住地公安派出所将其按期领回。戒毒人员出所时无人领回，自行离所的，所政管理部门应当及时通知强制隔离戒毒决定机关。

4. 出具文书，发还财物。办理解除手续时，出所大队应核对戒毒人员身份，发还代管财物，向戒毒人员出具《解除强制隔戒毒决定书》和《解除强制隔离戒毒证明书》。被责令社区康复的，应向戒毒人员送达《责令社区康复决定书》，

宣布社区康复决定及有关注意事项，戒毒人员应在出所文书上签字确认。

5. 选择安全出所方式

（1）由原单位带回。戒毒人员有单位的，由所政管理部门通知其单位，核实单位经办人身份后，由出所大队与经办人办理移交手续。

（2）亲属来所带回。由所政管理部门通知家属，其家属应提供关系证明、有效身份证件（或复印件），由戒毒人员和其家属在解除文书上签字确认，并在戒治区指定位置合影取证后方可离所。

（3）自行离所。无人带回，必须对自行离所事由做出书面情况说明，并拍摄视频留存证据（说明本人基本情况、自行离所原因、目的地等），办理出所手续后，由大队负责（或其他责任部门）送到强制隔离戒毒所所在地车站，并将照片、车票存根等相关资料带回，存入个人档案，同时将相关情况通知原决定机关或其家属，并保留通知证据。

（六）应制作的执法文书

1. 填写《解除强制隔离戒毒审批表》《提前解除/延长期限解除强制隔离戒毒审批表》报强制隔离戒毒所诊断评估委员会审核批准。

2. 填写《提前解除/延长期限解除强制隔离戒毒意见书》报原审批决定机关批准。

3. 填写《解除强制隔离戒毒证明书》，交解除人员保存备查。

4. 填写《解除强制隔离戒毒通知书》，通知有关机构。

三、任务考核

【案例】 王某，男，2016 年 5 月 4 日被广州市公安局某分局决定强制隔离戒毒 2 年，于同年 5 月 10 日被送往某强制隔离戒毒所收治戒毒。戒毒 1 年来，王某接受戒毒治疗和教育矫治，2017 年 6 月 15 日，经所在大队诊断评估小组评估，认为该戒毒人员的生理康复评估、心理康复评估、行为矫治评估及综合性诊断评估均达到《强制隔离戒毒人员诊断评估办法》规定的提前解除强制隔离戒毒的条件，所诊断评估委员会审核后同意其提前 4 个月解除强制隔离戒毒，报广州市公安局某分局审批。

问题：根据以上案例，请具体分析王某提前解除强制隔离戒毒需符合哪些条件？

学习任务17 戒毒人员档案管理

一、学习目的

1. 了解戒毒人员档案的内容及建档方法。
2. 熟悉戒毒人员档案管理的基本标准及查借使用规则。

二、知识要点

戒毒人员档案管理是戒毒管理工作的重要组成部分，是戒毒工作人民警察全面、直观了解戒毒人员情况的主要渠道，也是戒毒工作人民警察根据戒毒人员实际情况制定相应戒毒矫治方案的重要依据，更是司法行政机关健全执法档案资料的重要内容之一。强制隔离戒毒所必须对每个戒毒人员建立、健全档案资料，还要科学管理档案资料，严格规范查阅与使用档案的行为。

（一）戒毒人员档案

《司法行政机关强制隔离戒毒工作规定》第63条第1款规定，强制隔离戒毒所应当妥善保管戒毒人员档案。档案内容包括：强制隔离戒毒决定书、强制隔离戒毒人员入所登记表、强制隔离戒毒人员入所健康状况检查表、财物保管登记表、病历、心理健康档案、诊断评估结果、提前解除强制隔离戒毒决定书或者延长强制隔离戒毒期限决定书、解除强制隔离戒毒证明书以及在强制隔离戒毒期间产生的重要文书、视听资料。

根据各强制隔离戒毒所的一般做法，戒毒人员档案分正档、副档。

1. 戒毒人员正档内容。

（1）强制隔离戒毒决定书原件；

（2）吸毒人员查获登记；

（3）执法机关移交的其他正式公文。

2. 戒毒人员副档内容。

（1）强制隔离戒毒决定书复印件；

（2）戒毒人员收治登记表（含指纹卡）；

（3）戒毒人员入所体检表；

（4）戒毒人员考核材料（含《强制隔离戒毒诊断评估材料》及相关评估原始材料、奖惩材料等，原则上要求按时间先后顺序分年度进行装订）；

（5）提前解除或延长强制隔离戒毒期限审批材料；

（6）提前解除或延长强制隔离戒毒期限决定书、变更社区戒毒决定书、责

令社区康复决定书；

（7）戒毒人员健康档案；

（8）戒毒人员心理健康档案资料；

（9）刑事拘留、逮捕相关材料；

（10）采取保护性约束措施、单独管理、使用警械具等相关材料；

（11）探视、所外就医材料；

（12）戒毒人员死亡材料（包括死亡鉴定、死亡证明、死亡情况说明、与家属协商情况、旁证、善后处理笔录、火化手续等相关材料）；

（13）变更社区戒毒的出所送达回执、影像、视频等相关材料；

（14）解除强制隔离戒毒证明书、通知书、出所送达回执、影像、视频等相关材料；

（15）其他需装档的材料。

（二）戒毒人员档案管理

1. 档案管理的概念。戒毒人员档案管理指对戒毒人员档案资料的收集、整理、保管、鉴定、统计和提供使用的活动。强制隔离戒毒所应设置戒毒人员档案库房，配备专职民警负责戒毒人员档案管理，并保持人员的相对稳定。

2. 档案管理的职责。强制隔离戒毒所各部门档案管理人员均有档案管理职责。戒毒大队、所政管理部门均设专职或兼职的档案管理员，各档案管理员分工负责，相互协作，共同完成档案管理工作。

（1）所政管理部门应及时按规定建立新收、调入戒毒人员的正档；

（2）入所大队（中队）负责建立和完善新入所戒毒人员的副档，于戒毒人员分流时移交给接收大队或单位；

（3）大队（中队）内勤民警负责保管、整理、完善戒毒人员副档，负责填制、管理戒毒人员在所内强制隔离戒毒期间的所有管理卡片；

（4）所政管理部门责任民警负责新收、调入戒毒人员正档的建立、保管、整理、完善及调出戒毒人员的档案移交。强制隔离戒毒人员解除出所时，负责将各大队移交的副档与正档合并整理、保管。

（三）戒毒人员档案管理工作标准

1. 档案的建立。

（1）戒毒人员档案实行一人一档，每一类材料按时间先后顺序排列，整齐摆放在档案盒（袋）内。冲印戒毒人员1寸正面免冠照片2张，连同照片袋贴在正、副档《强制隔离戒毒人员登记表》相应的位置；戒毒人员体检所形成的照片、指纹、录音、录像、询问笔录等，均存入副档；副档材料中，戒毒人员考核、奖惩材料按时间先后顺序分年度进行装订。

（2）各类归档材料应当做到准确、齐全、清晰、洁净、规范，符合国家档案管理和公文处理的有关规定。

（3）各种材料应当按项、按级逐一如实填写，不得空项。凡没有具体内容的一律填写“无”。

（4）所有手写材料应当一律使用碳素墨水、蓝黑墨水书写，不得使用圆珠笔、铅笔或彩色笔。

（5）戒毒工作人民警察或戒毒人员在档案材料上的签名应当一律用姓名的全称，不得代签、略写。所有签名均应当在材料的右下角或适当位置，不得越出装订线。

（6）所有材料用语应当客观、准确、具体、明了，符合语法规范要求，并与填写人的身份、级别相符，不得出现编造、假设、事实不清等现象。

（7）所政管理信息系统、戒毒人员档案卡应当使用统一、规范的软件，按要求及时填报、更新，定期维护、备份。

（8）戒毒大队应当在戒毒人员解除强制隔离戒毒后1个月内，将戒毒人员副档交所政管理部门。戒毒人员解除强制隔离戒毒、变更戒毒措施或死亡后，所政管理部门应当将其正、副档合并，按规定编写目录、页码并装订，统一编号存档，交综合档案管理部门。

（9）强制隔离戒毒所应逐步减少纸质档案，实现电子档案管理。

2. 档案的整理。戒毒人员正档应每年整理1次，副档应每半年整理1次。戒毒人员解除强制隔离戒毒、死亡后，其正、副档应根据档案管理的要求合并、整理、归档立卷。档案材料排列顺序如下：

（1）强制隔离戒毒决定书、强制隔离戒毒决定书复印件。

（2）强制隔离戒毒审批表。

（3）提前解除/延长强制隔离戒毒期限意见书、变更社区戒毒意见书。

（4）戒毒人员登记表（含指纹卡）。

（5）入所体检表。

（6）戒毒人员考核材料（含《强制隔离戒毒诊断评估材料》及相关评估原始材料、奖惩材料等，原则上按时间先后顺序分年度进行装订）。

（7）提前解除/延长强制隔离戒毒期限审批材料。

（8）提前解除/延长强制隔离戒毒期限决定书、变更社区戒毒决定书、责令社区康复决定书。

（9）戒毒人员健康档案。

（10）戒毒人员心理健康档案。

（11）戒毒人员被刑事拘留、逮捕的相关材料。

（12）采取保护性约束措施、单独管理、使用警械具等相关材料。

（13）探视、所外就医材料。

（14）戒毒人员死亡涉及的死亡鉴定、死亡证明、死亡情况说明、与家属协商情况、旁证、善后处理笔录、火化手续等相关材料。

（15）变更社区戒毒的出所送达回执、影像、视频等相关材料。

（16）解除强制隔离戒毒证明书、通知书、出所送达回执、影像、视频等相关材料。

（17）其他需装档的材料。

（四）戒毒人员档案的借（查）阅和统计

戒毒人员档案应按档案管理要求建立严格的查阅、借阅与统计制度：

1. 档案管理业务部门应设立档案借阅登记台账。

2. 所内人员借阅正档由所政管理部门负责人批准；借阅副档由大队主管领导批准。外单位人员借阅正、副档均需经强制隔离戒毒所分管领导批准。

3. 阅卷人需复印、摘抄、拍摄档案内容的，应由档案管理人员核实，并经分管所领导批准。

4. 建立档案统计制度，对戒毒人员档案的收进、移出、保管、使用等情况进行统计，并每年向省级戒毒管理局档案部门报送档案基本情况统计表。

（五）戒毒人员档案的移交

戒毒人员调往其他强制隔离戒毒场所时，其档案应随人移交给接收单位，移交前所政管理部门档案管理人员应对档案进行详细核对，并按正、副档分别整理，填写目录装订后，逐卷登记造册（一式二份），移交调入所。双方办理交接手续时，交接双方应在移交登记本上签名盖章，分别留存。

（六）档案的保存

戒毒人员档案保管期限分永久、长期、短期三种。短期为20年以下（含20年），长期为21年~50年，51年及以上为永久。

档案的保管期限应从戒毒人员解除、死亡的当年起算。

1. 永久保存档案。

（1）在全国或国际上有重大政治影响的、原职务相当于县（团）级以上干部及重要知名人士戒毒人员的档案材料。

（2）戒毒期间死亡的戒毒人员的档案材料。

（3）强制隔离戒毒审批表、决定书、解除强制隔离戒毒证明书（存根），档案销毁报告、审批意见书、销毁清册（单）。

（4）电子档案。

（5）其他应永久保存的档案材料。

2. 长期保存的档案。

(1) 在省、自治区、直辖市内有重大政治影响的档案材料。

(2) 变更社区戒毒的档案材料。

(3) 探视逾期未归的档案材料。

(4) 因脱逃、打架斗殴等被延长强制隔离戒毒期限3个月以上的档案材料。

(5) 其他应长期保存的档案材料。

3. 短期保存的档案。

(1) 一般的档案材料。

(2) 其他应短期保存的档案材料。

(七) 档案的保管

1. 强制隔离戒毒所设立档案库房,配备金属档案柜,安装监控设施;档案库、办公室、阅档室应分开设置。

2. 档案库应坚固耐用,做到防火、防盗、防潮、防高温、防蛀、防光、防尘;不得存放与档案无关的物品;添置必要的现代化设备,如温度计、去湿机、空调机、复印机、计算机等,逐步实现档案规范化、科学化、现代化管理。

3. 经常检查库房设施性能状况,保持库房内的清洁,应配备温度计,房内保持相对稳定的温、湿度,温度应保持在14℃~24℃,湿度应保持在45℃~60℃。定期对档案进行检查,对破损、虫蛀、鼠咬、变质、字迹褪色的档案要及时采取防治措施,进行修补和复制。

4. 档案管理人员调整时,应在离职前做好档案移交工作,办好交接手续。

三、任务考核

【案例】 2013年11月5日余某因吸毒被公安机关决定强制隔离戒毒2年,后被送到强制隔离戒毒所戒毒。2014年1月8日,余某的家属认为余某被强制隔离戒毒存在不合理之处,案件的办案机关在没有经过尿检的情况下,就马上作出强制隔离戒毒决定不合法,要对办案的公安机关提起行政诉讼,专门委托代理律师来强制隔离戒毒所找余某面谈,并要求查看公安机关决定强制隔离戒毒的所有档案材料。

问题:本案例中余某家属、委托律师是否都可以查阅档案?如果可以,需要办理什么手续?要经过哪些组织机构审批?

项目小结

本学习项目阐述了强制隔离戒毒所内通信与通话、探访与探视、单独管理、保护性约束措施、现场管理、离所就诊、所外就医等的具体规定，重点阐述了单独管理的适用情形、审批程序、管理方式和保护性约束措施，以及离所就诊、所外就医的条件和管理要点。并全面讲解了强制隔离戒毒所的生活现场、生产现场、学习现场和康复现场管理及所务公开、申诉、控告、检举处理、解除强制隔离戒毒以及戒毒人员档案管理等常规戒毒执法管理的内容与标准。

拓展思考

1. 当前各强制隔离戒毒所均统一为戒毒人员办理了“一卡通”银行卡用于所内消费，不再允许家属在探访时给戒毒人员捎带物品与现金。随着现代物流产业与网络超市的快速发展，你认为强制隔离戒毒所应如何科学解决戒毒人员日常生活用品的消费问题?

2. 强制隔离戒毒所在适用所外就医措施时，常常遇见戒毒人员生命垂危、急需办理所外就医，而家属却因为经济、人力、物力等原因不接受、不配合的情形。请问对上述情形应该如何处置?

3. 强制隔离戒毒所为配合公安机关严厉打击刑事犯罪专项活动，在所内开展“深挖犯罪线索”专项整治工作，若有戒毒人员及时提供社会人员违法犯罪线索与信息、应该如何处理?

实训项目3 戒毒人员通讯、探视、单独管理、所外就医的综合处置

一、训练目标

使学生了解对戒毒人员实施通讯管理、探视管理、单独管理，适用所外就医措施的现实意义，熟悉相应管理方法与操作规范，掌握申请的条件，学会相应操作的方法与技巧。

二、训练要求

1. 明确训练目标。

2. 掌握戒毒人员通讯、探视、单独管理、所外就医等工作的审批步骤与操

作方法。

3. 熟悉相应训练素材。

4. 按步骤、方法和要求进行训练。

三、训练条件和素材

（一）训练条件

校内实训中心的基本器材、设施、设备与人员角色资料。

（二）训练素材

1. 戒毒人员通讯。某年某月，某省某强制隔离戒毒所五大队5名戒毒人员向大队提出拨打亲情电话申请，具体情况如下：

张某，康复巩固区戒毒人员，近三个月无违规违纪被处罚情况，上月收信得知其外婆生病住院，病情较重，申请打电话了解外婆康复情况；

邱某某，入所1年1个月，本月上旬因打架斗殴被单独管理，解除单独管理后第三天获悉其母亲因交通事故生命垂危，正在医院抢救，申请打电话询问情况；

肖某，近四个月连续因超额完成劳动任务被多次奖励，无罚分扣分，10天前得知自己的儿子因户口问题不能上小学，心里很着急，要求打电话了解相关情况；

李某，入所一年半，一直表现较好，无任何因违规违纪被罚扣分情况，前2个月探访日家人均没有来探访，担心父母的情况，提出通话申请；

罗某，入所10个月，戒毒矫治表现时好时坏，上月下旬因发病被采取保护性约束措施，近日得知其小孩生病，申请与家人通电话询问相关情况。

2. 戒毒人员探视。王某，男，汉族，1974年8月出生，无业，兰州市人，因吸毒被决定强制隔离戒毒2年，被送往某省某强制隔离戒毒所强制戒毒，2018年3月，其73岁的父亲和14岁的儿子因煤烟中毒身亡，家属申请王某回家处理后事。王某接到消息后，立即向大队申请探视。

3. 戒毒人员单独管理。某年7月，某省某强制隔离戒毒所根据公安部关于认真开展吸毒人员身份信息核查的有关通知要求，对所内强制隔离戒毒人员身份信息进行认真核查。7月30日，该所民警对所内强制戒毒学员开展身份核查时，通过网上查询、比对吸毒人员信息，发现戒毒人员李某所提供的个人基本信息和照片，与本人真实年龄、相貌不符合，其容貌与近期网上通缉通的摩托车盗窃案主犯十分相似。

4. 戒毒人员所外就医。2010年12月22日，邹某因吸食毒品被某县公安局决定强制隔离戒毒2年，2011年2月18日被送到某戒毒所执行强制隔离戒毒，

2011 年 5 月 4 日，从某戒毒所转入本强制隔离戒毒所，邹某转所后，表现异常，常常在垃圾桶内捡槟榔渣吃，并将大小便拉在裤子里面，民警找他谈话时，他沉默不语，不与民警交流。5 月 18 日，邹某被瓷砖划破脚底，被旁边戒毒人员发现后，大队立即将他带到医院予以治疗。5 月 26 日早晨，邹某无缘无故用蚊香夹将自己的左手腕划破，伤及静脉血管。

四、训练方法与步骤

学生分组，每 10~15 人为一小组，通过自选或抽签的形式选择一素材进行模拟操作。根据选定的素材，在指导教师指导下，学生分组模拟戒毒人员、大队民警、职能部门角色对相应项目执法活动进行模拟训练，具体方法和步骤如下：

1. 准备素材，确定训练方式，设置场景。
2. 实训指导教师介绍训练内容和要求，讲解训练的重点环节。
3. 学生阅读素材，准备好相关资料与工具；戒毒人员角色按素材要求制作相应的申请资料，民警、职能部门角色准备好管理活动应使用的工具资料。
4. 按规范程序要求完成模拟操作。
5. 民警角色完成通讯管理的全部书面资料，包括审批情况、监督控制情况、异常处置情况等。

五、训练评估

1. 学生总结训练成果，并以评析形式交流心得体会。
2. 指导教师考核评定训练成绩。

拓展阅读

学习项目四 强制隔离戒毒诊断评估

学习目标

1. 认知目标：了解戒毒诊断评估的概念、目的以及原则；掌握对戒毒人员生理脱毒、身心康复、行为表现、社会环境与适应能力等方面进行诊断评估的考核内容、评价标准和基本方法。

2. 技能目标：能对戒毒人员开展入所、年度和期满前诊断评估，并按规定严格运用诊断评估结果。

3. 情感目标：养成科学、公正、认真、规范的工作品质。

重点提示

本学习项目的重点是戒毒人员诊断评估的内容与标准、程序与方法以及结果的运用。诊断评估直接关系到戒毒人员的戒治效果，也是衡量戒毒工作人民警察执法行为是否公平公正的重要依据。在学习过程中，必须结合实践操作多思考、多练习，举一反三，学会运用科学的依据和结果评判戒毒效果。

【项目简介】

强制隔离戒毒诊断评估是《禁毒法》赋予强制隔离戒毒管理部门的一项重要职能。诊断评估内容包括生理脱毒、身心康复、行为表现、社会环境与适应能力等四个方面。强制隔离戒毒所在戒毒人员入所3个月后，对其生理脱毒情况进行阶段性评估；在执行强制隔离戒毒1年后对其进行年度综合诊断评估，以评价其是否“戒毒情况良好”；在强制隔离戒毒期满前对戒毒人员进行期满综合诊断评估，以评价其戒毒情况是否“达到规定标准”。诊断评估的结果是强制隔离戒毒所决定对戒毒人员按期解除强制隔离戒毒、提出提前解除强制隔离戒毒或者延长强制隔离戒毒期限意见以及责令社区康复建议的直接依据。

学习任务18 认识诊断评估

一、学习目的

1. 了解诊断评估的概念与作用。
2. 掌握诊断评估的基本原则。
3. 了解诊断评估各级组织机构的构成和主要职责。

二、知识要点

2013年9月，公安部、司法部、国家卫生和计划生育委员会共同发布《强制隔离戒毒诊断评估办法》，这是强制隔离戒毒所开展诊断评估的基本依据。它对戒毒人员在强制隔离戒毒期间的生理脱毒、身心康复、行为表现、社会环境与适应能力等诊断评估方面的情况进行了较为详细的规定，统一了诊断评估流程，正视了吸毒人员“病人”的身份，架起了与后续帮教或社区戒毒之间的桥梁，在规范戒毒矫治工作、科学评价戒毒人员的戒毒效果、帮助其戒除毒瘾、保障其合法权益上迈出了非常有意义的一步。

（一）诊断评估的概念

诊断评估是强制隔离戒毒所运用医学、心理学、社会学、管理学、运动学等学科知识，对戒毒人员在强制隔离戒毒期间的生理脱毒、身心康复、行为表现、社会环境与适应能力等戒治情况进行的综合考核和客观评价。

（二）诊断评估的作用与意义

诊断评估是针对戒毒人员康复效果的综合评价，是检验戒毒矫治工作成效的重要措施，能为指导戒毒矫治工作提供参考，能充分调动戒毒人员的戒毒康复积极性，并为戒毒人员提前或延期解除强制隔离戒毒提供依据，《强制隔离戒毒诊断评估办法》第3条规定：“强制隔离戒毒诊断评估结果，是强制隔离戒毒所对戒毒人员按期解除强制隔离戒毒、提出提前解除强制隔离戒毒或者延长强制隔离戒毒期限意见以及责令社区康复建议的直接依据。”其作用与意义主要有以下几个方面：

1. 有利于科学评估戒毒效果。戒毒诊断评估是衡量强制隔离戒毒所管理水平、矫治质量、戒毒康复、医疗保障等工作水平的一把标尺，能从多维度、多层次、多方位全面综合评价戒毒管理水平的高低、戒毒矫治方法的优劣、戒毒康复效果的好坏，能帮助我们客观评价强制隔离戒毒所的整体工作，理性判断戒毒人员的康复效果，有利于正确评价我国戒毒工作现实状况。

2. 有利于调整戒毒整体策略。我国戒毒工作坚持以人为本、科学戒毒、综合矫治、关怀救助的基本原则和教育、帮助、挽救、治疗的工作方针，这就要求我们科学实施和客观评估戒毒矫治工作。目前的强制隔离戒毒诊断评估，既从制度层面完善了戒毒工作考核评价体系，又为评估戒毒效果提供了标准和依据，这不仅对于推动依法戒毒、规范戒毒、科学戒毒具有重大意义，还更新了戒毒矫治工作理念，以综合诊断评估为导向，将帮助戒毒人员戒除毒瘾、降低复吸率、提高操守率作为戒毒工作的根本目标和终极任务。强调戒毒工作人民警察必须坚持以人为本的工作态度，采取科学的戒毒方法，不断丰富戒治内容，体现了新的戒毒管理标准和要求，有利于促进戒毒工作人民警察由“管理者”向“帮扶者”的角色转变，有利于调整戒毒工作整体策略。

3. 有利于完善戒毒矫治方案。吸毒成因十分复杂，戒毒效果评估也千差万别。戒毒人员存在个体差距，其戒毒动机、生理反应、心理过程、效果评估等各不相同，要确保真正有效地完成戒毒，必须坚持一人一策，制定和完善个体戒毒矫治方案。在立足实践、指导实践的基础上，系统运用较为科学的评估办法和考核方式进行诊断评估，使戒治效果以较为直观、客观的量化形式反映，通过收集、归纳和汇总戒毒人员各项基础性信息，进行综合比较、研究、分析，充分检验戒治措施的正确性和可行性，使措施和方法更加科学完善、更加规范、更加具有针对性。通过诊断评估，既能发现戒毒人员中具有普遍性、代表性和倾向性的突出问题，又能掌握戒毒人员所具有的个性化、个别化问题，便于及时调整对戒毒人员的戒治方法和策略。

4. 有利于调动戒毒人员积极性。诊断评估关系到戒毒人员戒毒期限和戒毒方式的变更，是大多数戒毒人员在所戒毒的动力源泉。完善、规范的诊断评估体系对于提高戒毒人员戒治积极性、营造健康向上的戒治氛围，有着不可替代的作用。通过诊断评估，既可以让戒毒人员在戒毒工作警察的指导和帮助下，明确戒治目标方向，查找自身问题，发现不足与差距，纠正自我错误；同时戒毒工作人民警察又可以通过诊断评估，根据戒毒人员存在的问题对症下药，进行针对性教育，以调动戒毒人员自觉接受康复矫治的积极性，提高戒毒矫治质量，达到事半而功倍的效果。

5. 有利于促进强制隔离戒毒所规范管理。通过制定系统的标准和要求，严格按照制度规定和程序条件规范戒毒人员的日常行为，使戒毒人员置身于规范化的氛围中，接受潜移默化的守法守规熏陶，矫正恶习，养成良好的行为习惯。同时还能有力惩戒违规违纪行为，更好地调动戒毒人员的戒治积极性，使其主动参与戒毒和治疗，从而有效地维护强制隔离戒毒所安全与稳定。

（三）诊断评估的基本原则

《强制隔离戒毒诊断评估办法》第 4 条规定：“强制隔离戒毒诊断评估应当

坚持依法、科学、公正、公开的原则。”在开展诊断评估工作中，必须坚持执法效能与执法规范并重，坚持定性与定量相结合，确保诊断评估程序与结果公开、公正、透明。

1. 依法原则。根据《禁毒法》《戒毒条例》《强制隔离戒毒诊断评估办法》等法律法规和规章，依法对戒毒人员开展诊断评估工作。各省（自治区、直辖市）制定的《诊断评估实施细则》都要以《强制隔离戒毒诊断评估办法》为依据，不得篡改和删减。

2. 科学原则。按照毒品成瘾矫治理论，遵循强制隔离戒毒客观规律，切实把握戒毒人员脱毒期、康复期、回归期的身心特点，科学设定诊断评估的内容和标准，形成有科学依据的诊断评估结论。

3. 公正原则。以法律法规和规章制度为导向，以戒毒人员客观事实和仪器设备测试结果为参考，严格遵循诊断评估工作的执法程序，纪检监察部门全程参与，确保诊断评估工作公平、公正。

4. 公开原则。坚持以公开促公平，规范诊断评估执法内容，公示诊断评估执法结论，自觉接受各级主管部门、戒毒人员及其亲属、社会各界的监督。

（四）诊断评估的组织机构及其职责

《强制隔离戒毒诊断评估办法》第5条第1款规定：“县级以上人民政府公安机关、司法行政部门、卫生计生行政部门应当在各自职责范围内对强制隔离戒毒诊断评估工作进行监督和指导。”

成立相应的诊断评估组织机构是依法、严格、公平、公正开展诊断评估工作的前提和基础。目前，在司法行政戒毒系统，强制隔离戒毒主管机关（省、自治区、直辖市戒毒管理局）设立戒毒诊断评估工作指导委员会，负责指导、监督所辖强制隔离戒毒所的诊断评估工作。各强制隔离戒毒所分别成立诊断评估委员会，下设诊断评估委员会办公室，设立诊断评估中心负责诊断评估的具体工作。

1. 诊断评估工作指导委员会。诊断评估工作指导委员会主任由各省级戒毒管理局分管执法工作的副局长担任，管理、教育、生活卫生、康复劳动、纪检等部门负责人为成员。诊断评估工作指导委员会的主要工作职责包括：

（1）负责《诊断评估实施细则》相关配套制度的制定、修改和解释；

（2）负责《诊断评估实施细则》的落实和推行；

（3）负责指导、协调、检查、监督强制隔离戒毒所的诊断评估工作；

（4）复核有异议的诊断评估结果；

（5）负责协调强制隔离戒毒决定机关和地方政府事宜；

（6）对诊断评估工作中的其他重要事项作出决定。

2. 诊断评估委员会。诊断评估委员会主任由各强制隔离戒毒所分管管理执法工作副所长担任，分管戒毒工作的其他副所长担任副主任，成员包括管理、教育、生活卫生、康复劳动、心理矫治、戒毒医疗、纪检等部门的负责人。诊断评估委员会的主要工作职责包括：

（1）制定诊断评估工作计划；

（2）负责诊断评估具体工作的组织和实施；

（3）指导、协调各职能部门配合开展诊断评估工作；

（4）处理戒毒人员对诊断评估结果的异议；

（5）管理和维护戒毒人员诊断评估系统；

（6）出具诊断评估结果，提出诊断评估结论性意见；

（7）对接强制隔离戒毒决定机关；

（8）办理诊断评估工作中的其他日常事务。

3. 诊断评估中心。强制隔离戒毒所下设诊断评估中心，主要职责是开展戒毒效果阶段性评价和全过程效果评估。从医师、心理咨询师、教师、康复训练专业指导员和大队戒毒工作人民警察中选拔专职或兼职诊断评估人员，建立诊断评估会商制度，对戒毒人员的生理脱毒、身心康复、行为表现、社会环境与适应能力等情况进行综合考核、客观评价，并出具《综合性诊断评估报告》，提出有针对性的建议。

在诊断评估实际运行过程中，强制隔离戒毒所还可以邀请政府有关部门工作人员、社会工作者以及所外的执业医师等各类专家参加诊断评估工作，确保诊断评估工作的科学、公开、公平、公正。卫生计生行政部门则对诊断评估中的生理脱毒、身心康复评估工作进行指导，必要时可以指派专业医师参与诊断评估工作。

三、任务考核

【案例】2004年6月10日，时任国务院总理温家宝同志视察某市强制戒毒所时，明确要求要以科学的态度对待吸毒人员。他们吸毒是违法的，但他们又是病人，是受害者，对他们要给予更多的关爱和帮助。要以科学的方法进行治疗，既要借鉴国外成功的经验，又要结合我国实际，研究适合我国国情、中西医结合的科学戒毒方法，帮助吸毒人员脱离“毒海”。要坚持以人为本，加强对戒毒所的管理，增加人文关怀。

问题：你认为《强制隔离戒毒诊断评估办法》在哪些方面正视了吸毒人员违法者、病人、受害者的三重身份？在哪些方面要求戒毒工作人民警察实现由“管理者”向“帮扶者”的角色转变？

学习任务19 诊断评估的内容与标准

一、学习目的

1. 掌握诊断评估的内容和标准。

2. 根据生理脱毒、身心康复、行为表现、社会环境与适应能力等方面的标准，对戒毒人员提出诊断评估结论。

二、知识要点

《强制隔离戒毒诊断评估办法》第6条规定："诊断评估内容包括生理脱毒评估、身心康复评估、行为表现评估、社会环境与适应能力评估。生理脱毒评估、身心康复评估、行为表现评估结果分为'合格'、'不合格'两类；社会环境与适应能力评估结果分为'良好'和'一般'两类。"经过戒毒治疗、教育和挽救，帮助戒毒人员以正常的身心状态回归社会，使其成为一名合格的社会成员，是戒毒工作的根本目的，也是戒毒成功的最终标志。要始终围绕这一目标设计诊断评估，制定和完善评价体系。

（一）生理脱毒评估内容与标准

对戒毒人员进行诊断评估，生理脱毒是前提和基础。首先必须保证戒毒人员身体健康，没有健康的身体就无法开展必要的康复训练。从实践来看，吸毒者生理脱毒并不难，轻者1周内即可完成生理脱毒，重者需借助药物的一般为半个月，最长不超过1个月即可完成生理戒断。

生理脱毒评估是对戒毒人员生理毒瘾戒断情况的综合评价，主要由强制隔离戒毒所医院的职业医师负责，包括生理脱毒评估的检测、观察、测试以及判断确认工作。

生理脱毒评估内容包括毒品检测、戒断药物使用、急性戒断症状、稽延性戒断症状以及精神症状或精神障碍改善五个部分。在生理脱毒评估时，戒毒人员五项评估标准均为"合格"，则生理脱毒评为"合格"，否则评估为"不合格"。

1. 毒品检测结果状况。对戒毒人员进行毒品检测分为例行检查与不定期抽查两种，一般采用尿检或发检的方式进行。除生理脱毒期外，戒毒人员历次毒品检测结果均呈阴性的为"合格"。

2. 停止使用控制或者缓解戒断症状药物状况。戒毒人员在生理脱毒期间，为减少痛苦，一般都会使用一定剂量的药物，以控制或缓解戒毒症状。在诊断评估过程中，戒毒工作人民警察和医护人员要查看戒毒人员近一个月内的就诊记录和服药登记，由强制隔离戒毒所医院的执业医师对戒毒人员是否已经停止使用戒毒药物进行客观认定。确认已停止使用控制或缓解戒断症状药物的为“合格”。

3. 急性戒断症状。强制隔离戒毒所医院的执业医师观察戒毒人员生理反应，查看其近一个月内的就诊记录，确认其是否还存在相应的戒断体征和症状，如血压升高、脉搏加快、体温升高、汗毛竖立、瞳孔扩大等体征是否得到有效缓解。此外，还要确认传统毒品成瘾者的流汗、流涕、流泪、喷嚏、震颤、腹泻、呕吐、失眠、肌肉骨骼疼痛、腹痛、食欲差、疲乏、发热畏寒、渴求药物等症状是否消除；合成毒品成瘾者的疲乏无力、精神较差、失眠、心悸、烦躁、焦虑、皮肤蚁走感、手震颤等症状是否消除。急性戒断症状完全消除的为“合格”。

4. 稽延性戒断症状。稽延性戒断症状是指脱毒治疗后，在相当长的时间内机体仍可能出现的各种躯体、精神不适症状。稽延性戒断症状除了生理方面的症状外，还有心理方面的表现，在脱毒后的 3~6 个月内不少人仍会感到不适，有时甚至较为严重。主要表现在：

（1）睡眠障碍。表现为顽固性失眠，可能整夜甚至几天几夜不能入睡，即使使用镇静催眠药也常常不能奏效。

（2）全身疲乏不适、四肢关节和肌肉疼痛。表现为周身疲乏无力、四肢关节和肌肉酸痛或隐痛不适。

（3）自主神经功能紊乱。表现为心烦不安、易激惹，过度关注身体的不适感，情感脆弱、焦虑、抑郁，腹痛腹泻、胃肠不适，忽冷忽热、自汗、鸡皮症、心慌等。

（4）性功能异常、女性月经紊乱。表现为性功能减退或增加，减退多因脱毒后情绪低落，对事情丧失兴趣，而增强多为性功能亢进的延续。

开展稽延性戒毒症状的评估时，强制隔离戒毒所医院的执业医师要重点了解戒毒人员在诊断评估前一个月内有无疼痛、失眠、焦虑等稽延性症状，查看有无相关就诊记录，确认戒毒人员是否存在明显的稽延性戒断症状。未出现明显稽延性戒断症状的为“合格”。

5. 因吸毒导致的精神障碍症状或者原有精神障碍得到控制状况。通过戒毒工作人民警察平时的观察和执业医师查看戒毒人员的就诊记录，对戒毒人员开展医学观察和测试，判断戒毒人员因吸毒而导致的明显精神障碍症状或原有精神障碍是否得到有效控制或减轻。未出现或得到有效控制的为“合格。”

精神障碍症状常见于吸食合成毒品人员，较少见于吸食传统毒品人员，其主要表现为：

（1）幻觉。其中又以幻听最为常见。吸毒人员会凭空听到一些并不存在的

声音，往往是听到有人在其耳边讲话，讲话的内容各种各样，有时是很多人在讲他的坏话，有时是一个人将他想的事情都说了出来。患者不能区分真实讲话的声音与幻觉，于是陷入惊恐迷惘中。这时患者会非常紧张，因为他会认为自己心里想的事情被别人知道而且广为传播，于是会觉得到处都不安全，到处都安装了监控器和窃听器。有的患者会和幻听进行互动，与幻听对话，甚至与幻听进行争辩互骂，在外人看来就是自言自语。一些严重的滥用者会出现幻视，也就是看到一些虚幻的事物，较常见的是看到有人对其进行追杀，患者会表现为情绪紧张、惊恐害怕、行为冲动。部分患者会出现幻嗅，如闻到饭菜有异味，空气中有毒等。

（2）妄想。妄想是指歪曲的信念、病态的推理和判断，不符合客观现实，也不符合受教育水平，但患者对此坚信不疑，无法说服，也不能以亲身体验和经历加以说服。主要包括：一是嫉妒妄想。嫉妒妄想是指患者无端怀疑其配偶对自己不忠。此种症状在临床上较难甄别，部分患者家属也对此半信半疑。其实要甄别此症状有一个要点，就是患者的怀疑对象有没有泛化，泛化是指患者往往在一开始是怀疑其配偶与某一人有不正当关系，随着病情进展，他会逐渐怀疑其配偶与多人有染，甚至是所有接触的异性或家中其他异性成员。如果有此泛化则为精神症状。一些患者家属往往对此症状羞于启齿而贻误患者病情。二是关系妄想。关系妄想是指患者认为周围一些实际与其无关的事物与他有关。比如患者看到有人在路边吐痰，就认为那人是对他吐痰；看见别人围在一起讲话，就认为别人是在一起议论他。周围的一切事物似乎都是针对他的。三是被害妄想。被害妄想在此类患者中最为常见，简单地说就是患者无端怀疑被人陷害追杀。患者会表现为紧张害怕，四处躲藏，甚至报警寻求保护；也有部分患者整日惶惶不安，怀揣利刃以求自卫，严重者可能持刀“反击”以致伤人；还有些患者保持高度警惕，整日不睡，甚至因怀疑饭菜中有毒而不吃不喝。四是异常体验。此类症状在患者中也比较常见，主要表现为被跟踪、被监视、被窃听体验。

（3）抑郁。抑郁是一种情绪低落的不愉快的心境体验，是由各种原因引起的以抑郁为主要症状的一组心境障碍或情感障碍的临床症状群。主要表现为：情绪低落、精力减退、精神压抑、兴趣丧失、快感缺乏、寡言少语、孤独悲观、行动迟缓、活动减少等。

（4）焦虑。焦虑是一种对亲人或自己生命安全、前途命运等过度担心的烦躁不安情绪，包括着急、挂念、忧愁、紧张、恐慌、不安等成分。它与危急情况和难以预测、难以应付的事件有关。吸毒成瘾戒断状况下也常出现焦虑情绪，主要表现为：心烦不安、紧张担忧、心慌心悸、呼吸短促、手足震颤、惊恐害怕、无端出汗、易激惹等。

精神障碍症状完全消除的为“合格”。

（二）身心康复评估内容与标准

吸毒严重摧残戒毒人员身体，影响其身体素质。吸毒者在吸毒成瘾后，身体消瘦，体力和智力水平下降，不能进行劳动，成为无益于社会的人。据联合国统计，毒品在全世界范围内每年至少造成10万人死亡，1000万人丧失劳动能力。

吸毒破坏人体的正常生理机能和新陈代谢并导致多种疾病，导致机体免疫力下降，使人容易患上肝炎、皮肤病等传染性疾病，特别是共用注射器、静脉注射毒品的危险行为，极易导致艾滋病的交叉感染。如果吸毒者吸毒过量还会造成突发死亡。

吸毒导致吸毒人员人格扭曲，心理失控。吸毒者毒瘾发作时，大都会不顾廉耻，丧失自尊，无法进行正常的生活、学习和工作，往往以自我为中心，不关心他人，贪图享受，好逸恶劳，爱撒谎，丧失责任感，不知羞耻，六亲不认，只认毒品和金钱。每次吸食完毕后又悔恨万分，极度压抑郁闷，悲观绝望，恐惧多疑，甚至自杀、杀人。

毒品依赖的心理机制的产生过程如下：药物的连续使用引发心理效应中的快感，一旦终止用药就会产生身心上的痛苦折磨，随即需要再度用药来终止，这实际上是起到了另一种消极的阴性强化作用。

戒毒人员心理评估在整个评估体系中非常重要，特别是在当前合成毒品滥用人群逐渐增多的严峻形势下，吸食合成毒品人员精神依赖性更强，一旦停药，在物质所致精神障碍的影响下，心理上多出现强迫、抑郁、焦虑、情感缺失、偏执等不良情绪，表现出敏感、多疑，甚至出现被害、被监视、被跟踪、被嫉妒等妄想。这种强迫症状与药物成瘾后的强迫性病理机制有关，使得戒毒人员生活兴趣减弱、行为消极、思维联想松弛、逻辑性变差，言语含混或持续言语，自发动作或刻板重复固定动作，行为选择和控制能力已远远低于正常人。

身心康复评估专业性比较强，是对戒毒人员身体机能、体能与心理健康、家庭及社会关系改善情况的综合评价。由大队戒毒工作人民警察组织，心理健康评估由心理咨询师进行，身体机能指标评估由具备相应知识的临床医师负责。内容包括身体机能、体能测试、戒毒动机和防复吸方法、心理健康状况或精神症状、家庭及社会关系等五个部分；同时配合量表，对前后的评估结果进行对照，从而保障评估过程和结果的科学性和准确性。

在身心康复诊断评估时，戒毒人员同时达到五项评估标准，身心康复评估为“合格”，否则为“不合格”。

1. 身体相关机能改善状况。强制隔离戒毒所医院的医生根据戒毒人员体格检查的项目，对戒毒人员进行体格检查，将体检结果与入所体检、定期体检的结果进行对比，确认戒毒人员身体相关机能是否改善或是否处于正常水平。有所改

善的为“合格”。

人体机能评定的常用指标包括身体形态学指标和生理学评定指标。

(1) 身体形态学指标主要有身高、体重、坐高、胸腰臀等部位相关围度及皮褶厚度等。通过测定身体的形态学指标可以了解身体的一般情况。

(2) 生理学评定指标分别评定运动、循环、呼吸和中枢神经等系统。运动系统的生理学指标主要有肌肉力量和关节伸展度等，肌力评定主要包括最大肌力、爆发力和肌肉耐力。通过测定受试者的相关关节的活动幅度，即关节的伸展度，可以评价其柔韧性。循环系统指标主要包括心血管功能方面的指标，心血管功能的指标主要有心率、心电图、心肌舒张性和动脉血压等，呼吸系统指标主要有肺活量、肺通气量等。这些指标可通过肺活量计和气体分析仪等仪器设备测得。

神经感觉系统机能指标主要有平衡机能、协调机能等。可通过反应时测定仪测试、单脚闭眼站立测试等闪光融合仪、平衡测力台、双手协调仪、一维或三维旋转仪、视深度仪及肌肉本体感觉仪等仪器测得。

2. 体能测试提高状况。根据戒毒人员的体能实际情况，稍低于国家《普通人群体育锻炼标准》制定戒毒人员体能测试的标准，一般应包括耐力、速度、柔韧、灵敏、力量和协调性等项目，由大队民警组织戒毒人员开展测试。戒毒人员体能测试应按照性别和年龄分为不同组别，将评估测试成绩与入所初期的测试成绩作比较，有明显改善或处于“合格”以上水平，即可确认戒毒人员体能有所提高。体能测试有所提高的为“合格”。

3. 心理测试状况。负责心理矫治工作的戒毒工作人民警察结合戒毒人员平时的行为表现和采用《戒毒人员多维度健康状况评定量表》《症状自评量表(SCL - 90)》《抑郁测评量表》《焦虑测评量表》《简易精神症状自陈量表》等进行心理测试的结果，确认戒毒人员是否存在严重心理问题或者精神障碍症状。无严重心理问题或精神障碍症状的为“合格”。

采用《戒毒人员健康状况评定量表》《戒毒人员复吸倾向性量表》《巴瑞特动机评定量表》以及《海洛因渴求量表》等分析戒毒人员的戒毒动机是否明确；也可利用VR虚拟现实技术，高度还原KTV、酒店、家庭等吸毒高发场景，诱发戒毒人员的毒品渴求，通过眼动追踪专利技术，同步记录戒毒人员在包含毒品、吸毒器具和普通物品的虚拟现实场景漫游过程中的眼动注视点及注视时长，再通过毒瘾评估系统即可依据眼动及生理数据，生成客观有效的毒瘾评估报告，获得戒毒人员内心更加真实的毒品渴求并进行量化评估。戒毒动机明确且信心增强的为“合格”；通过组织专项考试，测试戒毒人员在戒治期间对防复吸方法的掌握程度，考试成绩及格的为“合格”。

（三）行为表现评估内容与标准

戒毒人员行为表现评估是整个评估工作的重点和难点。在戒治过程中，戒毒人员的日常行为表现纷繁复杂，有时甚至需要仔细甄别，譬如说谎、欺骗、好逸恶劳、揶揄、个人英雄主义、违法犯罪等。在严格执法相对封闭的环境下，戒毒人员的伪善性和依从性也会导致其为表现与内心所想有较大的反差，这就需要戒毒工作人民警察一方面要注意观察戒毒人员的行为，应该是所期望和可观察的行为，同时也是在强制隔离条件下能够显现的行为。另一方面，对期望戒毒人员做出的行为进行评估，强化正面效应，使诊断评估成为检验和强化戒治效果的过程，树立正面的激励评价机制，引导戒毒人员朝着好的方向发展。

行为表现评估是对戒毒人员日常现实表现的综合评价。戒毒人员行为表现考核实行分值量化，设定奖励和惩戒细则，采取“日考核、周小结、月公示、逐月累计”的办法，按照计分的形式对戒毒人员的行为表现进行动态考核。根据戒毒人员 1 年后诊断评估和期满前诊断评估是否达到要求的最低分数，确定“合格”或“不合格”。

戒毒人员行为表现评估的内容和标准，主要包括遵规守纪、戒毒康复、教育学习、康复劳动以及坦白检举五个方面。

1. 服从管理教育，遵守所规所纪。《司法行政强制隔离戒毒所强制隔离戒毒人员行为规范》第 2 条规定：“戒毒人员行为规范是戒毒人员在所期间生活、学习、医疗康复、生产劳动时应当遵守的行为标准，是对戒毒人员进行诊断评估的重要依据。”强制隔离戒毒所在评估此项内容时，应该紧密结合戒毒人员遵规守纪和奖惩情况。

戒毒人员奖励常见的有表扬、嘉奖、评为戒治积极分子、记功等形式。戒毒人员惩戒常见的有扣分、警告、训诫、责令具结悔过等形式。

2. 接受戒毒治疗，参加康复训练。戒毒人员在强制隔离戒毒期间，应当根据自身毒瘾戒断症状和强制隔离戒毒所的医疗戒治要求，自觉接受戒毒治疗和康复训练。出现急性戒断症状、稽延性戒断症状或物质所致精神障碍症状的戒毒人员，应主动接受戒毒康复治疗。强制隔离戒毒所在评估此项内容时，应该紧密结合戒毒人员的戒毒治疗和康复训练效果。

戒毒康复训练主要包括体能康复训练以及心理康复训练。体能康复训练主要是将运动康复运用到戒治过程中，开展适合戒毒人员身体状况的训练，如广播体操、工间操、器械训练等健身项目的恢复性训练、体能训练。心理康复训练主要是对戒毒人员进行成瘾心理矫治、心理脱瘾训练、自我情绪管理、动机强化训练、家庭情感重建、人际交往训练、防复吸训练等心理辅导，帮助他们增强抵抗诱惑的意志力，塑造健康人格，增强拒毒能力，强化戒毒效果。

3. 参加各项教育矫治活动。戒毒人员在强制隔离戒毒期间必须接受的教育矫治内容主要包括入所适应教育（戒毒法律法规教育、所规队纪教育、卫生知识教育、行为养成教育）、法律常识教育、思想道德教育、心理健康教育、文化素质教育、戒毒专题教育（认知教育、需求教育、情感教育、生命教育、动机强化教育、危机应对教育、降低危害教育、健康生活方式教育）以及各项辅助教育等。强制隔离戒毒所在评估此项内容时，主要通过认知考试来检验评估教育效果。

4. 参加康复劳动。康复劳动是利用劳动的矫治功能帮助戒毒人员树立正确的劳动态度，培养良好劳动习惯，学习一定的劳动技能，锻炼克服困难的勇气和毅力。除处于生理脱毒期的人员外，戒毒人员都应该按照强制隔离戒毒所设定的康复劳动定额，积极参加康复劳动。此外，戒毒人员还应积极参加强制隔离戒毒所组织的职业技能培训，考取职业技能资格或等级证书，为回归社会就业创造条件。强制隔离戒毒所在评估此项内容时，主要考核戒毒人员的劳动态度和劳动质量。

5. 坦白、检举违法犯罪活动。坦白、检举违法犯罪活动是戒毒人员行为表现考核的一项重要内容。对坦白、检举违法犯罪活动的，强制隔离戒毒所应当对戒毒人员予以相应的奖励，并作为诊断评估加分的一项重要内容。强制隔离戒毒所在评估此项内容时，主要以查证属实的坦白、检举违法犯罪、提供重大线索为考核依据。

戒毒人员在公安机关强制隔离戒毒所或其他监管场所期间的行为表现情况，依据公安机关移交的诊断评估手册中记载的内容进行评分；戒毒人员在强制隔离戒毒期间被依法收监执行刑罚、采取强制性教育措施或者被依法拘留、逮捕的，应当依据羁押场所作出的评价进行评分。

（四）社会环境与适应能力评估内容与标准

戒毒人员出所后，若社会支持体系跟踪不到位、环境恶化、诱惑加剧，则其心理和行为特征将很容易发生恶性变化，因此，戒毒人员回归社会后的照管情况、生存状况和个人心理状态等都是决定复吸率的关键因素。因此，对戒毒人员开展诊断评估，必须将戒毒人员的家庭和社会功能纳入其中。只有充分构建起强大而完善的社会支持系统尤其是家庭支持系统，戒毒人员的戒毒动机才能最大限度地被激活，戒毒效果才能不断地得到巩固并延续下去。

社会环境与适应能力评估是对戒毒人员能否顺利回归社会，能否有效预防吸毒，能否主动接受后续照管的综合评价。社会环境与适应能力评估良好的，戒毒人员发生复吸的可能性就小，戒断操守率就高；反之，则复吸率上升，操守率降低。社会环境与适应能力评估包括社会帮教，家属或社区支持、接受监督和援助意愿、就业谋生技能、生活来源或固定住所五个部分。

社会环境与适应能力诊断评估时，戒毒人员同时满足3项以上（含3项）评估标准和要求的，社会环境与适应能力评估为“良好”，否则为“一般”。

1. 与有关部门签订社会帮教协议或者达成明确意向。当前，参与社会帮教的组织有地方政府部门、社会公益组织、社会爱心人士、爱心企业、高等院校、戒毒人员家属等。戒毒工作人民警察通过查看戒毒人员社会帮教记录或向地方政府、戒毒人员家庭函询等方式，可以了解戒毒人员社会帮教情况。

2. 家庭及社会关系改善状况。戒毒工作人民警察通过查看亲情电话、探访、探视、信件记录、与戒毒人员谈话、了解其日常行为表现等途径，综合评定戒毒人员的社会关系。有明显改善与家庭、社会关系的愿望和行动的为“合格”。

3. 家属或者所在社区配合戒毒。家属或社区是否配合强制隔离戒毒所参与后续照管，帮助和支持戒毒人员；是否配合公安机关，监督戒毒人员日常行为等。

4. 有主动接受社会监督或援助的意愿。戒毒人员对社区康复等后续戒毒措施是否有所了解，是否愿意定期反映情况或主动接受社会援助。戒毒工作人民警察通过与戒毒人员谈话，了解其真实意愿，作出客观评定。

5. 掌握一定的就业谋生技能。戒毒人员入所前是否掌握一定的就业谋生技能，入所后是否获得了劳动部门颁发的技能证书。戒毒工作人民警察根据上述情况作出客观评价。

6. 有稳定的生活来源或居所。戒毒工作人民警察通过查看档案资料、与戒毒人员谈话、与家属或原单位沟通等方式，了解戒毒人员在外有无生活来源或稳定居所，作出客观评定。

三、任务考核

【案例1】 有研究者认为：“现有的诊断评估体系，有且只有一个最终的目标——使戒毒人员戒除毒瘾。众所周知，戒毒是个循序渐进的过程，并非一蹴而就的。现有诊断评估体系的目标看似清晰，却非常笼统，缺乏实际操作意义；看似明确，却无法契合戒毒现实和产生实效。”

【案例2】 2018年6月20日，司法部戒毒管理局局长曹学军在接受新京报记者采访时透漏：通过走访调查显示，北京籍吸毒人员经强制隔离戒毒回归社会后，1年后没有复吸的人占80%，2年内没有复吸的占61%，3年之内没有复吸的占54%。

问题：请根据以上案例，谈谈自己对现有诊断评估体系目标的认识。

学习任务 20 诊断评估的类型与程序

一、学习目的

1. 了解戒毒诊断评估的类型。
2. 熟悉戒毒诊断评估的基本程序。
3. 能建立诊断评估手册。

二、知识要点

诊断评估是强制隔离戒毒工作的重要执法事项，关系到戒毒人员的权益保障和切身利益，也是检验和衡量强制隔离戒毒工作成效的重要依据，对戒毒工作具有重要的指导作用。开展诊断评估必须坚持依法依规、公平公正的基本原则，按照规定的程序步骤和科学的考核方法进行。

（一）诊断评估类型

戒毒人员的诊断评估，分为阶段性评价和综合诊断评估两种。

1. 阶段性评价。阶段性评价是诊断评估的重要组成部分，是在戒毒过程中掌握戒毒人员脱毒康复状况的依据，也是制订个案矫治计划的依据。阶段性评价又可分为入所评估与阶段评估。

戒毒人员入所当日，强制隔离戒毒所要组织入所评估，利用入所体检、心理晤谈等形式对戒毒人员进行身心康复初步检查，准确评估戒毒人员是否处于急性脱毒期。将身体尚未脱瘾的人员收治到医疗区，进行脱毒治疗；安排身体已经脱瘾的戒毒人员进入康复期收治。之后 7 日内应开展详细的入所评估，记录身体、心理、前阶段行为表现等情况，采集原始数据，作为戒毒治疗标准。

执行强制隔离戒毒 2～3 个月后，强制隔离戒毒所应当参照生理脱毒评估标准对戒毒人员生理脱毒情况进行阶段评估，以后每个戒毒阶段结束时都要进行一次阶段评估，评估结果应当作为 1 年后和期满前生理脱毒诊断评估的重要依据。

2. 综合诊断评估。综合诊断评估又分为执行强制隔离戒毒 1 年后的诊断评估（或年度综合诊断评估）和戒毒期满前的诊断评估两种情况。

执行强制隔离戒毒 1 年后对戒毒人员进行诊断评估，目的在于评价戒毒人员是否“戒毒情况良好”。对于戒毒情况良好的，可以提出提前解除强制隔离戒毒的意见。

强制隔离戒毒期满前对戒毒人员进行综合诊断评估，目的在于评价戒毒人员戒毒情况是否“达到规定标准”。如果达到规定标准，应当按期解除强制隔离戒毒；如果未达到规定标准，应当提出延长强制隔离戒毒期限的意见。

强制隔离戒毒期满前的诊断评估，应当具有一定的预判性，根据戒毒人员实际的戒毒期限，预估评估时间，及时组织评估。

各省（自治区、直辖市）戒毒管理局要根据《强制隔离戒毒诊断评估办法》，制定相应的考核细则，组织实施。

（二）建立诊断评估手册

1. 手册的内容。戒毒人员入所7天内，强制隔离戒毒所应当为戒毒人员建立《戒毒诊断评估手册》。

《戒毒诊断评估手册》是戒毒人员开展戒毒治疗的基本参照，是诊断评估工作的重要依据。其内容包括戒毒人员基本情况、吸毒的原因、种类、剂量和频率等，吸毒时的具体行为表现、戒毒人员家庭社会功能，戒毒动机和送戒形式（自愿戒毒、家庭送戒、公安机关决定等），入所后评估的生理脱毒、身心康复、行为表现、社会环境与适应能力等。

《戒毒诊断评估手册》中各项内容由各专业部门分别收集，报收治大队统一登记，建档保存，内容应当准确详实。

2. 手册的保管和流转。《戒毒诊断评估手册》由戒毒人员所在大队保管，随戒毒人员流转。在戒毒人员开展诊断评估期间，统一交所诊断评估委员会进行审核。

公安机关强制隔离戒毒所向司法行政部门强制隔离戒毒所移交戒毒人员时，应当同时移交戒毒人员诊断评估手册。司法行政部门强制隔离戒毒所接收公安机关强制隔离戒毒所移交的戒毒人员后，继续在移交的戒毒人员诊断评估手册上对其后续的戒毒情况进行记载。

公安强制隔离戒毒所向司法强制隔离戒毒所转送戒毒人员时，应同时移交以下材料：

（1）强制隔离戒毒决定书和吸毒人员动态管控情况表复印件；

（2）戒毒人员生理脱毒评估表；

（3）戒毒人员行为表现评估考核积分移交表；

（4）其他需要移送的材料。

（三）诊断评估基本程序

诊断评估是《禁毒法》《戒毒条例》规定的重要执法事项之一。开展诊断评估必须注重程序规范，过程公开。

1. 确定评估对象。按照各省（自治区、直辖市）戒毒管理局制定的《戒毒人员考核实施办法》，应提前1个月确定戒毒人员诊断评估的时间和对象，并将

参加诊断评估的戒毒人员名单公示1~3个工作日，报所诊断评估委员会办公室审核。提前确定戒毒人员评估对象，主要参照戒毒人员日常行为考核，例如，每日考核10分，每年3600分，戒毒人员达到3300分，即可纳入一年期戒毒人员评估考核对象名单。

2. 组织考试测评。所诊断评估办公室对诊断评估对象审核合格后，统一组织各职能部门、各戒毒大队，按照分工对参加诊断评估的戒毒人员进行生理脱毒、身心康复、行为表现、社会环境与适应能力的考核、考评、测试，并填写各项诊断评估表。

3. 确定初评结果。戒毒大队召开会议，对诊断评估情况进行集体讨论，结合《吸毒人员动态管控详细信息》提出初步意见，并根据要求制作花名册，与有关资料一并报所诊断评估办公室审核。

4. 评估材料初审。所诊断评估办公室对戒毒大队上报的诊断评估材料进行初审，对照名额比例，提出初审意见，并发各大队公示3个工作日，根据戒毒人员的反应进行复查复核，形成初审结果。一般戒毒人员提前解除强制隔离戒毒人数应控制在一定的比例范围内。

5. 诊断评估委员会集体评议。所诊断评估工作委员会召开会议，对诊断评估办公室的意见进行集体评议，形成诊断评估初步结论。纪检部门在诊断评估过程中应当安排专人对诊断评估工作进行全程监督。

6. 结果公示。所诊断评估办公室根据所诊断评估工作委员会出具的诊断评估结论，起草公示材料，向各大队戒毒人员公示3个工作日。戒毒人员本人或者他人向强制隔离戒毒所提出异议的，所诊断评估办公室应当给予解释或答复。对解释或者答复仍有异议的，戒毒人员可以在7日内向上级诊断评估指导委员会提出复核要求。

7. 呈报审批。诊断评估结果公示结束后，所诊断评估办公室根据诊断评估结论，提出按期、提前、延期解除强制隔离戒毒意见，报主管所领导审批，强制隔离戒毒所提出提前或延期解除强制隔离戒毒意见的，还应当在1周内按规定将有关材料报送原决定机关审批，并应当向原决定机关提交以下材料：

（1）提前解除/延长强制隔离戒毒期限意见书一式二份；

（2）强制隔离戒毒决定书的复印件；

（3）戒毒人员入所登记表的复印件；

（4）责令社区康复建议书（不需社区康复的除外）；

（5）其他需要移送的材料。

强制隔离戒毒决定机关应当自收到提前解除强制隔离戒毒或延长强制隔离戒毒期限的意见之日起7日内，作出是否批准的决定，于作出决定后7日内将决定书送达被决定人，并通知强制隔离戒毒所。对不批准提前解除或者延长强制隔离戒毒期限的，强制隔离戒毒决定机关应当作出书面说明，并在7日内通知强制隔离戒毒所。

8. 宣布执行。强制隔离戒毒所诊断评估办公室接到强制隔离戒毒原决定机关的决定书后，向戒毒人员宣布执行。戒毒人员应当在提前解除强制隔离戒毒决定书或延长强制隔离戒毒决定书上签字、捺指纹。

9. 出所衔接。强制隔离戒毒所应当在戒毒人员解除强制隔离戒毒3日前通知强制隔离戒毒决定机关，同时通知戒毒人员家属、所在单位、户籍所在地或者现居住地公安派出所将戒毒人员按期领回，并拍照留存。戒毒人员出所时无人领回的，强制隔离戒毒所应当做好出所情况记录和说明，并经戒毒人员签字确认后，允许其自行离所，同时将相关情况及时通知强制隔离戒毒决定机关，做好出所衔接和后续照管工作。

三、任务考核

【案例1】2017年10月19日，某强制隔离戒毒所一大队召开了诊断评估会议，对本月需参加诊断评估的人员进行初步评估，医院民警、教育科民警和大队心理咨询师参会。考虑到本月参加诊断评估的戒毒人员大多数是上个月从某公安强制隔离戒毒所调入的戒毒人员，诊断评估小组无法依据过往表现做出准确评估，针对这一问题，评估小组经商议决定，将该批戒毒人员携带的诊断评估手册以及《强制隔离戒毒人员月计分考核及奖惩审批表》作为此次诊断评估依据。通过查阅戒毒人员在某公安强制隔离戒毒所的评估结果和月计分情况，对戒毒人员行为表现、身心康复和社会环境适应能力进行准确诊断评估，并将诊断结果进行公示，在公示结束后将诊断评估结果上报所诊断评估办公室复审。

【案例2】2019年3月13日，某强制隔离戒毒所召开统一戒毒模式实体化运行以来首次诊断评估会议，会议由诊断评估中心主任主持。2名分管所领导及“五大中心”负责人参加会议。所法制科、纪检监察室全程监督检查了提前解除强制隔离戒毒诊断评估执法工作。会上，“五大中心”负责人分别介绍了对提请提前解除强制隔离戒毒人员进行诊断评估的方法、步骤和相关人员的得分情况。诊断评估中心主任宣读了提请提前解除强制隔离戒毒人员诊断评估结果和建议书。法制科、纪检监察负责人根据所诊断评估中心提交的2019年1、2月份符合提前解除强制隔离戒毒3个~6个月的82名戒毒人员的依据、事由、诊断评估得分，在会前深入“四区”“五大中心”进行了实地查验的情况，在会上对教育矫正成绩不达标的5名人员提出了否决意见，对案卷中反映出来的戒毒工作人民警察在戒毒人员行为表现考核中不严肃、不认真的问题提出了监督整改意见，并获

得会议支持。最终，会议通过逐人表决方式一致通过了诊断评估中心对77名戒毒人员提前3个~6个月解除强制隔离戒毒的建议，所诊断评估中心将据此向公安决定机关提交提前解除强制隔离戒毒意见书。

问题：请根据以上案例，讨论开展诊断评估应该如何做到程序规范严谨、过程公正公开。

学习任务21　诊断评估的方法与结果运用

一、学习目的

1. 能综合生理、心理、社会三个维度开展戒毒诊断评估。
2. 能准确运用戒毒诊断评估的结果。

二、知识要点

诊断评估结果是戒毒人员在强制隔离戒毒期间各项戒治指标的集中体现，是强制隔离戒毒所对戒毒人员生理脱毒、身心康复、行为表现以及社会环境与适应能力开展综合评价而得出的科学结论，直接关系到戒毒人员是否提前解除强制隔离戒毒或延长强制隔离戒毒期限。

（一）诊断评估的基本方法

诊断评估是一项复杂的系统工程，要坚持日常与定期、主观与客观、定性与定量、静态与动态相结合的考评方法，努力提高诊断评估的信度和效度。

坚持日常与定期考评相结合，就是要重视日常的资料收集和考核记载，充分利用平时考试成绩、心理测验结果、奖惩记录等资料进行评分，同时为阶段性评估和终期诊断积累资料，提供依据。

坚持主观与客观评价相结合，就是要求评估人员既充分掌握通过测验、观察、面谈而获得的资料，并以此作为鉴别和评价的依据；又要充分发挥主观能动性，利用专业知识和技能，对各种信息和资料进行分析研究，去伪存真，作出准确判断。

坚持定量与定性考评相结合，就是要求在分析和处理评估信息资料时，不仅要定量分析，努力提高评估的可靠性和精确性；而且要重视定性分析，通过对复杂信息资料去粗取精，由表及里地综合、分析、抽象和概括，使评估结论符合其心理发展规律。

坚持静态与动态相结合，就是要充分认识到戒毒人员生理和心理康复是一个渐进过程，在关注某一时刻状态的同时，更要重视其在戒毒矫治过程中的表现，用辩证和发展的眼光来分析其治疗前后的变化，对所获取的信息资料进行横向和纵向对比，评估其戒毒治疗成效，预测其回归社会后复吸的可能性。

总之，诊断评估应当做到理论与实践相结合，技术与业务相结合，逐渐成为一个成熟、规范、具有较高技术含量和可信度的戒治过程。开展诊断评估要立足于生理、心理、社会三个维度，常用的方法有：

1. 生理维度。

（1）医学检查。对戒毒人员身体机能各项指标、成瘾并发症及生理或精神类疾病进行检查。主要包括：体格检查，如体温、脉搏、血压、呼吸、营养状况，有无明显的躯体疾病和并发症等；辅助检查，如血常规、肝肾功能等常规检验，性病检测、心电图和X光等特殊检查。医学检查完毕后应及时建立个人体检档案。

（2）脱毒检查。通过尿液检测或毛发检测对戒毒人员吸毒状况进行检查，根据检测结果，并结合戒毒人员口述，可以判断戒毒人员是否已完成生理脱毒。

（3）体质测试。强制隔离戒毒所分别在戒毒人员入所1个月内、执行期满1年及出所前1个月各进行1次体质测试。此外，强制隔离戒毒所可以在执行强制隔离戒毒过程中根据工作需要随时开展体质测试。

戒毒人员体质测试可分性别进行设计项目，还可根据戒毒人员年龄、体质状况自选考核项目。常见的体质测试主要包括身体形态测试（身高、体重、体重指数）、身体机能测试（心电图、肺活量）、身体素质测试（速度、力量、柔韧、耐力、平衡）。耐力测试项目有20米往返跑、跳绳等；力量测试有握力、引体向上、俯卧撑、负重器械、仰卧起坐、立定跳远等；柔韧度测试有坐位体前屈、星形偏移平衡测试等；速度灵敏度测试有象限跳、反应时、5米三向折返跑、变速变向运动等；平衡协调测试有单脚闭眼站立等。测试应该按照不同年龄确定体质测试的评分标准。

根据体质测试结果作出身体状况评估，为戒毒人员开具训练处方，作为开展身体康复训练的依据和诊断评估的工作依据。训练处方包括基本检测数据、各单项指标评价、综合评价、运动和营养建议等内容。

2. 心理维度。

（1）心理晤谈。通过开展个别教育，有针对性地制定戒治个案，尽可能多地了解戒毒人员的基本情况、吸毒史、成长经历、家庭背景、受教育程度、社会关系、性格特征等，为诊断评估工作提供必要的条件，打下坚实的基础。

（2）行为观察。安排责任戒毒工作人民警察有计划、有目的地观察个体的

行为表现，制定项目检查表如仪表、神态、情绪、自我认可等，配合相关量表，与个体行为表现对照得出结论。

（3）心理测验。根据一定的心理学理论和知识，按照一定的组织程序或活动方式，通过一些常用的测试量表，如戒毒人员多维度健康状况评定量表、症状自评量表（SCL-90）、抑郁测评量表、焦虑测评量表、简易精神症状测评量表等，测验心理健康状况，建立个人心理健康档案。通过各类测试量表，对结果进行比较，测验其心理情况是否得到改善，并作出评判。

（4）问卷调查。设定一定的调查目的和问答内容，从戒毒工作人民警察、班组成员或戒毒人员本人处了解具体情况，得出一定的结论。

（5）认知测试。包括对毒品危害和禁毒戒毒知识（归因及信心）、戒毒动机、需求重建、生命情感、危机应对、降低危害、健康生活方式、思想道德（是非善恶观、荣辱观等）、法律法规（法律知识、守法意识、权利义务观等）、劳动择业观、文明礼貌行为规范等内容的测试。

3. 社会维度。

（1）社会功能调查。采用调查问卷、日常考核等形式，调查戒毒人员学习技能、劳动技能、环境适应能力、耐挫能力、人际交往、生活方式及自理能力。

（2）社会支持系统调查。通过探访探视、回访帮教、亲情电话、发放问卷等形式，调查戒毒人员社会支持系统是否良好，通过试卷测评，了解戒毒人员婚姻家庭状况、社区帮教能力、安置就业条件等。

（二）诊断评估的结果运用

1. 阶段性评价的结果运用。戒毒人员执行强制隔离戒毒 2~3 个月后，强制隔离戒毒所应当参照生理脱毒评估标准，对戒毒人员生理脱毒情况进行阶段性评价，评价结果应当作为 1 年后和期满前生理脱毒诊断评估的重要依据。同时，对戒毒人员的体能进行测试，同样留作 1 年后和期满前诊断评估的重要依据，也可作为能否转入下一阶段的评判依据。

在生理脱毒阶段性评价中为“不合格”的戒毒人员，不能进入下一矫治阶段，强制隔离戒毒所应当安排其留在原矫治区，有针对性地开展生理脱毒治疗，并在之后每个月进行 1 次生理脱毒评估，直至其评估结果为“合格”或者启动期满前综合诊断评估。

2. 年度综合诊断评估结果运用。

（1）提出提前解除强制隔离戒毒或延长强制隔离戒毒期限。戒毒人员一年后诊断评估时，生理脱毒评估、身心康复评估、行为表现评估均达到“合格”，社会环境与适应能力评估结果为“良好”的戒毒人员，强制隔离戒毒所可以为其提出提前解除强制隔离戒毒的意见。对行为表现评估为“不合格”的，强制隔离戒毒所可以提出延长强制隔离戒毒期限的意见。

（2）从严控制提前解除强制隔离戒毒期限的情形。戒毒人员一年后诊断评估时，强制隔离戒毒所应当查阅全国公安机关联网录入的《吸毒人员动态管控详细信息》，对被2次以上强制隔离戒毒、具有严重违法犯罪前科、具有精神药物致幻情形的戒毒人员，应当从严控制提前解除强制隔离戒毒的期限。

（3）不得提出提前解除强制隔离戒毒意见的情形。戒毒人员满1年诊断评估时，强制隔离戒毒所应当认真核查戒毒人员有关重要信息。《强制隔离戒毒诊断评估办法》第13条规定，对具有下列情形之一的戒毒人员，不得提出提前解除强制隔离戒毒的意见：

第一，拒不交代真实身份和住址的；

第二，脱逃被追回或者有自伤自残行为的；

第三，所外就医、探视、请假外出等期间或者回所时毒品检测结果呈阳性或者拒绝接受毒品检测的；

第四，被责令接受社区康复的人员拒绝接受社区康复或者严重违反社区康复协议，因再次吸食、注射毒品被决定强制隔离戒毒的；

第五，其他不宜提前解除强制隔离戒毒的。

（4）撤销提前解除强制隔离戒毒意见的情形。强制隔离戒毒所提出提前解除强制隔离戒毒的意见后，戒毒人员有脱逃、自伤自残或者殴打其他戒毒人员等严重违反所规队纪行为的，强制隔离戒毒所应当撤回提前解除强制隔离戒毒的意见。强制隔离戒毒决定机关已经批准的，强制隔离戒毒所应当建议强制隔离戒毒机关撤销该决定。

3. 期满前综合诊断评估结果运用。强制隔离戒毒期满前，强制隔离戒毒所应当对戒毒人员进行综合诊断评估。

（1）按期解除强制隔离戒毒的情形。对生理脱毒、身心康复、行为表现、社会环境与适应能力等项目的评估结果均达到“合格”的戒毒人员，强制隔离戒毒所应当按期解除强制隔离戒毒。

（2）提出延长强制隔离戒毒期限意见的情形。对生理脱毒、身心康复评估结果中有一项以上为“不合格”的，强制隔离戒毒所可以提出延长强制隔离戒毒期限3个~6个月的意见；对行为表现评估未达到“合格”的，强制隔离戒毒所根据其情况，可以提出延长强制隔离戒毒期限的意见。延长戒毒期限累计不得超过12个月。

（3）提出责令社区康复建议的情形。强制隔离戒毒所对即将解除强制隔离戒毒的人员，根据其综合诊断评估情况，可以向原决定机关提出责令社区康复的建议。对社会环境与适应能力评估结果为“一般”的，强制隔离戒毒所应当对其提出责令社区康复的建议。为鼓励戒毒人员到戒毒康复场所进行康复体验，同时减轻强制隔离戒毒所安全管理压力，即将解除强制隔离戒毒的戒毒人员可与戒毒康复场所签订协议，经诊断评估后，由强制隔离戒毒所建议强制隔离戒毒决定机关提前解除其强制隔离戒毒措施，批准其转至戒毒康复场所进行体验和康复。

4. 两种特殊情形下的诊断评估：

（1）戒毒人员在强制隔离戒毒期间，有违法犯罪或者特别重大违规违纪行为的，行为表现直接评估为“不合格”。

（2）戒毒人员在强制隔离戒毒期间被依法收监执行刑罚、采取强制性教育措施或者被依法拘留、逮捕执行完毕后，因强制隔离戒毒尚未期满需由强制隔离戒毒所继续执行强制隔离戒毒的，上述期间的行为表现由相应的羁押场所做出评估，并随戒毒人员移交强制隔离戒毒所。

三、任务考核

【案例】 2018 年 5 月，某强制隔离戒毒所分别对戒毒人员李某和王某启动年度综合诊断评估和出所前综合诊断评估。其中李某生理脱毒评估为“合格”，身心康复评估为“不合格”，行为考核评估为“不合格”，社会环境与适应能力评估结果为“良好”；王某 2 年来戒毒状况的综合评定为生理脱毒评估“合格”、身心康复评估“合格”、行为考核评估“合格”、社会环境与适应能力评估“一般”。

问题：请根据以上案例，讨论应该如何对李某和王某准确运用诊断评估结果。

学习任务 22　诊断评估的发展与完善

一、学习目的

1. 理性认识现行的诊断评估体系存在的不足之处及其影响。

2. 对戒毒诊断评估的评估项目、工作程序、监督保障体系等内容形成完善的观点。

二、知识要点

诊断评估是戒毒工作的一大创举，但在落实的过程中，由于各地毒情形势、戒毒人员管理方式不同等原因，诊断评估的具体操作也千差万别。《强制隔离戒毒诊断评估办法》印发后，全国并没有出台统一的实施细则，也导致各省对诊断评估的理解和执行也不尽相同。诊断评估既是一项戒毒工作程序，同时也是戒毒工作中合法、有效的管理手段，必须明确评估项目、严密工作程序，建立有效的监督保障体系，确保诊断评估公平、公正，符合戒毒工作实际，真实反映戒毒人员的戒毒康复状况。

（一）现行诊断评估体系存在的问题

1. 理念陈旧问题。现行的诊断评估体系评估理念相对落后，从某种意义上来说，仅将其设计成了一个为提前或延期解除强制隔离戒毒提供参考依据的简要执法工具，而未能体现科学、综合、量化评估的理念。事实上，开展戒毒诊断评估的目的包括四个方面：一是诊断戒毒人员存在的身心行为问题，为戒毒康复矫治提供帮助；二是评估戒毒康复实际效果，为评价整体戒毒工作和个体康复效果提供支持；三是将诊断评估结果应用于强制隔离戒毒执法过程，为提前或延期解除强制隔离戒毒提供依据；四是作为戒毒综合矫治的工作引导，客观反馈戒毒矫治方法的效果，为完善戒毒矫治方法提供借鉴。由此看来，戒毒诊断评估工作理念应向全面、综合、科学、客观转变，突破仅仅将其作为一个执法辅助工具的局限，将其作为发现身心行为问题、引导戒毒矫治方向、评价戒毒工作优劣、评估戒毒康复效果、完善戒毒矫治方法的综合性措施。

2. 执行机关问题。《禁毒法》实施前，强制戒毒由公安机关执行；批准劳动教养的，则由司法行政部门的劳动教养机关执行。《禁毒法》出台后，强制隔离戒毒由公安与司法分阶段执行，在全国各地出现了不同的情况。一类是公安机关主管；一类是公安和司法分立，双方“都管”，此类情况在全国占的比重较大；还有一类是由于公安机关强制隔离戒毒所的基础设施不符合标准，外加无经费保障，基本处于停收状态，导致了司法“独管”的局面。各地执行机关的不统一，在很大程度上造成了诊断评估管理的不一致。

3. 决定审批机关问题。按照《禁毒法》规定，不管是提前解除强制隔离戒毒还是延长强制隔离戒毒期限，都必须经过强制隔离戒毒决定机关批准。这规定引发了现实操作中的诸多不良影响：一是规定对多次戒毒的人员不予评估，这大大打击了多次戒毒人员的积极性，不利于强制隔离戒毒所的康复矫治；二是同批、次同地域参加戒毒的人员在同批评估中可能批准标准不同，造成戒毒人员情绪波动大，对强制隔离戒毒所安全稳定不利；三是执行机关在解释诊断评估出现的问题时，缺少有效的法律法规依据。

4. 诊断标准不一问题。《禁毒法》规定，强制隔离戒毒 1 年后，应对戒毒人员进行诊断评估，决定是否提前解除或延期解除强制隔离戒毒。尽管国家相关部

门出台了诊断评估办法，但至今仍没有制定详细的诊断评估操作细则，导致各地在实践中测试操作不同、评估标准不一，存在较大的争议和差异，客观上既不公平、也不严肃。还会引发戒毒人员相互攀比猜忌，引发心理不平衡和矛盾，影响戒毒人员情绪和戒毒场所安全稳定。

5. 评估内容方法问题。现行诊断评估体系包括生理、心理、行为、家庭和社会功能等诸多内容。其中，生理戒毒状况、就业能力和文化素质可以通过体检测验、考试考核、资质认证来确定；而认知教育、心理健康程度、戒毒动机、家庭和社会功能、社会责任感等则比较抽象，受被评估者主观因素的影响较大，很难确定其真实水平。评估标准的抽象性使戒毒工作人民警察难以把握评估标准，加之评估考核的业务能力水平、对戒毒人员的了解程度和对评估标准的理解把握存在差异性，容易导致诊断评估出现失误和偏差。比如就毒品认知而言，多数戒毒人员唯恐诊断评估分数低而无法提前解除，除了少数人员会承认自己戒毒信心不够或出现对抗管理教育外，多数人都存在伪装情况，很难界定日常表现好的戒毒人员是否真能与毒品决裂。即使在戒治过程中对毒品认识深刻，各方面表现较好的戒毒人员，也很有可能因突如其来的变故而对未来失去信心，导致戒毒动机丧失。因此，诊断评估的内容和方法有待进一步完善、改进。

6. 评估科学量化问题。现行诊断评估方法基本属于抽象定性方法，诊断评估方法多偏于粗放主观判断，缺乏精准量化科学的方法，得到的诊断评估结果大多是主观大体判断，很难得出不同层次、不同程度的诊断评估结果，难以做到客观、准确、量化评估戒毒工作和矫治效果，难以发挥发现身心问题、引导戒毒矫治方向、评价戒毒工作优劣、评估戒毒康复效果、完善戒毒矫治方法的综合评估作用，应当在今后的探索中，不断改进、充实、完善。

（二）诊断评估的完善

1. 完善诊断评估法律制度。《禁毒法》出台以来，有关的试点工作已经成型，下一步要尽快从有利于调配资源、形成合力的角度出发，把强制隔离戒毒工作执行机关统一起来，优化组织，突出《禁毒法》的严肃性，保证《禁毒法》的有效落实。当前决定机关对戒毒人员情况不熟悉，导致执行机关出现管理难题，不利于戒毒工作的健康发展，因此需要重新确定诊断评估决定机关。

2. 转变诊断评估理念。转变现行诊断评估体系较陈旧的理念，突破仅仅将其作为一个执法辅助工具的局限，确立全面、综合、科学、客观的戒毒诊断评估工作理念，将其作为发现身心问题、引导戒毒矫治方向、评价戒毒工作优劣、评估戒毒康复效果、完善戒毒矫治方法的综合性措施，并以新型诊断评估系统作为整体戒毒工作的引导，促进戒毒工作全面创新发展。

3. 建立科学诊断评估体系。科学设置考核评估内容，运用合理的评估方式，使诊断评估工作有的放矢，评估结果更准确地反映戒毒人员的戒治实际。在具体操作中，既要看戒毒人员的一贯性表现，又要看突发性的异常行为；既要看当前对毒品的抵制能力，又要预测其回归社会后的应对能力。唯有如此，才能真实、客观、公正地评估戒毒人员的戒治效果。要积极探索建立戒毒人员自我评估、班组评估、戒毒工作人民警察评估、社会评估“四位一体”的诊断评估体系。按照既定的评估内容、评估标准和评估方法，努力追求评估激励、矫正拓展的效果，建立纵横交错、相辅相成的评估体系。

4. 创新构建量化评估方法。大胆突破现行诊断评估方法抽象定性的局限，切实解决现行诊断评方法估粗放、主观、不精准的问题，创新构建“生理脱毒、身心康复、行为表现、社会环境与适应能力评估”四位一体、多维度、多层次的量化诊断评估方法，加快戒毒诊断评估工作的综合、客观、精准、量化进程，提高戒毒诊断评估的科学化水平。

5. 加快诊断评估信息化步伐。当前，人工智能发展十分迅速，运用信息化技术开展诊断评估已成为推进诊断评估科学化的必然选择，具有以下重要作用：一是更加规范，有利于形成统一的评估标准；二是更加科学，在开展常规人工测试的同时，可以适当引入仪器设备进行准确测试，对生理、心理特征进行量化客观测试，增强说服力，克服戒毒人员的功利性和掩饰性，有利于提高诊断评估的客观可信度。

6. 选用信度效度更高量表。心理评估是戒毒诊断评估的重要内容和方法，其标准化程度会带来很大影响。当前，强制隔离戒毒所对戒毒人员进行心理评估时主要采用 SCL-90 症状自评量表、SDS 抑郁自测量表、SAS 焦虑自评量表、I6PF 人格量表等量表。这些心理健康量表不是专门针对戒毒人员心理健康方面的测试量表，所以还需要进行系统研究，要注重从戒毒人员的意识、行为、操守等多维度考察评估，开发专用于戒毒人员的多维度健康状况评定量表，以便更加直观、准确地反映戒毒人员的真实心理状态。

7. 推进诊断评估工作社会化。戒毒人员回归社会后的复吸率是衡量戒毒工作成效的重要参照指标。因此要建立所内、所外评估对接机制，实现戒治效果的延伸。戒毒人员回归社会后，强制隔离戒毒所应根据其在所期间的诊断评估情况，形成综合性的诊断评估手册，在戒毒人员解除强制隔离戒毒时一并转交当地公安机关，由公安机关继续进行所外评估和针对性教育，这样更有利于公安机关采取有效措施防范其出现复吸。同时强制隔离戒毒所可以根据所外评估信息对诊断评估进行有效验证，并及时调整矫治和评估方法，实现戒毒人员戒治成果的社会化延伸。

三、任务考核

【案例1】2016年11月21日，谭某因吸食冰毒，被公安机关决定执行强制隔离戒毒2年，并转入某强制隔离戒毒所。2018年9月，谭某经强制隔离戒毒所诊断评估委员会决定提前解除强制隔离戒毒，并报强制隔离戒毒决定机关批准。决定机关在审查谭某诊断评估材料时，以谭某系多次强制隔离戒毒人员为由，不批准谭某提前解除强制隔离戒毒，导致谭某在执行剩余的强制隔离戒毒期限时抗管抗教。

【案例2】美国著名心理学家斯金纳提出的正强化优先观点，在现实管理中得到了广泛应用。所谓正强化优先，即强调管理中必须坚持以正激励为主、负激励为辅的原则。管理的根本目的是促进人们做正事，而不是仅仅防范人们做错事，激励的基本任务是调动成员的积极性。正强化往往会给人带来愉悦和满足，消除不快和厌恶，因而被乐于接受；而负强化中的惩罚性虽然在抑制不良行为方面具有立竿见影的效果，但是往往伴随着很大的代价，因为惩罚会降低团体的工作效率和满意感，会导致规避甚至报复，还可能引起人们的恐惧、焦虑和其他不良情绪反应，这种状况的长期存在可能会干扰人们的正常行为。因此，斯金纳认为，在进行强化时应尽量运用除惩罚以外的其他强化方式。

有研究者认为，可以将斯金纳的强化理论应用于戒毒管理。一是适当增大奖励面而控制减期幅度，尽可能少地适用延长戒毒期限等惩罚手段；二是建议对于提前2个月以下的奖励，由原决定机关委托强制隔离戒毒所行使审批权，这样不仅可以树立戒毒所在戒毒人员心目中的权威，而且可以缩短审批流转周期，方便操作，便于执行。

问题：请根据以上案例，讨论现行的诊断评估体系还存在哪些不足，应该从哪些方面进行完善？

项目小结

戒毒诊断评估涉及戒毒人员的切身利益，贯穿戒毒执法的所有环节，对调动戒毒人员积极性、维护强制隔离戒毒所安全稳定具有重大作用和意义。

《强制隔离戒毒诊断评估办法》对诊断评估工作进行了全面规范，对戒毒诊断评估的内容与标准作出了规定。诊断评估的内容包括生理脱毒评估、身心康复评估、社会环境与适应能力评估及行为表现评估。其中，生理脱毒评估、身心康复评估、社会环境与适应能力评估为肯定或否定指标，采取定性考核与定量考核相结合的办法；行为表现评估采用计分考核的办法。

《强制隔离戒毒诊断评估办法》规定诊断评估分为阶段性评价和综合性诊断评估，阶段性评价包括入所评估和阶段评估，综合性诊断评估包括 1 年后诊断评估和期满前诊断评估。

戒毒人员执行强制隔离戒毒 3 个月后，强制隔离戒毒所应当参照生理脱毒评估标准，对戒毒人员生理脱毒情况进行阶段性评价，评价结果应当作为 1 年后和期满前生理脱毒诊断评估的重要依据。

戒毒满 1 年诊断评估时，对生理脱毒评估、身心康复评估、行为表现评估均达到“合格”，社会环境与适应能力评估结果为“良好”的，强制隔离戒毒所可以提出提前解除强制隔离戒毒的意见。对行为表现评估为“不合格”的，强制隔离戒毒所可以提出延长强制隔离戒毒期限的意见。

戒毒人员经期满前诊断评估，对生理脱毒、身心康复、行为表现、社会环境与适应能力等评估结果均达到“合格”的戒毒人员，强制隔离戒毒所应当按期解除强制隔离戒毒。对生理脱毒、身心康复评估结果中有一项以上为“不合格”的，强制隔离戒毒所可以提出延长强制隔离戒毒期限 3~6 个月的意见；对行为表现评估未达到“合格”的，强制隔离戒毒所根据其情况，可以提出延长强制隔离戒毒期限的意见。延长戒毒期限累计不得超过 12 个月。对社会环境与适应能力评估结果为“一般”的，强制隔离戒毒所应当对其提出责令社区康复的建议。

现行的戒毒诊断评估体系还有一些亟待完善的方面。

拓展思考

1. 在当前安全形势下，如何分配行为表现和身心康复在戒毒人员诊断评估中的分值更加科学合理，如何才能建立更加有效的考核评估体系？

2. 诊断评估的评估执行在强制隔离戒毒所，而审批决定权在公安机关，你如何看待这一规定？

3. 引进第三方进行诊断评估无疑是一种好的经验做法，你觉得应该如何进行具体操作？

实训项目4 对戒毒人员进行诊断评估

一、训练目标

使学生能进行戒毒人员诊断评估手册的制作、归档，并能把诊断评估结果运用到戒毒执法过程中。

二、训练要求

1. 明确训练目的。
2. 明确训练的具体内容。
3. 熟悉训练素材。
4. 按步骤、方法和要求进行训练。

三、训练条件和素材

（一）训练条件

具备校内模拟强制隔离戒毒所及配套基本器材、设施、设备，以及戒毒人员相关资料等。

（二）训练素材

戒毒人员刘某，系第一次强制隔离戒毒，戒毒期限为2017年6月1日~2019年6月1日。刘某于2017年6月1日入所并进行入所诊断，接受了安检、体格检查等。在入所3个月后，将由戒毒医疗中心对其进行生理脱毒阶段性评价；执行强制隔离戒毒1年后，大队和“四大中心”对刘某进行1年后综合诊断评估，评估数据由诊断评估中心进行审核，包括对生理脱毒、身心康复、行为表现和社会环境与适应四项内容的评价；执行强制隔离戒毒1年后，行为表现考核总分距离“合格”标准较接近时，或强制隔离戒毒期限接近期满时，大队和“四大中心”对其进行期满前综合诊断评估，评估内容同上。

强制隔离戒毒诊断评估结果将是对刘某按期解除强制隔离戒毒、提出提前解除强制隔离戒毒或者延长强制隔离戒毒期限、责令社区康复建议的直接依据。

四、训练方法和步骤

在指导教师指导下，学生以分组模拟各角色（诊断评估中心工作人员、大队民警）合作的形式在训练室进行训练，具体方法和步骤如下：

1. 准备素材，确定训练方式，学员复习诊断评估理论知识，做好包括模拟诊断评估的情景强制隔离戒毒所及配套基本器材、设施、设备准备工作。

2. 实训指导教师介绍训练内容和要求，发放提前准备的案例素材。

3. 学生阅读素材，掌握戒毒人员刘某的相关事实和材料，在指导教师的指导下形成情景模拟方案。

4. 完成诊断评估手册的制作、归档，并能把诊断评估结果运用到戒毒执法过程当中。对素材案例中没能提供的条件，由学生酌情进行合理设计和补充。

五、训练评估

1. 学生总结训练成果，写出训练心得体会。

2. 指导教师进行讲评，并评定训练成绩。

拓展阅读

学习项目五　强制隔离戒毒所安全管理

学习目标

1. 认知目标：了解影响强制隔离戒毒安全管理的基本法规、存在的风险，掌握强制隔离戒毒所警戒护卫、生产习艺、生活卫生和教育矫治等常规执法管理内容。重点掌握警戒护卫、重点人员、重点时段、重点部位的防控要求以及突发事件应急处置程序和方法。

2. 技能目标：能依照正确的方法和程序进行戒毒人员安全检查，具备保障强制隔离戒毒所安全防控等常规管理的能力；掌握强制隔离戒毒所突发事件的应急处置程序和方法。

3. 素质目标：树立安全至上、团结协作的戒毒工作意识。

重点提示

本学习项目的重点是安全隐患排查方法，违禁品、重点人员、重点部位、重点时段、重点环节的防控和突发事件的应急处置。强制隔离戒毒安全管理是直接关系安全稳定的重要环节，在学习过程中，必须结合实践操作多分析讨论、多练习实践，才能掌握强制隔离戒毒安全管理方法，为提升戒毒矫治技能打好基础。

【项目介绍】

强制隔离戒毒安全管理是指为确保强制隔离戒毒所安全稳定、戒毒人员人身安全而实施的日常管理活动，主要包括警戒设施、所政、生活卫生、医疗、生产劳动等方面的安全管理。强制隔离戒毒安全管理除具备一般管理的基本特点外，还具有强制性、法律性、复杂性等显著特点。新形势下，强制隔离戒毒所必须以问题为导向，客观分析强制隔离戒毒所安全管理的难点，不断推进安全管理规范化、系统化建设，努力构建安全稳定长效机制。

学习任务23　强制隔离戒毒所安全隐患排查

一、学习目的

1. 了解安全隐患排查的重要性。
2. 认知影响安全管理的主要风险。
3. 掌握排查安全隐患的方法和内容。

二、知识要点

《司法行政机关强制隔离戒毒工作规定》第18条第1款规定："强制隔离戒毒所应当建立安全管理制度，进行安全检查，及时发现和消除安全隐患。"

尽管强制隔离戒毒具有较强的强制性，但这种强制隔离在本质上是保护性的，目的是让戒毒人员在一个相对封闭、与社会相对隔离的无毒环境下戒除毒瘾。因此，安全、稳定的秩序是实施强制隔离戒毒的前提条件，也是戒毒执法工作永恒的主题。强制隔离戒毒所通过有效管理来实现稳定安全，主要通过防控戒毒场所内部安全稳定隐患、防范戒毒人员逃离强制隔离戒毒所、防止毒品流入和所内违法犯罪来达到目标，这必然要求建立和完善安全防范制度。只有认真分析影响强制隔离戒毒所安全稳定的各种因素，才能在实践中有针对性地开展防范工作，做到科学应对，从源头上营造和谐稳定的戒治氛围，做到标本兼治、内外兼修、多措并举、共保安全。

（一）影响强制隔离戒毒所安全的主要风险

1. 人的因素。人的因素主要包括戒毒工作人民警察和戒毒人员两个方面。

（1）戒毒工作人民警察作为管理的主体，其自身素质的高低决定着强制隔离戒毒所安全稳定秩序的优劣，决定着戒毒矫治水平的高低。戒毒工作人民警察的素质包括思想素质、业务素质、身体素质、心理素质等方面。戒毒工作人民警察的思想素质是强制隔离戒毒所安全工作的基础和责任心的源泉，业务素质是安全的保证，身体素质和心理素质则是安全工作的必备条件。

第一，思想素质。思想素质是戒毒工作人民警察政治觉悟、世界观、人生观、价值观和职业道德的综合体现。戒毒工作人民警察思想素质高，责任意识就强，在工作中就会高度警惕，认真负责，就能及时发现影响安全的各种隐患。要加强戒毒工作人民警察法律教育，强化执法培训，严格执法监督，养成良好的执法行为习惯。

第二，业务素质。业务素质是戒毒工作人民警察依法履行职责，完成工作任

务的本领，具体表现为执法水平和能力。戒毒工作人民警察的业务素质高，就能正确履行职责，依法落实各项管理制度，采用灵活多样的管理方法，使戒毒人员接受并服从管理，并通过戒毒人员日常行为习惯和思想变化，及时进行心理干预和教育，有效处理复杂棘手的问题，防止影响强制隔离戒毒所安全事件的发生。

第三，身体素质。日常的安全巡查和夜间值班、对戒毒人员的管理以及处理突发事件等都要求戒毒工作人民警察有良好的身体素质，身体素质不好，难以承担基层一线高压的工作强度，从而直接影响对戒毒人员的管理和教育矫治。

第四，心理素质。心理素质包括认知素质、情感素质、意志品质、人格品质等。戒毒工作人民警察长期超负荷运转，心理素质强的戒毒工作人民警察能通过各种方式调节自己的情绪和状态，使自己保持正确的自我意识和稳定、乐观的情绪，以积极的态度投入到工作中去。

高素质的戒毒工作人民警察队伍是强制隔离戒毒所安全稳定的有力保障，是做好各项工作的基础。尤其是在当前物防、技防手段日益完善的现实条件下，更需要全面提升戒毒工作人民警察素质，把政治坚定、业务精通、忠于职守、廉洁奉公、执法严明的戒毒工作人民警察充实到执法岗位上来，增强应对能力，提高戒毒矫治水平，降低复吸率，为强制隔离戒毒所的安全稳定提供强有力的警力保障。

（2）戒毒人员是影响强制隔离戒毒所安全的诸多因素中最活跃和最难以把握的因素，主要包括戒毒人员的身体健康状况、思想、性格、家庭社会关系等内容。

第一，身体健康状况。年龄大、患病的戒毒人员会提高所内突发死亡的概率；另外，患有艾滋病、肝炎等传染性疾病的高危人员，可能会在所内造成大面积传播等严重安全事件。

第二，思想和性格。个别戒毒人员思想顽固不化、敌视政府、仇视社会、不遵守所规所纪、抗拒教育矫治，随时都有可能制造事端；性格暴躁的戒毒人员经常违规违纪，可能因为小事而情绪波动，产生攻击行为，从而酿成安全事件；性格孤僻的戒毒人员，平时违规较少，而一旦酿成事件，往往就是报复、行凶、自杀、脱逃等重大安全事件。对于上述原因，戒毒工作人民警察要在戒毒人员危险隐患排查中重点关注，以确保戒毒所安全。

第三，家庭和社会关系。戒毒人员而言大多社会意识淡漠，在家庭中原有的角色和地位发生了蜕变，丧失了对家庭的责任感。戒毒人员如果与家庭成员关系紧张，矛盾严重，也会影响戒治效果。家人的关怀和帮助能给他们提供最强有力的支持，能强化其戒毒动机；另一方面，戒毒人员在所内保持良好的人际关系，有利于其缓解压力，积极戒毒，顺利回归社会。

2. 物的因素。物的因素是指强制隔离戒毒所的软硬件建设，它对强制隔离戒毒所安全的影响和改善是见效最快的。强制隔离戒毒所是一个相对封闭的场所，单调封闭的生活和简单重复的劳动，会使戒毒人员产生压抑感甚至出现一些心理疾病，从而诱发违规违纪甚至是犯罪事件，对强制隔离戒毒所安全稳定构成威胁；且有的劳动项目危险性较高，有的使用工具繁杂，有的物流频繁，有的技术性和合作性强，这些对强制隔离戒毒所安全的影响也是显而易见的。因此，应注重改善强制隔离戒毒所的环境条件，创造一个适合戒毒人员的良好环境。近年来，戒毒人员的生活条件和劳动条件有了非常大的改善，戒毒人员生活区的绿化和文化建设日益完善，戒毒人员习艺劳动车间加装了大功率空调和换气扇，这些条件为戒毒人员参加习艺劳动提供了良好的后勤保障。

随着强制隔离戒毒所软硬件建设的加强与改善，其安全防范由传统的以“人防”为主，转变为“人防”与“物防”“技防”“联防”相结合。其中物防是基础，包括生理脱毒区、教育适应区、康复巩固区、回归指导区、戒毒医疗中心、教育矫正中心、心理矫治中心、康复训练中心和诊断评估中心重点部位的安防设施，重点部位警戒带、安全防护屏障、民警单警装备等；技防是依托，主要包括安全系统的安全防指挥中心、覆盖戒毒人员活动区域的视频监控、民警值班室、习艺办公室等重点岗位触发式报警系统、民警个人终端内部手机和无线对讲机等科学技术的应用，将使“技防”的地位越来越突出，作用越来越大。

3. 制度机制的因素。强制隔离戒毒所承担着教育挽救戒毒人员、预防和减少犯罪、维护社会稳定的重要职责。确保强制隔离戒毒所安全，是强制隔离戒毒机关充分履行职能的基础和保证。由于制度的缺乏或其本身存在缺陷，也会影响戒毒工作人民警察执行力建设和强制隔离戒毒所安全稳定长效机制建设。制度的不完善，主要体现在有的内容规定不全面，细节规定不具体，存在疏漏和空白；有的规范性文件操作性不强，对于规范的内容表述不清，不符合实际需求；有些法律较为笼统，配套法规迟迟未出台，或一些事项并无明确的法律法规予以规范。在此基础之上，强制隔离戒毒所必须进一步落实安全稳定制度，严格执行探视、通信、门卫、安全检查、巡逻、单独管理等各项管理制度；健全强制隔离戒毒所执法工作规范体系和运行机制，尊重戒毒人员人格，健全强制隔离戒毒所生活卫生管理制度、工作规范以及戒毒人员评估诊断管理办法及实施细则。

4. 环境氛围的因素。戒毒人员在封闭的环境中，活动空间有限，而良好有序的生活和学习环境能规范并强化个人行为，所以强制隔离戒毒所要积极营造有利于戒毒人员矫治的场所文化环境，譬如栽种各种绿植，以减轻戒毒人员的心理压力，缓解紧张情绪；营造积极向上的文化氛围，拓展文化教育与氛围熏陶的范畴，譬如充实阅览室藏书，积极开展法制宣传，邀请戒毒成功人员深入社会、戒

毒场所现身说法；通过开设传统道德文化教育课程，向戒毒人员传输积极向上的理念，开展各类文化活动，丰富强制隔离戒毒人员生活；完善基础设施建设，改善生活卫生和生产劳动条件，不断强化戒毒人员的安全意识和自我保护能力，促进安全行为习惯的养成，为矫治活动营造浓厚的文化氛围。

（二）管理安全隐患排查的内容与方法

1. 危险人员排查。

（1）危险人员类型。危险人员主要包括：①有逃跑、自杀、行凶、闹事等危险倾向的；②长期不服从管理、拒绝接受戒治的；③以自伤、自残、绝食为手段，抗拒教育戒治，经教育不改的；④与他人发生矛盾情绪不稳，经教育效果不佳，或重大违纪待处理，正在被采取单独管理措施的；⑤存在严重心理问题，有危险行为暴力倾向的；⑥患有精神病或精神活性物质所致精神障碍，情绪行为失控的；⑦患有艾滋病等严重疾病，丧失生活信心，破罐子破摔的；⑧家庭矛盾严重、无人探访或遭遇重大家庭变故，情绪反常或丧失生活信心的；⑨负案的，或经公安机关提审后行为反常的；⑩身份不明，拒不提供真实姓名、住址及家庭情况的；⑪其他应重点排查的危险人员。

（2）危险人员排查。戒毒工作人民警察在日常管教矫治中，应注意排查戒毒人员中的危险人员，通常可通过入所询问、日常观察、个别谈话、纠纷处置、疾病诊疗、心理测试、家庭情况调查、思想动态分析等方法和途径，仔细排查危险人员。

（3）思想动态分析。戒毒人员思想动态分析，是戒毒工作人民警察收集情况、互通信息，交流看法，开展戒毒人员思想状况分析，整理汇总危险人员思想动态信息，为下一步采取有效防控措施打下基础的管教防控工作方法。

思想动态分析的具体内容包括：对危险人员隐蔽性思想问题进行细致深入的分析；对戒毒人员异常心理情绪进行分析，对危险人员的行为特征及风险程度进行分析等。思想动态分析的要求主要有：首先，情况来源要准。戒毒工作人民警察在日常管理中，要多注意观察危险人员的言行，或从其他戒毒人员那里对危险人员进行侧面了解，还可以通过对危险人员进行个别谈话教育得到真实信息。其次，分析判断要准。收集基本信息之后，戒毒工作人民警察要将所有掌握的信息去伪存真。最后，防控措施要准。危险人员所表现出来的思想倾向问题，有的应立即采取强制性措施进行防控，有的则应采用教育和个别谈话等措施予以解决。

思想动态分析必须要有书面分析记录和完整规范的会议记录，大队领导要对会议作小结，进一步明确工作任务和责任。

2. 群体异常动态排查。大部分戒毒人员能遵守所规队纪，思想比较稳定，但有时候也会因主、客观原因存在一些存在思想情绪不稳的人员，可能诱发戒毒人员集体骚乱、集体绝食、群体斗殴、行凶伤人、与戒毒工作人民警察发生严重冲突等重大安全事件以及不明原因群体性的疾病、群体食物中毒等事件。从本质上讲，这些突发事件的发生是某些危险因素长期存在并相互作用的结果，从隐患到爆发一般需要激发因素，其中一个主要因素就是各种人为因素。因此，要加强对群体异常动态的排查，戒毒工作人民警察要高度警惕和积极应对群体性事件，认真采用以下方法积极进行群体异常动态排查：

（1）现场排查。加强生活、学习、矫治、劳动四大现场直接管理过程的群体性隐患排查，在直接管理中注意观察戒毒人员的情绪状况、行为动态，及时了解客观存在的纠纷矛盾，尤其要充分了解对待纠纷矛盾处理的群体态度，预判可能发生的群体异常动态，以便快速应对和处置已经发生的群体异常事件。

（2）所情研判。要结合实际工作情况，启动所情四级研判：局级月研判、所级周研判、科室专项研判、大队日研判（每日交接班记录和信息互通）。坚持认真梳理问题，对异常动态及时通报和跟踪，科室、大队对存在的异常情况，要及时收集并汇总各类影响安全的信息，按照“早发现、早报告、早处置”的原则分析判断，预测可能发生的情况，及时上报，做好跟踪处置。领导要高度重视，汇集各方信息，开展情报研判，注重从单个问题中分析发现趋向性异常动态，尤其要加强对管教安全、生产安全、队伍安全、舆情安全等方面存在的问题和隐患的分析研判，如戒毒工作人民警察文明执法情况、重点人员表现情况等，努力做到“情况明、底数清、分析细、研判准”，为快速有效处置提供帮助。

3. 物防技防设施隐患排查。强制隔离戒毒所安全的防控离不开物防和技防设施的良好管理和使用，应当加强对戒毒场所的物防技防设施的安全隐患排查：检查强制隔离戒毒所的围墙、大门、警戒隔离带、护窗、护栏等警戒隔离设施是否完好，有无人为破坏的现象，围墙附近有无攀登物及视线遮挡物；排查视频监控、应急报警、安检门禁、对讲指挥、周界报警等监控设施运行是否正常，是否严格遵守监控设备操作规范，是否密切注意设备运行状态，对设备运行不稳定现象是否及时上报处理；排查电话、报警器、照明设备、电源等是否运行良好，管理是否规范、维修是否及时记录、是否完整；排查是否有戒毒人员代替戒毒工作人民警察管理物防技防设施的现象等。

4. 违禁、危险违规物品排查。排查有无违禁品、危险品流入，戒毒人员是否与有关外部人员及有可能进入所区的相关人员勾结，企图私带违禁物品、危险物品入所，违禁品、危险品包括毒品、注射器、打火机、现金、手机、照相器材、音像设备、绳索、刀具、工具、棍棒、楼梯、酒类、有害化学溶液等。排查方法如下：

（1）入所人员物资检查。对新入所人员、出所返回人员要切实做好身体及

随身物品检查，对入所车辆及物资也要进行严格检查，严防违禁品、危险品流入所内。入所检查要彻底，要有超常的眼光和思维，对有可能藏匿现金和毒品的任何部位都不能放过。

（2）习艺场所巡查监控。生产项目上会安排外协人员做技术指导，这些人员素质良莠不齐，有少数外协人员可能因不懂政策或贪图小利，利用工作之便给戒毒人员带入违禁品，或与所外人员相互勾结，利用货物运送机会带入违禁品。戒毒人员还会利用戒毒工作人民警察管理上的疏忽，利用一些生产设备、原材料自制违禁品。此外，戒毒工作人民警察、职工也可能将工具、刀具、绳索、梯子不慎遗漏在生产现场，成为违禁品、危险品。因此，要切实加强习艺场所巡查监控，及时填补安全防控漏洞。

（3）加强技防全程监控。对戒毒人员寝室、活动区域、习艺场所等实施技防监控，及时发现戒毒人员藏匿、传递、自造违禁品和违法人员自围墙外抛入违禁品的行为。

（4）加强车间返回宿舍人员物品检查。对从生产现场返回宿舍的戒毒人员要进行严格的身体及随身物品检查，严防生产工具、刀具、绳索、有害化学溶液进入宿舍，变成违禁品、危险品。

5. 重点部位安全排查。强制隔离戒毒所应当加强枪支弹药库、变电室、锅炉房、燃气供应室、食堂操作间、食品仓库、危旧房屋、探访室、单独管理室、门卫值班室、戒毒工作人民警察值班室等重点部位的安全排查，查看相关管控措施是否落实到位，是否存在失窃、爆炸、漏电、火灾、脱逃等安全隐患，以防止戒毒所重点部位管控不到位导致爆炸、漏电、火灾、脱逃等重大安全事故。

6. 强制隔离戒毒所安全检查。戒毒人员宿舍安全检查：每周对戒毒人员宿舍进行一次全面彻底的安全检查，防止戒毒人员把危险品、违禁品藏匿在宿舍。检查时要由表及里、全面彻底，不放过任何可疑部位或角落。

戒毒人员车间安全检查：每周对戒毒人员生产车间进行一次全面彻底检查，以及时发现和排除可能存在的生产安全隐患，车间安全检查的内容包括：设施设备、生产工具、电器电路、易燃物品、有害液体、消防器材、护窗护栏、安全通道等方面是否存在安全隐患。

戒毒人员食堂安全检查：每周对戒毒人员食堂进行一次全面彻底检查，以及时发现和排除可能存在的食堂安全隐患，食堂安全检查的内容包括：食堂炊具、刀具、灶具、燃气、油料、电器、消防器材等方面是否存在安全隐患。

戒毒人员人身安全检查：对所有入出所戒毒人员要进行认真的身体及随身物品检查，严防携带违禁品、危险品入所或携带危险品、不良材料出所；对从生产现场或食堂操作间返回宿舍的戒毒人员要进行严格的身体及随身物品检查，严防生产工具、刀具、绳索、有害化学溶液等违禁品、危险品进入宿舍；每月不定期对戒毒人员进行尿液或毛发抽查，对离所就医、所外就医、出所探视返所的戒毒人员进行尿液或毛发抽查。

7. 其他管理安全隐患排查。检查各项制度的落实情况，特别是戒毒工作人民警察直接管理制度的落实情况。

检查课堂教育是否由戒毒工作人民警察亲自带入教室，是否有戒毒工作人民警察在教学现场维护课堂纪律；排查重点管理部位和重要管理活动是否有戒毒人员代行戒毒工作人民警察管理职权的现象；排查预警制度和重大预警管理制度建立情况，戒毒人员的动态和静态信息收集、分析系统是否建立，是否有相应制度、文字资料；排查所外就医戒毒人员的医疗鉴定和伤病鉴别工作落实情况，是否做好戒毒人员非正常死亡的预防抢救工作，是否就上述情况制定了应急预案，配足应急警力，严格监督落实。

（三）生产安全隐患排查的内容与方法

1. 生产项目排查。加强生产项目管理，严禁戒毒人员从事易燃易爆、有毒有害产品的生产加工。着重检查现有生产项目中有无鞭炮制作、打火机罐装、碳墨研磨、矿石粉碎、废旧物分拣、食品加工等易燃、易爆、有毒、有害生产项目。

2. 生产过程排查。从保障强制隔离戒毒所安全实际需要出发，重点考查防机械伤害、保用电安全、防尘、防毒、防噪声污染等方面的危险源管理制度制定与执行情况，检查戒毒人员在习艺劳动中是否存在违章生产、违规操作的行为。

3. 生产工具和原料排查。经常检查劳动现场、生产设备、生产工具、生产原料，及时发现和消除隐患。排查生产原料管理是否规范、是否按规定摆放、数目是否清楚，与记录相符；排查戒毒工作人民警察是否严格落实生产工具管理制度，是否由戒毒工作人民警察从工具房领出工具，发放给戒毒人员，并做好相应记录；剪刀、锉刀等锐利工具是否实行固定管理、专人管理，是否落实保证生产现场的工具和原材料等不流入戒毒人员生活区的相关措施，剪刀和锉刀是否通过锁链有效固定，并在收工时及时清点和收回，其他生产工具是否严格落实“出工发放，收工收回”制度；排查设备使用和维护保养是否正常，生产设备是否保持整齐、清洁、润滑、安全运行，是否定期进行检查维护。

（四）公共卫生安全隐患排查的内容与方法

公共卫生安全事件是指造成或可能造成社会公众健康严重损害的重大传染病疫情、群体性不明原因疾病、重大食物和职业中毒以及其他影响公众健康的事件。戒毒人员普遍体质较差、人员较为集中，各类传染病预防控制方面的客观不确定因素较多，所以强制隔离戒毒所极易成为各类传染病的高发和高流行区域。

应从以下几个方面着手做好排查：

1. 戒毒人员健康状况排查。通过入所体检、定期体检、病史调查、健康筛查等方法，了解戒毒人员健康状况，尽早发现并积极应对可能存在的严重健康隐患，杜绝所内群体健康事件发生。

2. 戒毒人员严重疾病排查。通过诊疗过程的细致询问、全面检查、严谨诊断、及时报告及特殊疾病筛查（如艾滋病筛查、性病检查等），排查戒毒人员是否患有可能危及生命、具有传染风险及情绪失控伤人的严重疾病，帮助其积极应对，避免所内疾病致死事件的发生。

3. 戒毒人员医疗安全排查。通过加强对戒毒人员所内诊疗、观察护理、药物使用、离所就医等环节的全面安全检查，排查在诊疗、戒护、用药、外诊等方面可能存在的安全风险，杜绝所内医疗事故和外诊脱逃事故。

4. 所内疫病传播风险排查。通过艾滋病筛查、性病检查、传染病监测、职业暴露调查、病史追踪等方法，排查戒毒场所在艾滋病预防、性病防治、传染病防疫、职业防护等方面是否存在安全风险，加大预防控制，严防所内疫病流行。

5. 戒毒人员饮食安全排查。通过加强戒毒人员食堂餐厅卫生、食品质量、饮水安全等方面的全面检查，排查可能存在的饮食卫生安全风险。

6. 戒毒人员生活环境安全排查。通过开展戒毒人员生活环境的清洁卫生检查、有害气体检测、超标噪音检测等环保检查工作，排查可能存在的生活环境安全风险。

（五）执法安全隐患排查的内容与方法

强制隔离戒毒所要加强执法安全隐患排查，及时发现和纠正各类执法不规范、不严谨的问题，弥补执法安全隐患漏洞，促进严格、规范、公平、公正执法。

在戒毒执法过程中，要加强对本单位规章制度的合法性、系统性和科学性审查，避免执法风险。要加强执法质量检查，重点加强对探访、探视、诊断评估、所外就医、变更戒毒措施、提前解除强制隔离戒毒、延长强制隔离戒毒期限等关键执法环节的检查，严防违法违纪行为发生。要加强对所政业务、戒毒业务、教育矫治、戒毒医疗、生活保障等经费的专项拨款与使用情况的检查，确保各项经费足额到位、专款专用，严防侵占、挪用戒毒人员经费事件的发生。要加强对戒毒工作人民警察的现场管理、值班巡查、交接班、信息联络、事务处理、应急处置等情况的检查，查处违规违纪问题，严防戒毒工作人民警察发生失职、渎职行为。

在戒毒人员管理中，要加强对所内违法违纪行为的排查防控，减少或避免所内违法违纪事件的发生。在执法过程中，由于戒毒工作人民警察对少数人员的忽视，可能造成戒毒工作人民警察和戒毒人员的矛盾，或班组长和戒毒人员之间的矛盾，进而引发某些人的报复心理，从而发生破坏秩序和伤害行为。要加强对戒毒人员班组长管理情况的检查，减少或避免班组长管理的随意性。强制隔离戒毒所是一个相对封闭的场所，戒毒人员成分和社会关系复杂，行为冲动，对抗性强且有共同依附的心理，有些戒毒人员经常因日常琐事和其他戒毒人员发生口角，进而演变为打架斗殴，所以加强戒毒人员班组建设和班组长管理尤为重要。班组长应在戒毒工作人民警察直接指导下，实行一定限度的自我管理和民主管理，对不称职的班组长要及时更换或撤换，并做出适当处理，避免因管理不到位导致“所王”“所霸”恃强凌弱事件的发生。

在戒毒执法过程中，还应强化戒毒工作人民警察执法素养和法律意识的督查，督促其尊重戒毒人员的合法权益，从不同层面对戒毒人员的生活和精神进行关注，协调制度化建设与改造个体之间的关系，为提高戒毒人员群体的戒治质量提供支持，一旦发现问题及时纠正。如让戒毒人员在所内多学习、多看书，利用课堂教育和心理辅导培养戒毒人员形成积极的认知方式，使戒毒人员掌握调节情绪的方法，让戒毒人员学会建立和谐的人际关系。组织戒毒人员现身说法，教育其他戒毒人员，从思想深处牢筑遵纪守法的防线，使戒毒所内秩序更加和谐安全。

三、任务考核

【案例】 自2019年5月13日夜间起，内蒙古五原县出现8级大风。因地处郊区，驻于该县的强制隔离戒毒所周围无建筑物遮挡，风速达到约17米每秒，引发沙尘暴。5月13日夜间，强制隔离戒毒所启动防自然灾害应急预案，组织各部门积极开展安全隐患自查。警戒护卫大队巡逻组加强夜间巡逻频次，认真检查管理区内外各类安防设施使用情况，各区域门窗锁闭情况；各管理大队夜间强化戒毒人员人数核查，加强视频监看巡查力度，及时发现可能存在的异常情况。5月14日白天，强制隔离戒毒所组织责任戒毒工作人民警察到戒毒人员生活区查看窗户及护栏是否有松动、换气扇掉落损坏情况；公司专业维修人员对配电室、外挂配电箱等的使用情况进行巡查，确保线路正常；指挥中心加强视频监控巡查及硬件设施设备自查，及时进行维护调整。强制隔离戒毒所共排查出安全隐患3起，均得到有效整改，确保了所内秩序的安全稳定。

问题：请根据以上案例，谈谈强制隔离戒毒所应如何做好恶劣天气安全防控？强制隔离戒毒所内安全设施的要求标准有哪些？

学习任务 24 强制隔离戒毒所安全防控与警戒护卫

一、学习目的

1. 掌握需要防控的重点人员。
2. 掌握需要防控的重点时段。
3. 掌握需要防控的重点部位。
4. 了解安全警戒组织的职责。

二、知识要点

维护安全稳定秩序，是强制隔离戒毒所正常开展戒毒工作的基础，也是戒毒执法管理工作的重要目标。警戒护卫大队的主要职责是维护强制隔离戒毒所秩序和安全，防御外部人员的破坏、袭击，协助制止戒毒人员闹事、逃跑，进行追逃，配合做好成批戒毒人员转所、集会、出收工的护送工作等。

（一）重点人员的防控

重点人员是指戒毒人员中基于一定的事由需要防控的重点人员。主要包括：入所前有涉黑涉恶、涉恐涉暴等特殊经历的；入所时姓名、身份、住址不明或使用假姓名、假身份、假住址的；急性戒断症状明显的；患有心理疾病或严重疾病的；因长期吸食毒品导致精神异常的；自伤、自残、绝食的；抗拒管理、不接受教育戒治的；被延长强制隔离戒毒期限的；受到警告、训诫、责令具结悔过处罚的；负案在戒的；有从警或从军经历的；等等。实际工作中还存在其他需要防控的重点人员，对此应逐级上报，确定是否将其列为重点人员。

1. 有危险倾向人员的防控。对有危险倾向人员的防控，首先应按照有危险倾向人员的认定标准，由戒毒工作人民警察进行排查、分析和甄别，然后经大队集体审议决定。对有危险倾向人员的防控，应当采取以下防控措施：

（1）明确责任民警，严格落实“包管、包教、包转化”的责任制。对确定有危险倾向的人员，应当由大队指定 1 名直接管理民警实行三包，落实个别教育、针对性管教措施，加强直接管理等。如清点人数、安检、查铺、巡查时必过问，在戒毒工作人民警察最佳视线范围内控制其活动等。

（2）建立和完善专档，实施个别化教育矫治和针对性跟踪管理与教育。专档的内容包括：认定审批表、基本情况表、谈话记录、本人思想汇报、监控人员反映材料、现实表现、大队综合分析材料、确定和撤销审批表等。

（3）指定 2~3 名表现较好的戒毒人员，公开或秘密对有危险倾向人员实行

24小时包夹控制，随时掌握异常情况。担负包夹控制任务的戒毒人员，每周（特殊情况下可以每天）向责任民警或大队领导汇报。

（4）发展或安插信息员，及时掌握和反馈有危险倾向人员的思想动态和行为表现，有效预防有危险倾向人员的危险行为。

（5）不安排有危险倾向人员从事重要岗位工作，其所在的劳动岗位要相对固定；严禁其接触危险物品；确保其一切活动都纳入戒毒工作人民警察的管理视线，绝对不允许其单独行动；要严格限定其通信和探访对象，严格审查其来往信件。

（6）单独管理。对严重扰乱强制隔离戒毒所秩序，私藏或吸食、注射毒品，预谋或实施逃脱、行凶、自杀、自伤、自残以及涉嫌犯罪应当移交司法机关处理的戒毒人员，应当进行单独管理。

（7）进一步加强对老、病、残、精神异常戒毒人员的管理，严密各项防控措施，重点抓好防自伤、防自残、防自杀和防猝死工作，确保强制隔离戒毒所持续安全稳定。

2. 难矫治人员的防控。

（1）落实包夹包教措施。大队要指定同组戒毒人员对其进行包夹，同时指定戒毒工作人民警察对其进行包教。

（2）制定转化方案。戒毒工作人民警察要根据教育效果不明显人员的基本情况、主要社会关系、现实表现，制定教育转化方案，报请分管所领导批准后实施。

（3）加强个性化教育。

第一，建档，记录有关教育进程和效果。

第二，落实转化措施，采取个别教育、社会帮教、家属规劝、心理治疗等多种形式进行教育转化，各类教育转化措施要记录存档。

第三，戒毒工作人民警察定期对其进行个别谈话教育，掌握其思想变化情况。

第四，召开动态分析会，对其思想表现和教育转化情况进行汇总分析和通报，并制定下一步教育转化措施。

第五，加大心理矫治力度，解决心理问题，增强教转效果。

第六，邀请亲属和社区工作人员来所开展亲情帮教，促进教育转化。

3. 正在接受单独管理人员的防控。单独管理是为查清戒毒人员违纪、违法问题，防止发生危险行为而采取的一种与他人隔离的管控措施。

（1）严格审查审批手续。单独管理必须严格审查审批手续。《司法行政机关强制隔离戒毒工作规定》第28条规定，对有严重扰乱所内秩序、私藏或者吸食、

注射毒品、预谋或者实施脱逃、行凶、自杀、自伤、自残等行为以及涉嫌犯罪应当移送司法机关处理的戒毒人员，强制隔离戒毒所应当对其实行单独管理。单独管理应当经强制隔离戒毒所负责人批准。在紧急情况下，可以先行采取单独管理措施，并在24小时内补办审批手续。对单独管理的戒毒人员，应当安排人民警察专门管理。1次单独管理的时间不得超过5日。单独管理不得连续使用。

（2）严格落实查验制度。被决定单独管理的戒毒人员，只允许携带毛巾、香皂、牙刷、被褥、衣服、餐具、脸盆等必要的生活用品。对戒毒人员单独管理时，值班民警应对戒毒人员进行全面的安全检查，包括违禁品、危险品检查及伤情检查，并认真做好记录。不适合安排单独管理的，应采取其他措施。

（3）严格落实安全隐患排查制度。定期或不定期现场排查警戒设施、防护设施、监控设施、照明设施及门窗防护设施是否存在隐患或故障。责任戒毒工作人民警察每天应对安全管理设施进行不少于3次的安全检查。

责任民警应定时或不定时巡查、实时监控或现场观察单独管理戒毒人员的行为举止是否存在反常、异常现象，并有针对性地进行思想教育，帮助戒毒人员实现思想转化。

（4）严格落实戒毒人员日常管理规范。

第一，戒毒人员在单独管理期间，使用的餐饮、洗漱等用具，一律为塑料制品，不得使用筷子、瓷器及玻璃和金属制品的餐饮、洗漱等用具。餐饮、洗漱用具、被褥由戒毒工作人民警察集中管理，集中清洗，用时统一发放，用完统一收回。单独管理戒毒人员每天洗漱1次，洗漱时，由值班民警逐人安排，一般不得集中洗漱。

第二，戒毒人员在单独管理期间，食物定量定标供应，并保证开水供应。就餐、饮水点应在单独管理室内，由值班民警统一配送，不得食用其他戒毒人员的食物，也不得集中就餐。

第三，戒毒人员在单独管理期间，每天应保障8小时睡眠，每天由值班民警带领，安排2次室外活动，每次半个小时。

第四，戒毒人员在单独管理期间，应严格遵守纪律，不准高声喧哗、寻衅滋事；不准故意损坏公共财物；不准同其他戒毒人员交谈；未经批准不得与外来人员谈话；主动要求与戒毒工作人民警察谈话时，应事先报告。

第五，戒毒人员在单独管理期间，不予安排探访、帮教活动。

（5）严格落实谈话教育制度。戒毒人员在单独管理期间，应对其加强个别谈话教育，促进其反省和醒悟。戒毒工作人民警察对单独管理戒毒人员的谈话教育记录，应存入该戒毒人员的个别矫治档案。

（6）严格落实心理干预制度。戒毒人员在单独管理期间，心理矫治部门一般应对单独管理戒毒人员进行心理测试、心理咨询和危险性评估，并运用心理矫治技术手段，进行心理矫治。遇有下列情形之一的，应主动介入，进行心理干预：

第一，有自杀、自伤、自残行为或倾向的。

第二，有破坏、报复、行凶、袭警等行为或倾向的。

第三，有心理障碍、精神异常、情绪严重亢奋或严重压抑的。

第四，拒绝进食、拒绝谈话、不服从管理、无理取闹的。

第五，其他高危戒毒人员。

对单独管理戒毒人员进行心理测试、心理咨询和危险性评估的记录和报告，应存入该戒毒人员的个别矫治档案；必要时，由获得心理咨询师资格的戒毒工作人民警察定期对戒毒人员进行心理干预，配合大队戒毒工作人民警察做好戒毒人员单独管理期间的心理疏导和个别矫治工作，化解矛盾冲突，消除危险因素，维护安全稳定。

（7）单独管理中可能发现的问题及处理方式。责任民警发现戒毒人员绝食时，应在报告的同时，通知所属大队加强教育转化工作。大队戒毒工作人民警察应认真分析，并弄清绝食的动机或原因，采取有针对性的规劝教育措施，逐步消除戒毒人员与戒毒工作人民警察的对立情绪，说服其进食；责任民警应密切关注和监控绝食态势的发展状况，并积极配合大队戒毒工作人民警察做好规劝教育工作。如果规劝教育未能取得突破性效果，戒毒人员仍然连续多日拒绝进食时，责任民警应请示分管所领导批准，在继续开展教育的同时，采取强制喂食措施，强制喂食应由所内医生实施。同时，应对该戒毒人员的身体健康状况，进行实时监测、检查和必要的治疗，防止发生意外。

责任民警发现戒毒人员突发疾病时，原则上安排所内医生在单独管理现场治疗；确需外诊或住院治疗的，应经分管所领导批准。戒毒人员在住院治疗期间的安全管理，由所属大队负责。

责任民警发现戒毒人员有自杀倾向或行为时，首先应采取必要的控制措施，控制事态的发展。其次，要进一步查明自杀的原因，加强对有自杀倾向或行为的戒毒人员的心理疏导与教育。最后，心理矫治部门介入，及时进行心理干预，开展有针对性的心理矫治。

（二）重点时段的防控

重点时段是指强制隔离戒毒所安全管理中警力相对薄弱，易出现隐患和漏洞的时间范围。在强制隔离戒毒所安全工作实践中，重点时段主要包括：起床、就餐、就寝、就医、离所就诊、出收工、交接班，节假日及重大庆典等特殊时期及异常气候、天气。

1. 起床。对大队大门及整个戒毒人员活动区进行监控，包括厕所、洗漱间、各习艺车间大门等，防止戒毒人员超越活动区域，处理戒毒人员起床过程中发生的各种情况；加强对危险品存放处及重点人员的监控；列队集合点名清查人数，检查全体戒毒人员服装，防止戒毒人员穿着无标志衣服，为逃脱等行为提供便利条件；对留置病患进行集中管理，值班民警每小时检查1次；定时对宿舍进行巡视；按要求对重点人员进行检查。

2. 就餐、就寝、就医、离所就诊。就餐期间，两名值班民警在岗，维持就餐秩序，并对就餐情况进行巡视监控。就寝时进行查房，特别要对重点控制戒毒人员进行重点检查；定时巡视，对反常情况进行分析，并严加控制；严格值班医生负责制，在夜间9~10点、凌晨等心血管疾病易发、猝死的发生率较高的重点时段加强巡查，及时发现问题、进行处理，并对危重病戒毒人员实施24小时监管。戒毒人员就医过程中，戒毒工作人民警察应亲自带领，并严密注视戒毒人员活动；离所就诊时至少安排3名以上戒毒工作人民警察监护陪同，防止戒毒人员逃跑。

3. 出收工。出工时，戒毒人员按班组定位整队、报数、出大队门；带队戒毒工作人民警察对戒毒人员进行身份查验，检查其是否携带违禁品、危险品进入习艺车间，并进行登记（时间、地点、人数、事由）；行进途中带队戒毒工作人民警察处于队伍前后恰当位置，戒毒人员班组长、民管委员各司其职；进入劳动现场后再次点名。

收工时，清点劳动工具，回收并统一存放于习艺车间专用工具柜内，如发现损失、丢失等情况，立即清查处理；按班组定位整队、报数、离开习艺车间；离开习艺车间前，带队民警要对戒毒人员进行身体及随身物品检查，主要排查物品包括：现金、绳索、刃具、工具、有毒化学溶液、尖锐物品等违禁品，并登记；行进途中，带队民警处于队伍前后恰当位置，戒毒人员班组长、民管委员各司其职；进入大队再次查验身份、点名、报数。

4. 交接班。严格对值班执行情况进行督查和检查，不得误岗和出现空岗。制作规范的值班记录，详细记录值班期间发生的重要事项及处置情况，并做到“六个保证”，即保证警力、保证坐班、保证有大队领导带班、保证1小时巡查制度、保证发现问题后措施有力、保证交接班手续完善。严格执行交接班制度，并做到“六交”，即交人数、交钥匙、交警械具和应急装备、交安全设施状况、交戒毒人员思想表现、交有关工作进展情况。严禁值班民警在值班期间进行与工作无关的一切活动。注意交接班期间的异常情况，时刻警惕，确保戒毒工作人民警察自身安全，防止发生管教安全事件。

5. 节假日等休息日。要制定部署节假日安保方案。节前应组织开展安全隐患排查和安全检查，排查重点防控对象，清查各种危险品、违禁品。落实领导带班和双人双岗值班制度，确保警力配备合理。组织各种文体娱乐活动，充实和丰富戒毒人员节假日生活。加强护卫巡逻，确保24小时不脱岗、不失控。确保领导值班室、总值班室、监控值班室和大队值班室四级联动，严格落实报告制度，保证突发事件发生时通讯畅通、警力充足、反应快速、处置得当。

6. 特殊时期。特殊时期包括国家举办重大庆典、重大赛事或政治敏感时期等。要树立责任意识，严密部署安全保卫工作。进行安全大排查、大检查，强化对重点人员、重点部位和重点环节的管理，清查各种危险品、违禁品，特别要对9类特殊人员进行重点排查和控制，确保24小时不脱岗、不失控。做好戒毒人员教育和心理辅导工作，将危险因素降到最低。加强人防、物防和技防工作，确保安全和稳定。

7. 异常气候或天气。台风、暴雨、大雪、大雾、沙尘暴、高温、寒冷等异常气候或天气，是对强制隔离戒毒所综合应对能力的考验。出现异常气候或天气时，戒毒工作人民警察忙于解决恶劣环境带来的困难，警力尤为紧张，此时往往容易产生隐患漏洞。因此，要制定风、雨、雷、电、雪、沙尘暴、雾霾等恶劣天气期间，自然灾害以及大面积、长时间停水停电期间应急预案和报告制度。确保异常气候或天气期间警戒设施完好，充分发挥物防、技防的作用。异常条件下应加强对围墙、排水沟、库房等重要和特殊场所的巡查，防止安防设施毁损及戒毒人员乘机逃脱。夏季高温天气时，应加强晚上的降温查铺措施，对烦躁不安、无法入眠的戒毒人员进行重点防控。寒潮等异常气候出现时，应加强对疾病易感人群的防护措施，防止传染性疾病在所内大面积传播。

（三）重点部位的防控

重点部位是指强制隔离戒毒所重要的警戒设施和需要重点防卫的其他部位。主要包括：围墙、门卫值班室、戒毒人员宿舍、教育矫治中心、生产车间、医疗中心、食堂操作间、食品仓库、单独管理室、探访室、监控室、民警值班室及变电室、锅炉房、燃气供应室、下水道、危旧房屋、施工场地、枪支弹药库等部位，尤其应重点关注的部位为：监控设施设备部位，如监控指挥中心、大队监控室、教室、康复训练室、生产劳动车间等安装监控设施设备的部位；卫生间、晾衣间、洗漱间、浴室、楼梯间、储藏室、库房和空闲房间等较隐蔽的部位以及监控未能覆盖的部位；戒毒管理区大门、围墙、重要通道等部位；医院、离所就医病房；戒毒管理区内戒毒工作人民警察值班室；下水道、锅炉房、配电室；施工现场；垃圾场；等等。

1. 外围巡查防控。

（1）外围警戒设施的巡查。围墙和警戒隔离区一般由警戒护卫大队值守。

警戒护卫大队民警应坚守岗位，尽职尽责。按规定着装，佩戴警械具和其他执勤用品；了解情况，熟悉所在位置、编号、警戒设施、附近地形及特别要求；明确警戒区域和控制重点；做到及时发现并消除安全隐患。

（2）其他重点部位重要物资仓库、变电室、锅炉房、总监控室、枪支弹药库等戒治大院外重点部位，应安排戒毒工作人民警察或工人值班管理，不允许戒毒人员参与管理，尤其是枪支弹药库要安排专门民警24小时严密值守。

2. 院内巡查防控。

（1）重点部位值守。门卫值班室、戒毒人员宿舍、教育矫治中心、医疗中心、生产车间、食堂、监控值班室、民警值班室、单独管理室、探访室及院内施工场地等重点部位，由值班民警负责值守。

（2）重点部位巡查。警戒护卫值班民警对门卫值班室、消防通道、戒毒隔离带、地下通道、排水沟等重点部位及图书室、宿舍楼、操场、食堂等戒毒人员主要的活动场所，进行不间断的巡查。巡查时既要全面，又要有重点。巡查宜采用乱线巡查的方式，即每次不是沿着一条确定的路线进行。这样可防止戒毒人员摸清巡查规律以及乘机作案。

大队值班民警对戒毒人员宿舍、教育矫治中心、医疗中心、生产车间、食堂、单独管理室、探访室及院内施工场地等重点部位，进行直接管理巡查，定期或不定期地开展现场情况巡视督查，及时发现和处置安全隐患。

（3）重点部位的检查。所政管理部门负责组织警力对重点部位进行定期和不定期的督导检查，对各种警戒及防护设施进行检查，一旦发现异常，立即向警戒护卫部门通报，并督导其尽快整改修复。

3. 全面实时监控。应在戒毒人员宿舍、走廊、晾衣间、储藏室和室外活动场所，食堂操作间、餐厅和活动场所，围墙及其周边环境，医疗中心、教育矫治中心、康复训练中心、习艺场所、单独管理室、探访室、财务室、档案室及指挥中心等重点部位安装监控设备，进行全天候、不间断的实时监控。

4. 现场安全管控。

（1）戒毒人员生活现场的管理控制。通过对戒毒人员出入宿舍的登记检查、点名、查铺和巡逻，对戒毒人员生活现场进行安全防控；通过人身、物品检查和安全检查，防止戒毒人员将危险物品、违禁物品带入宿舍。值班民警应对戒毒人员的生活现场实行严格管理。戒毒人员就寝前的点名、就寝后的查铺必须由戒毒工作人民警察亲自实施。值班民警必须严格执行交接班的有关规定。所政管理部门应随时巡查监督戒毒人员生活现场值班民警的管理活动。

（2）戒毒人员习艺现场的管理控制。

第一，出收工管理控制。戒毒人员出工，必须由戒毒工作人民警察亲自带领。负责现场管理的戒毒工作人民警察，要亲自整队、清点人数、检查戒毒人员的着装及随身物品、布置具体习艺事宜。收工时，戒毒工作人民警察要回收、清点和登记工具，清点人数、检查戒毒人员随身物品，将戒毒人员带回宿舍。

第二，习艺区域管理控制。根据现场习艺活动的需要，划定各单位戒毒人员的活动区域，固定地段、固定场地以实行封闭式区域控制；大队根据作业的需要，对每一个戒毒人员的习艺岗位予以固定，设置活动路线和活动范围，戒毒人员必须坚守岗位，不准随意离开指定岗位。

第三，生产工具及危险物品的管理控制。生产现场的生产工具统一由戒毒工作人民警察保管，戒毒人员不得私自打开工具箱拿取工具；大件工具由仓库保管员保管；需使用特殊工具的，必须由大队批准，仓库保管员必须做好记录；保管工具必须符合强制隔离戒毒所管理规定，做好工具三固定：定点、定人、定位；遗失工具要及时上报，未上报的，按所内有关规定处理；对拾到工具不上交、不报告、私藏者，依照规定处理；戒毒人员习艺现场的易燃、易爆、剧毒物品以及强腐蚀性化学品要分类存放，加封加锁，并指定戒毒工作人民警察或职工专人管理。

第四，外来人员和车辆的管理控制。因工作需要必须进入现场的外来人员，要按规定办理手续，经门卫查验登记后，并由责任戒毒工作人民警察带领方可进入生产区。门卫对所有出入车辆进行认真检查，外来车辆原则上不准进入现场，确需进入的，由负责管理的职能部门审核批准，门卫进行检查登记，用车部门戒毒工作人民警察负责监管。外来车辆驾驶人员原则上不得离开车辆，确需离车的，必须熄灭发动机、拔下钥匙、锁好车门。外来车辆驶出管教区前，必须接受戒毒工作人民警察的严格检查。

（四）安全稳定形势研判

1. 信息收集。强制隔离戒毒所应当将安全排查工作和安全稳定形势研判工作有机结合，建立动态信息收集机制，通过以下多种途径及时掌握戒毒人员动态信息：查阅戒毒人员档案；与戒毒人员进行个别谈话；直接观察戒毒人员生活、学习、劳动、康复、治疗情况；开展心理测试与矫治工作；安排信息员；分析安全检查和戒毒人员探访、亲情电话等情况；召开戒毒人员座谈会、班会；开展不记名问卷调查；通过举报箱、所长信箱、群众来信，戒毒人员的申诉、控告、检举、揭发材料，上级机关批转的有关材料获取信息；向公安机关、检察院、法院及当地安置帮教等部门了解情况；通过戒毒人员亲属座谈会、所长接待日等了解情况；开展专项调查；通过音频、视频监听、监控系统收集信息；其他可以收集戒毒人员动态信息的途径。

戒毒工作人民警察应当熟练掌握所管戒毒人员以下五种信息：基本情况；吸

毒史；身体健康状况；接受戒治情况；其他可能诱发问题的信息。

2. 省局月研判。省级戒毒管理局应当每月召开1次安全稳定形势研判会议，研判情况每季度以书面形式上报司法部戒毒管理局。

研判的主要内容：国内社会安全稳定形势可能对本省（自治区、直辖市）强制隔离戒毒工作造成的影响；落实司法部和本省（自治区、直辖市）党委、政府重要工作部署情况；本省（自治区、直辖市）强制隔离戒毒工作情况及趋势预测；本省（自治区、直辖市）强制隔离戒毒所安全事故原因分析及安全风险预测；重大舆情信息及应对情况；本省（自治区、直辖市）戒毒工作人民警察队伍思想动态、履职情况及其他影响戒毒工作人民警察队伍稳定的因素；其他影响强制隔离戒毒所安全稳定的情况。

3. 强制隔离戒毒所周研判。强制隔离戒毒所应当每周召开1次安全稳定形势研判会议，并形成书面报告，上报省级戒毒管理局。

研判的主要内容：本所驻地社会安全形势及其可能对强制隔离戒毒所工作造成的影响；落实上级领导机关工作部署情况；收治、收押基本情况及趋势预测；本所重点人员身体健康状况及行为表现；本所安防设施运行情况；本所安全隐患排查整改情况；本所安全事故及原因分析；本所戒毒工作人民警察队伍思想动态、履职情况及其他影响戒毒工作人民警察队伍稳定的因素；其他影响强制隔离戒毒所安全稳定的情况。

4. 大队日研判。戒毒大队应当于每日交接班时对安全稳定状况进行研判，研判由值班大队领导主持，值班民警参加。

研判的主要内容：本大队戒毒人员思想动态及管理教育戒治情况、重点人员思想动态、行为表现、健康状况及包夹管控措施落实情况、危急重病戒毒人员处置情况；本大队戒毒工作人民警察值班情况；本大队安防设施运行情况；落实上级领导机关工作部署情况；其他影响强制隔离戒毒所安全稳定的情况。

5. 安全稳定形势研判专题会议。重大安全保卫活动、重大突发公共事件、重要敏感期和节日、戒毒人员对重大事件、重要活动有明显反应以及发现影响安全稳定的重大隐患期间，各级强制隔离戒毒部门应当及时召开安全稳定形势研判专题会议，研判形势，解决问题，部署工作，并形成书面报告报上一级领导机关。

（五）警戒护卫

为维护强制隔离戒毒场所秩序，提高安全管理工作水平，强制隔离戒毒所应当加强安全警戒工作，建立、健全安全警戒护卫机构，发挥警戒护卫作用，维护秩序和安全。安全警戒护卫工作主要包括安全警戒设施设备的管理、安全警戒护卫组织建设以及安全警戒值守与巡查。

1. 安全警戒设施设备管理。

（1）物防设施管理。戒毒管理区应当与行政管理区隔离；戒毒管理区内的生活区、生产劳动区、教学区和医疗康复区应当有明确的区域划分和标识；各功能区域相对独立。

第一，管理区大门设置。在管理区主出入口设置 AB 门，实现双门双向互锁，分设车行通道、人行通道，并设置门禁控制系统、指纹、脸部等生物识别设备等。车行通道大门宽 6 米、高 4.5 米，顶部和地面设监控、探测等安检装置。在管理区主入口设置智能化身份信息登记系统、便携式人体安检扫描仪、金属探测安检门、X 射线检查系统、台式爆炸物品双模探测仪、毒品监测仪等安检设施。

管理区大门应当分设行人、车辆通道，行人通道应当安装电子门禁系统，大门警卫室的门窗应当安装防护设施。戒毒管理区大门内外应留有检查车辆与人员通行的缓冲区域，并设置警戒线和必要的缓冲设施。在管理区 AB 门、各大队房舍区主出入口和值班出入口设置集门禁、考勤、巡更等功能为一体的“二维码+刷卡”系统。

第二，围墙设施。管理区围墙应高出地面 4.5 米，墙体强度达到 370 毫米实心砖体的安全防护等级，表面光滑、不易攀爬。围墙转角应呈圆弧形，表面光滑，无任何攀登处。警戒围墙内外应当分别设置不小于 5 米的安全隔离带，安全隔离带内无障碍物，两侧巡逻通道宽度不小于 2 米，戒毒管理区内的房屋建筑与警戒围墙的间距不小于 7 米。

强制隔离戒毒所在规划、修建时，禁止以房代墙，如果一时难以整改或房屋建筑等设施与警戒围墙距离较近的，应当安装隔离防护设施。围墙应当安装照明灯具、红外线报警装置和视频监控系统，照明灯具的亮度、间距应当合理，具有防水、防爆、防雷功能，保证视频监控图像清晰和警戒隔离带视线良好。

第三，建筑及外窗、走廊、通道防护设施。戒毒人员活动区域内的建筑物和房间在不使用时应当上锁，地下室、空置用房、废弃建筑物应当上锁。戒毒人员活动区域内建筑物的外窗、走廊灯部位应设金属防护栅栏等安全防护设施，窗户采用安全玻璃。

戒毒人员宿舍、教室、生产劳动车间、医院等人员密集区域应当设置安全通道，大门向外开放，安装应急照明装置，设置紧急疏散指示标志，配置消防器材并定期检验。

戒毒人员宿舍外墙管道应当安装防攀爬装置。戒毒管理区所有室内顶部管道不得裸露。

第四，管理区内水、暖、电、管道设施。戒毒管理区内的水、暖、电的检查

口、检查井等处均应设牢固的闭锁及防护装置，穿越围墙的各种管道应为单根直径不大于300毫米的束管。戒毒管理区内的水、暖、电检查口、检查井及给排污等设施应当安装防护装置，并使用锁具封闭。戒毒人员用房外墙管道设防攀爬设施，室内管道不应裸露。

第五，探访室安检系统。探访室应当设置安检系统。戒毒人员和探访人员之间采用安全玻璃隔离，使用有线电话交谈；询问室内戒毒人员与询问人员之间用金属防护栏等隔离。

（2）技防设施管理。强制隔离戒毒所应当设置具有通讯指挥、周界控制、应急报警、监控、巡视、对讲、门禁、巡更等功能的信息化系统，并制定相应的运行管理制度，实现视频监控全覆盖。值班民警应当熟悉监控设备，熟练操作各项程序，维护设备的正常运行。

第一，监控设施。对门卫值班室、宿舍、公共场所、出入口、围墙、教室、心理矫治中心、康复训练中心、生产车间、医院、禁闭室、谈话室、民警办公室等场所进行实时图像监控，对重点部位还应进行前段音视频信息的采集。视频监控资料保存期限不得少于30天，重要音视频资料、重大执法活动音视频应当长期保存。

根据具体视频监控点所在位置的功能，采用高清网络半球型摄像机或枪式摄像机。舍室、卫生间、生活区、工作区、通道、值班室、围墙等根据场景需要选用半球或枪式摄像机；公共区域、大楼顶等采用高清球形摄像机，用于区域内高点、大范围、全局动态监控。

女子强制隔离戒毒所应急监控指挥中心应当由女性戒毒工作人民警察担任夜间值班。

第二，报警系统。强制隔离戒毒所应该配备金属探测仪、毒品检测仪、安全检查门等安全检测设备。戒毒工作人民警察值班执勤部位应当安装触发式报警装置或便携式报警装置。

便携式报警装置可分为固定式对讲报警系统和移动式对讲报警系统。固定式对讲报警系统是在各舍室、值班室、生活区、工作区等区域设置的可视对讲报警系统，对讲主机和分机均具有一键报警功能；采用基于IP网络的对讲和监听、报警方案，在各舍室设置可视对讲报警分机，各大队值班室设置对讲主机，并接入所监控指挥中心，与所监控指挥中心对讲主机联网；对讲主机可随时与所属各戒毒人员宿舍进行对讲、广播和监听。移动式对讲采用移动终端，由执勤戒毒工作人民警察随身携带。

触发式报警装置安装在强制隔离戒毒所外围周界、内围周界。外围围墙采用相控阵雷达、电子围栏、智能分析相结合的方式；内围周界采用穿越警戒线、穿越围栏、徘徊检测、快速移动等智能分析的方式。

2. 安全警戒护卫组织建设。

（1）安全警戒警力配备。强制隔离戒毒所应当按照戒毒人员总数 2%~3%的比例在正式戒毒工作人民警察中选配专职或兼职安全警戒人员，其中专职安全警戒人员不得少于安全警戒人员总数的 60%，40 岁以下戒毒工作人民警察不得少于安全警戒人员总数的 50%。

戒毒人员总数在 500 人以下（不含 500 人）的强制隔离戒毒所，安全警戒人员不得少于 10 人；戒毒人员总数在 500 以上、1000 人以下（不含 1000 人）的强制隔离戒毒所，安全警戒人员不得少于 16 人；戒毒人员总数在 1000 人以上的强制隔离戒毒所，安全警戒人员不得少于 20 人。

收治女性戒毒人员的强制隔离戒毒所，应当配备适当数量的女性戒毒工作人民警察从事安全警戒工作。

（2）安全警戒组织及职责。

第一，组织设置。强制隔离戒毒所成立安全稳定办公室，办公室设在戒毒执法管理部门，由分管安全的所领导任主任，戒毒执法管理部门负责人任副主任，各科室负责人为成员。安全稳定办公室负责对全所的安全稳定工作进行督查和指导。

第二，职责。①戒毒执法管理部门主要负责检查基层各大队是否落实安全管理工作的要求和安全防控制度等，包括五种情况排查是否准确、防控措施是否到位、四大现场警力配备和现场管理情况、管教对象异常动态情况、对戒毒人员的考核管理等。②教育管理部门和身心康复部门的主要职责是指导各大队开展个别教育，运用心理咨询技术开展危险性评估，进行心理干预等，做好异常人员的教育疏导工作。③生活卫生管理部门负责督促所医院做好戒毒人员的入所体检和日常诊疗工作，督导做好强制隔离戒毒所医疗购买服务、传染病管理和疫情防控工作，落实戒毒人员伙食、卫生标准，督导做好饮食卫士安全工作。④安全警戒护卫机构负责强制隔离戒毒所戒治区门前警卫工作，做好出入所人员、车辆检查、登记工作；负责警戒执勤工作；负责所区及围墙内外的巡逻、检查，协助清查违禁物品；负责视频监控工作；组织或参与戒毒人员转移、调遣工作；组织或参加制定突发事件应急预案，定期开展演练，参与防范和处理强制隔离戒毒所各类突发事件；完成其他安全警戒工作任务。

（3）人员与职责。

第一，强制隔离戒毒所主要领导。强制隔离戒毒所主要领导是本单位安全管理工作的第一责任人，对安全管理工作整体负责，要切实履行责任，认真研究和解决有关安全稳定的重大问题。

第二，强制隔离戒毒所分管领导。强制隔离戒毒所分管领导是本单位安全管理工作的直接责任人，要重点抓、具体抓安全管理工作，及时解决工作中遇到的困难和问题。

第三，大队长。大队长是所在戒毒大队安全管理工作的直接责任人，对大队的工作全面负责，要准确掌握大队的安全形势，带领大队全体戒毒工作人民警察全面落实安全防控措施。

第四，部门负责人。部门负责人是所在部门担负安全管理工作的直接责任人，对本部门的全面工作负责，要准确把握本部门在安全防控工作中的职能任务，督导落实安全防控措施。

第五，戒毒工作人民警察。戒毒工作人民警察是责任区域和主管范围安全管理的具体责任人，对安全管理负直接责任。要用心观察、认真分析，准确掌握戒毒人员的思想动态和物防漏洞，及时发现、报告和消除安全隐患。

3. 安全警戒值守与巡查。

（1）戒毒管理区警卫室值守。

第一，戒毒管理区警卫室值守戒毒工作人民警察负责。戒毒管理区警卫室值班工作由戒毒工作人民警察负责，门卫值班民警必须规范着装，戴证上岗，使用文明用语。门卫应 24 小时双人执勤，在岗期间，不准看书、阅报、听收音机，不准处理私人事务、聊天、玩牌、下棋或从事其他娱乐活动，不准打瞌睡、睡觉，严禁擅离岗位，及时接听电话，严格履行职责，规范记载簿册。

门卫值班民警要切实履行人员、车辆、物资查验、报告、处置职责，认真检查入出所人员、车辆、物资，严格执行保密制度，不得隐瞒情况，发现问题及时处置，并报戒毒执法部门或有关单位及上级领导。门卫要认真观察进出人员，发现可疑人员要认真盘查，及时报告。门卫必须遵纪守法，清正廉洁，不得假公济私、收受贿赂。

第二，大门值守要点。戒毒人员进出管理区必须有戒毒工作人民警察带领，否则门卫不得放行。督促带班民警清点戒毒人员人数，做好记载，督促带班民警对进出管理区戒毒人员进行安检，并督促戒毒人员出入管理区必须着学员服，佩戴胸牌，带戒毒人员出所必须要有所政管理部门批准手续。

严格控制车辆进出大门，确需进入管理区的，必须由用车科室和大队派人签字带领，并对其进行认真检查和详细登记。门卫要严格检查出所车辆，防止戒毒人员从大门逃跑，外来车辆和人员出所时要收回出入证。

严格控制外来人员进出大门，进出大门人员必须接受身份查验，对来所视察、检查工作的上级机关领导和工作人员，要热情接待、及时报告；其他外来人员需要进入管理区的，必须由相关单位签字批准。

门卫必须提醒进入管理区的人员不得携带手机、相机、摄像机、录音笔等可能泄密的物品。确因工作需要带入的，必须由使用部门人员签字并做好监督工作。

（2）监控室值班。

第一，监控室戒毒工作人民警察职责。监控室值班民警担负全所监控设施值守、系统运行操作、监控视频画面巡视、监控设备故障报告及异常情况的发现、报告、处置等职能，利用技术手段填补安全防控漏洞。监控室值班民警必须坚守岗位，恪尽职守，按时上下班，不做与工作无关的事情，严禁无关人员进入监控室，严禁使用计算机进行与工作无关的操作，不得擅自变更操作程序、控制软件。

监控室值班民警要认真履行工作职责，完成工作任务，实事求是地做好值班记录。熟练掌握监控业务技能，严格按程序操作，认真观察显示器等监控设备的报警系统运行状态，设备工作异常或发生故障时，不得擅自处理，要及时通知技术人员处置，并做好记录。

第二，监控室值班要点。值班时应严格按照规定时间、内容、范围，集中精力严密观察，对异常可疑情况及时报告并做好记录。监控重点在于围墙、民警值班室、公共区域等，发现大队值班民警长时间不在值班室的，应当电话通知大队。

管理好各种监控设备和设施，按时交接班，完善交接手续，整理好当班的工作记录；交班时要告知接班人员监控系统运行情况。做好各种监控数据的汇总、存档，未经许可，不得外传监控数据。

发生紧急事件时，监控室负责发出警报或报警，报告值班所领导，并按要求启动应急处突预案，通知相关部门和人员到达处突现场。本所其他部门工作人员确因工作需要原因，需要进出监控室的，应当做好记录。

（3）巡查。

第一，巡查戒毒工作人民警察职责。巡查民警积极配合各戒毒大队长期抓好所内设施安全巡查工作，确保强制隔离戒毒所的安全稳定。根据情况需要或应各大队的请求，协助对戒毒人员的生活区、生产区、学习区以及强制隔离戒毒所重点部位进行巡查。

日常执勤中，对生活区、学习区、生产区各大队防火设施、防汛器材、安全防控设施和事故隐患，均可进行巡查、督导，提出整改建议。

第二，巡查工作要点。认真盘查外来可疑人员，加强探访室和管理区大门的安全巡查工作，杜绝违禁品进入所内。在巡查中，对涉嫌将有违禁品的戒毒人员，应当进行必要的人身搜查。对强制隔离戒毒所外围墙进行认真巡查，杜绝外

来人员的侵扰和破坏活动。

巡查民警应按规定将查获的案件予以上报，对被查获的戒毒人员或外来人员依法作出处理，与当地公安机关取得联系，并认真做好巡查记录。

4. 警械具管理。警械具是指戒毒工作人民警察按照规定装备的警棍、盾牌、钢盔、催泪弹、高压水枪、特种防暴枪、手铐、警绳等警用器械。戒毒工作人民警察依法使用警械，应当以制止违法犯罪行为，尽量减少人员伤亡、财产损失为原则。

（1）警械具的使用规定。戒毒工作人民警察遇有下列情形之一，经警告无效的，可以使用警棍、催泪弹、高压水枪、特种防暴枪等驱逐性、制服性警械：

第一，强行冲越戒毒工作人民警察为履行职责设置的警戒线的；

第二，以暴力方法抗拒或阻碍戒毒工作人民警察依法履行职责的；

第三，袭击戒毒工作人民警察的；

第四，危害公共安全、社会秩序和公民人身安全的其他行为，需要当场制止的；

第五，法律、行政法规规定可以使用警械的其他情形。

遇有戒毒人员脱逃、行凶、自杀、自伤或者有其他危险行为的，可以使用手铐、警绳等约束性警械。

（2）警械具的管理。

第一，大队配备的各种警械具，必须集中存放于警械具专用柜内，由专人负责统一管理。

第二，保管人员应认真做好警械具的接收检查、分类清点工作，认真填写《警械具管理登记表》，确保账物相符。

第三，应当定期对警械具进行维护保养，按照各项技术要求进行擦拭、充电、检修等，防止锈蚀、霉变、损坏，以保证警械具随时处于可供使用的良好状态。

第四，因工作需要使用警械具的，需填写使用表格由大队领导批准。

第五，警械具出入库均严格实行登记制度，保管人、领用人应在《警械具管理登记表》上正确签发、签收。

第六，领用人应切实承担管理责任，积极做好维护保养工作，做好防抢、防盗、防丢失工作，杜绝损毁、遗失现象发生，出现上述问题要及时向领导报告，并向公安机关报案。

第七，警械具发生故障无法正常使用的，应及时向大队领导汇报，尽快送指定地点维修。

第八，警械具纳入大队公有财产管理，严禁擅自将警械具进行调换、转借、赠送、买卖、出租。

三、任务考核

【案例】 王某与妻子宋某于2009年结婚，婚后育有一子。2015年，王某在朋友的影响下，经不住毒品的诱惑，偷偷染上了吸毒恶习。2017年6月，王某因吸食毒品被公安机关决定强制隔离戒毒2年。彻底失望的宋某向法院起诉，要求与王某离婚，法院采取巡回审理的方式，最终调解结案，王某与宋某协议离婚。离婚后的王某情绪很低落，性格也变得怪异孤僻，少言寡语，对民警的教育不理不睬。有一次，王某在习艺劳动现场突然大量吞食电子元件，好在现场民警及时发现，将王某紧急送医，才挽救了王某的生命。

问题：根据以上案例，讨论对于王某这样的重点人员，强制隔离戒毒所应该怎样做好防控工作？

学习任务25 强制隔离戒毒所突发事件应急处置

一、学习目的

1. 了解强制隔离戒毒所突发事件的常见类型与分级。
2. 了解强制隔离戒毒所突发事件处置的基本原则。
3. 掌握常见突发事件应急处置的具体程序。

二、知识要点

在强制隔离戒毒工作的实际开展中，潜存着大量的突发事件诱因。一旦这些矛盾加剧，将导致诸多意外事件的发生。如何进一步构建科学、合理、高效的突发事件应急管理机制，促进安全稳定，已成为强制隔离戒毒工作的重中之重。构建完善的应急管理体制，不仅有利于提高强制隔离戒毒所预防、处置突发事件的能力，为强制隔离戒毒所全面、有效履行戒毒矫治功能创造良好的环境，更有利于维护社会和谐与稳定。

强制隔离戒毒所突发事件是指在强制隔离戒毒场所突然发生的，扰乱或破坏监管秩序，具有一定规模，危害后果严重并需要紧急处置的各种灾害、事故及违法犯罪活动的总称。

(一)强制隔离戒毒所突发事件的常见类型与分级

1. 常见类型。

(1)管教安全事件。管教安全事件主要包括在强制隔离戒毒所内发生的暴力事件、集体骚乱，戒毒人员脱逃、自杀、自残、纵火、爆燃、行凶杀人、暴力袭警、劫持人质、利用机动车冲所、集体绝食、集体斗殴、所内投毒等重大安全事件；戒毒人员与社会不法分子内外勾结暴所、冲所事件；社会不法人员暴力袭警、聚众围攻外出执行公务的戒毒工作人民警察，聚众冲击、袭扰强制隔离戒毒所，破坏强制隔离戒毒所设施和财产等重大事件；枪支弹药丢失、被盗和涉枪伤亡事件；毒品、现金、身份证或其他违禁物品流入强制隔离戒毒所，已经产生或可能产生严重后果的事件；调遣戒毒人员时发生骚乱、脱逃等安全事件或交通事故；针对强制隔离戒毒所的恐怖袭击事件；等等。

(2)生产安全事故。生产安全事故主要是指重大、特大生产安全事故，重大、特大火灾以及其他对戒毒工作人民警察、戒毒人员及其他人员的生命财产带来严重危害的事故。

(3)公共卫生事件。公共卫生事件主要是指在强制隔离戒毒所内发生的，对戒毒工作人民警察、戒毒人员健康造成或可能造成严重损害的重大传染病疫情，群体性或不明原因疾病，重大食物中毒和职业中毒，以及其他严重影响身体健康的事件。

(4)自然灾害。自然灾害主要是指地震、洪水、台风、泥石流、山体滑坡以及其他因气候或自然环境造成的严重自然灾害。

2. 分级。根据突发事件造成的人员伤亡和可能造成的社会影响，可以将其分为特别重大突发事件(Ⅰ级)、重大突发事件(Ⅱ级)和较大突发事件(Ⅲ级)。

(1)特别重大突发事件(Ⅰ级)。特别重大突发事件包括：戒毒人员20人以上的逃跑事件；5人以上的自杀事件；造成2人以上死亡或3人以上重伤的行凶杀人事件；劫持5名以上人质的事件；30人以上集体骚乱、绝食、斗殴、暴所事件；围攻强制隔离戒毒所及破坏财物持续时间较长、参与人员较多、财产损失较大的事件；调遣戒毒人员过程中发生3人以上的脱逃事件；针对强制隔离戒毒所制造的危害范围较大、涉及人员较多、财产损失较大的恐怖事件；因灾害、生产事故和中毒等引起5人以上死亡事件；事件已经或者即将被全国性媒体、门户网站首页采录，在网络论坛被持续关注，在全国甚至国际上产生广泛影响的，中央领导作出批示，提出明确要求的舆情事件；其他对强制隔离戒毒所安全稳定造成特别重大影响的突发事件。

(2)重大突发事件(Ⅱ级)。重大突发事件包括：指戒毒人员5人~19人逃跑事件；2人~4人自杀事件；造成1人死亡或2人重伤的行凶杀人事件；劫持1人~4人事件；10人~29人集体骚乱、绝食、斗殴、暴所事件；围攻强制隔离戒毒所及破坏财物事件；调遣戒毒人员中发生2人以下的脱逃事件；针对强制隔离戒毒所制造的恐怖事件；因灾害、生产事故和中毒等引起3人~4人死亡事件；事件已经或者即将被省级媒体报道、被门户网站采录或转载，在网络论坛中跟帖人数较多、速度较快，在事发地产生较大影响的，省、部级领导作出批示，提出明确要求的舆情事件；其他对强制隔离戒毒所安全稳定造成重大影响的突发事件。

（3）较大突发事件（Ⅲ级）。较大突发事件包括：指戒毒人员5人以下逃跑事件；戒毒人员自杀、行凶杀人事件；9人以下集体骚乱、绝食、斗殴、暴所事件；因灾害、生产事故和中毒等引起1人~2人死亡事件；事件已经或即将被地市级媒体、网站关注，或通过非媒体渠道传播，在事发地产生一定影响的舆情事件；其他对强制隔离戒毒所安全稳定造成较大影响的突发事件。

（二）强制隔离戒毒所突发事件处置的基本原则

强制隔离戒毒所应注意提高预防和处置突发事件的能力，保证突发事件应急处置工作快速、高效、稳妥、有序地进行，避免或减少突发事件及其造成的人员伤亡和财产损失。

1. 统一领导，协调一致。统一领导就是参与强制隔离戒毒所突发事件处置的部门、单位在所党委或地方政府的领导下，自觉服从领导、听从指挥。协调一致就是要求参与强制隔离戒毒所突发事件处置的部门、单位在所党委或地方政府的领导下，互相配合，统一认识，步调一致，充分发挥各自的职能作用，以达到妥善处置突发事件的目的。

2. 快速反应，及时处置。快速反应，及时处置，是指强制隔离戒毒所在发生突发事件时，要获得信息快，做出反应快，组织力量快，赶赴现场快，抓住有利时机，及时果断处置，及时、快速平息事件，以较少代价取得较大结果。坚持快速反应，及时处置原则，有以下重要作用和意义：一是能以较少的力量将事件控制在最小范围；二是有利于实施调查、了解情况，及时查明原因；三是有利于在短时间内采取针对性措施，快速平息事件。为此，要做好以下工作：首先，群体事件刚刚激发、信息尚未传播、事态还未扩大的初期，是处置工作的最佳时机，此时要迅速组织力量，赶赴事件现场，控制事态的发展，防止无关人员卷入事件，避免酿成大规模的骚乱或暴乱事件；其次，把握平息时机，转“聚”为“散”；最后，利用参与人员情绪转化的时机，分散瓦解，孤立、控制少数主谋者，尽快平息事件。

3. 统一指挥，整体作战。在处置强制隔离戒毒所突发事件时，必须立即启

动由党政领导和各有关单位负责人组成的处置工作指挥部，负责整个事件的集中统一指挥，汇聚多方力量，形成整体作战格局。所谓统一指挥，是指在处置强制隔离戒毒所突发事件时，指挥部对整个处置工作行使集中统一的指挥权，所有参与的戒毒工作人民警察及其他力量，都必须按照高度统一、分层组织实施的指挥原则，在指挥部的统一组织和指挥下行动；同时，现场指挥机构和各执勤小组应指定负责人，明确指挥关系。整体作战是在统一的处置意图和计划下，各单位之间、各执行小组之间密切配合、互相支援，以确保有关人员思想统一、步调一致地采取行动，以保证既定的人力物力条件通过指挥人员合理地组织、协调和指挥，发挥出最大的效应。

4. 因事施策，区别对待。强制隔离戒毒所突发事件的原因是多方面的，其社会危害性也是多层次的，而且其形成和发展、变化十分复杂，往往与其他社会问题交织在一起，如果对所有的突发事件都采取同一种处置方法，对同一种突发事件中不同层次、不同角色的闹事者也采取同一种处置模式，是不可能妥善处置的，所以要根据不同情况区别对待。因事施策、区别对待的原则要求在处置强制隔离戒毒所突发事件过程中应把握以下基本点：一是弄清突发事件的性质，判断该事件是政治性的、预谋性的、突发性的、事故性的，还是灾害性的。各种不同性质的或同一种性质不同情况的突发事件，都对应不同的处置方法。二是摸清强制隔离戒毒所突发事件的原因，了解引起突发事件的直接原因或中心问题，有针对性地解决这方面的问题。三是探明引发或卷入强制隔离戒毒所突发事件的人员结构，对处在不同层次的引入和卷入人员采取不同的处置方法，不能一概而论。

（三）常见突发事件应急处置程序

1. 管教安全事件处置程序。

（1）戒毒人员逃跑事件处置程序。戒毒人员逃跑是指戒毒人员违反有关法律法规，擅自离开强制隔离戒毒所的行为。在戒毒人员逃跑事故中，群体性脱逃和袭警脱逃所占比例较大。因此，一般而言，脱逃人员及组织者多为复吸人员；大多数事故都发生在深夜及节假日等在岗警力少、值班人员易疲劳时段，或发生在看护警力较少、所处环境较复杂的离所就医过程中。其具体处置程序为：

第一，及时报警。发现戒毒人员逃跑，现场执勤民警要立即向强制隔离戒毒所应急指挥中心报警。应急指挥中心应立即启动预案，报告所领导，通知各单位清点人数，判明逃跑人数，同时向省级戒毒管理局突发事件应急指挥部报告。

第二，勘查搜索。强制隔离戒毒所应立即对案发现场进行勘查，分析戒毒人员可能逃匿的方向与地点，并派出搜索小分队前往搜查。同时，与有关公安机关联系，启动社会面监控系统逃匿方向追踪。

第三，通报情况。强制隔离戒毒所立即向本所所在地、戒毒人员常住地或户籍地公安机关通报逃跑戒毒人员的基本信息、可能去向、伪装用品和可能实施违法犯罪预判等情况。

第四，发布信息。省级戒毒管理局要立即向全省各强制隔离戒毒所通报情况，发布协同配合围捕逃跑戒毒人员的指令。

第五，联动追捕。强制隔离戒毒所要会同所在地公安机关，迅速到达各自设卡点，实施堵截，对过往车辆和人员进行严格检查。走访周围的群众，搜集线索。同时，启动社会面监控系统网络追踪。

第六，锁定目标。与公安机关共同分析案情，确定围追堵截的重点和范围，必要时可协同公安机关技侦、刑侦部门，依法利用科技手段锁定目标具体位置。

第七，实施抓捕。组织警力设置包围圈，实施拉网式搜索。发现逃跑戒毒人员后对其展开政策攻心，在说服无效的情况下，可视情况组织警力强制缉拿抓捕。

第八，善后处理。逃跑戒毒人员被追回后，立即组织讯问，整理相关材料，写出专题报告。强制隔离戒毒所还要以此为典型案例，对其余戒毒人员进行警示教育。

（2）戒毒人员暴所事件处置程序。戒毒人员暴所是指多名戒毒人员以逃脱为目的，暴力冲击强制隔离戒毒所的行为。其具体处置程序为：

第一，迅速报警。现场执勤民警应立即向所应急指挥中心报警，并喝令暴所戒毒人员停止违法犯罪行为；现场开展教育，缓解暴所戒毒人员情绪；疏散或撤离其他戒毒人员，防止暴所事态的扩大。

第二，封锁现场。接到报警后，强制隔离戒毒所应急指挥中心迅速启动预案，调集警戒护卫警力快速到达事发现场，封锁暴所现场、大门以及会见室等要害部位，占据有利地形，形成包围阵势，武力控制，严密警戒。加强强制隔离戒毒所内外巡逻，防止事态扩大。

第三，政策攻心。在武力威慑的同时，对参与暴所戒毒人员进行喊话，宣讲法律政策，实施心理攻势，分化参与暴所的戒毒人员，瓦解其意志，孤立首要分子，迫使其放弃反抗。

第四，强行突击。选择有利时机、有利地形，强行突入现场，捕获首要分子。对已逃脱人员按相关预案实施追踪抓捕。

第五，依法查处。依法进行现场勘查，及时提取证据并依法惩处。

第六，教育整顿。总结教训，彻查潜在的诱发因素或重新激发矛盾的不稳定因素，消除安全管理隐患，对全体戒毒人员进行教育，正面引导，消除影响，稳定秩序。

（3）戒毒人员袭警事件处置程序。戒毒人员袭警是指戒毒人员由于不满强

制隔离戒毒所严格管理或个人需求未得到满足等原因，以暴力手段攻击戒毒工作人民警察以宣泄不满和怨恨的行为。处置袭警事故，已经成为强制隔离戒毒所安全工作的重要内容，是戒毒工作人民警察履行职责、保护自身安全应当具备的基本能力。其具体处置程序为：

第一，立即制止。发生戒毒人员袭警，当事民警应当保持镇静，果敢应对，依法防卫，立即大声喝止戒毒人员放下凶器、停止攻击行为。同时向其他执勤民警报警。

第二，及时增援。其他执勤民警接报或发现警情后，应当在第一时间向强制隔离戒毒所应急指挥中心报告，请求增援。同时，立即赶赴现场疏散其他戒毒人员，防止事态扩大和伤亡增加。

第三，伺机制服。当事民警和增援民警应当根据现场环境、位置和力量对比等因素，寻找机会制服袭警人员。如不能立即制止而形成僵持，应与其周旋。在说服制止无效、情况危急时，由应急处置队强行制服。

第四，善后处理。及时救治事故中受伤人员，减少伤亡，降低损失，开展调查。开展管理漏洞、安全隐患排查整改。做好其他戒毒人员教育工作，消除由此产生的思想情绪波动，稳定强制隔离戒毒所管理秩序。

（4）戒毒人员劫持人质事件处置程序。戒毒人员劫持人质是指戒毒人员以暴力手段控制一人或多人的人身自由，并以伤害、折磨被控制者相要挟，胁迫强制隔离戒毒所或被控制者本人满足其要求的行为。其具体处置程序为：

第一，立即报警。发生戒毒人员劫持人质事件，当班执勤民警应大声喝止，令其停止违法犯罪行为，并立即向所应急指挥中心报警。

第二，控制现场。将保护人质安全放在首位，快速将其他戒毒人员带离现场，防止其围观起哄。增援民警按梯次配置对现场进行包围控制。应急处置队在事发地周边设置包围圈，并占领制高点，对劫持者形成震慑。

第三，请求支援。强制隔离戒毒所及时向上级报告，并迅速通知地方公安机关，对严重危及人质生命安全的情形，要依靠公安武警的专业防爆人员制服劫持人员。

第四，攻心瓦解。增援警力未到时，应当视具体情况与当事戒毒人员周旋，稳定劫持者情绪，了解其劫持人质的真实意图，通过瓦解谈判、政策宣讲、心理疏导等措施，平缓其激动情绪，劝说其不要伤害人质并释放人质。

第五，果断处置。在当事劫持人员出现言语急躁、情绪波动、思维混乱，极有可能伤害人质时，应当根据现场情况，强行将其制服，解救人质。

第六，救治伤员。及时救治事件中的受伤人员，最大限度地降低事件的危害。

第七，善后处理。做好侦查、调查和被劫持人质心理疏导等工作。同时，开展教育整顿，稳定戒毒人员思想情绪，组织安全隐患排查，填补安全管理漏洞，维护强制隔离戒毒所管理秩序。

（5）戒毒人员群体斗殴事件处置程序。戒毒人员群体斗殴，是指为了报复他人、争霸一方或其他不正当目的，纠集众人进行群殴械斗，破坏强制隔离戒毒所管理秩序的行为。其具体处置程序为：

第一，控制事态、及时报告。现场执勤民警立即进行喊话劝阻，责令肇事者停止打斗，及时将未参与斗殴人员分离并安全带离现场，避免事态扩大，迅速了解事发原因。同时，立即向所应急指挥中心报告。

第二，封控外围。所应急指挥中心接报告后，迅速调集警戒护卫警力，快速到达现场，封锁强制隔离戒毒所大门、斗殴现场，占据有利位置，将群体斗殴人员包围；加强内外巡逻警戒，严防戒毒人员乘机逃跑。

第三，政策攻心。对群殴人员进行法律政策规劝，疏导攻心，分化、瓦解斗殴团伙。

第四，强行突入。在警告无效的情况下，可组成战术队形，强行突击，将斗殴戒毒人员驱散、分割包围。迅速制服、抓捕负隅顽抗者，平息事态。

第五，救治伤员。医护人员进入现场对受伤人员实施现场救护，并将伤势严重者送往医院救治。

第六，善后处理。做好事后调查和心理疏导等工作，严惩首要分子，查处参与人员，表彰协助平息斗殴的积极分子。同时，开展教育整顿，稳定戒毒人员思想情绪，组织安全隐患排查，填补安全管理漏洞，维护强制隔离戒毒所管理秩序。

（6）戒毒人员自杀事件处置程序。戒毒人员自杀事件，不仅影响强制隔离戒毒所安全稳定，而且也容易成为社会关注的焦点。其具体处置程序为：

第一，劝说制止。发现戒毒人员企图自杀，戒毒工作人民警察应在第一时间作出反应，耐心劝说，规劝其放弃自杀念头。同时，将其他戒毒人员带离现场，防止少数戒毒人员借机哄闹滋事。

第二，迅速报警。在劝说、制止的同时，戒毒工作人民警察应立即向所应急指挥中心报警，应急指挥中心应立即报告所领导，通知相关部门并组织警力赴现场增援。

第三，及时抢救。如戒毒人员已经实施自杀，则根据其不同的自杀方式采取相应的抢救措施。对自缢的，应迅速将其从高处放下，小心解开绳套，采用胸外按压、人工呼吸等现场救护措施；对使用锐器割腕、颈的，应劝说其放下锐器，若劝说未果，应寻机夺下，对伤处进行包扎治疗，受伤严重者应立即送医院救

治；对企图跳楼的，要劝其放弃自杀，并做好地面防护和救护准备；对吞食异物自杀的，要立即送医院救治。

第四，保护现场。如戒毒人员自杀既遂，经医生检验确认已经死亡的，要立即通知司法鉴定部门进行法医鉴定，对自杀现场采取保护措施，设置隔离带，报告并等候相关职能部门进行现场勘查。

第五，善后处置。对自杀未遂的戒毒人员，在积极救治的同时，要查明原因，进行有针对性的心理疏导，并予以相应处理。

对自杀死亡的戒毒人员，要按照规定在公安机关领导下对死亡原因作出司法鉴定，并通知戒毒人员亲属，积极争取他们的配合，必要时要争取党政部门的支持，妥善处理善后事宜，避免引发其他事端。

（7）戒毒人员所内死亡事件处置程序。

第一，及时报告。发生戒毒人员所内死亡事件，强制隔离戒毒所应当按有关规定，立即通知其近亲属，报告所属公安机关或者司法行政部门，并通报原决定机关，并做好相关记录。死亡的戒毒人员无近亲属或者无法通知其近亲属的，强制隔离戒毒所应当通知死亡戒毒人员户籍所在地或者居住地的村（居）民委员会或者派出所。

第二，查明死因。在所内因病猝死或医院病死的，要由医院出具因病死亡证明书；其他情况死亡的，要由公安机关或者司法行政部门查明死因。

戒毒人员死亡并经初步判断为正常死亡的，公安机关或者司法行政部门应当立即开展以下调查工作：封存、查看戒毒人员死亡前15日内原始监控录像，对死亡现场进行保护、勘验并拍照、录像；对负责收治、巡视、监控、管教等工作、可能了解死亡戒毒人员相关情况的戒毒工作人民警察以及医生等进行询问调查，分散管理同室戒毒人员并进行询问；封存、查阅收治登记，入所健康和体表检查登记，体检记录表和健康档案，管教民警谈话教育记录，单独管理、保护性约束措施或者械具使用审批表，就医病历，诊断评估手册等与死亡有关的台账、记录等；登记、封存死亡戒毒人员的遗物；查验尸表，对尸体进行拍照、录像；组织医学诊断。家属对现定死因有异议的，可申请法医鉴定。

初步判断戒毒人员非正常死亡的，公安机关或者司法行政部门除开展上述调查工作外，还应当对死亡原因进行鉴定。有关人员涉嫌犯罪的，应当将案件移送有管辖权的侦查机关。

第三，固定证据。强制隔离戒毒所要及时收集、固定与死因相关的记录、录音、视频等证据材料。

第四，疏导教育。对同寝室或知情戒毒人员，及时进行心理疏导教育，缓解、消除紧张、恐惧心理，引导其正确看待和应对，降低不良影响。

第五，善后处理。强制隔离戒毒所要组成善后处理工作组，联络、接待家属，向家属通报死因，与家属协商处理后事，妥善处理善后事宜。严防家属无理取闹，借机滋事，冲击强制隔离戒毒所或聚集上访；严防家属歪曲事实，散布谣言，在社会上造成不良影响。

（8）戒毒人员集体绝食事件处置程序。

第一，发生戒毒人员集体绝食事件，事发大队执勤戒毒工作人民警察应及时向相关上级领导和所政管理部门报告具体情况。

第二，控制事态。强制隔离戒毒所要及时组织戒毒工作人民警察将集体绝食的戒毒人员与其他人员隔离，封锁有关信息，防止事态进一步扩大。

第三，政策攻心。在全面了解原因的情况下，利用有力的宣传工具开展政治攻势，进行教育、分化、瓦解。

第四，分散隔离。在反复宣传教育收效甚微时，应采取强制措施分割包围，将集体绝食戒毒人员逐一带离现场，分散隔离管理。

第五，教育整顿。查明事发原因，总结教训，追查责任，改进工作；及时依法打击煽动闹事者，震慑教育跟风参与者；做到思想疏导与严厉打击相结合，使问题得到彻底解决。

（9）戒毒人员所内群体吸毒事件处置程序。

第一，迅速报告，启动预案。发生群体吸毒事件时，应立即向所应急指挥中心报告，启动应急预案，发布处置指令，各应急小组紧急奔赴现场。

第二，及时隔离，维护秩序。现场执勤民警应立即集中并隔离相关人员，各大队立即进行摸排，维护好秩序，保护好现场。

第三，展开调查。事故调查处理组应立即赶赴现场，进行调查，组织指导大队对事故进行处置，组织开展全所安全检查。

第四，抢救中毒病危人员。医疗救护组应及时抢救因吸毒过量存在生命危险的人员。

第五，抽样尿检。对全所戒毒人员进行抽样尿检，了解吸毒事件的范围。

第六，排查毒品来源。及时讯问吸毒人员，查明毒品流入途径，查清参与吸毒的人员，查清群体吸毒事件的前因后果。

第七，依法惩处，责任追究。群体吸毒事件调查结束后，依法依规对吸毒人员作出严肃处理，总结处置经验，吸取经验教训，追究相关工作人员责任，进一步做好毒品等违禁品的查、禁、防、堵和安全防范工作。

（10）戒毒人员行凶事件处置程序。戒毒人员行凶是指戒毒人员由于个人需求未能得到满足或与其他戒毒人员发生利害冲突等原因，暴力侵害其他戒毒人员的行为。其具体处置程序为：

第一，喝令制止。发生戒毒人员行凶时，现场执勤民警要喝令制止，同时立即报警，请求支援。

第二，控制事态。及时将现场无关人员疏散到安全地带，同时注重保护现场，与增援警力一起对行凶戒毒人员进行包围、控制。

第三，规劝警告。对行凶者进行有针对性的规劝，疏导攻心，瓦解其意志，促使其放弃继续行凶的意图。规劝无效时，对行凶人进行警告，以武力震慑逼其放弃行凶。

第四，伺机制服。如受害人已死亡，可依法使用警械、武器立即制服凶手；如受害人生命正遭受威胁，则应采取迂回进攻等手段伺机制服，解救受害人。

第五，伤员救治。对受伤人员实施现场救护或立即送往医院救治，全力抢救受伤人员生命。

第六，善后处理。事态平息后，对行凶现场进行勘查，为依法、及时、有效惩处行凶人员提供依据。要对全体戒毒人员进行教育引导，重申纪律，消除不良影响，稳定强制隔离戒毒所秩序。

（11）不法分子冲击事件处置程序。不法分子冲击强制隔离戒毒所是指强制隔离戒毒所周边单位或个人、解除强制隔离戒毒人员及其家属、戒毒人员家属等由于利益诉求得不到满足等原因，聚集到强制隔离戒毒所哄吵闹事，甚至冲击破坏强制隔离戒毒所设施的行为。其具体处置程序为：

第一，劝止警告，迅速报警。一旦发现有不法分子聚众闹事、冲击强制隔离戒毒所，应立即向不法分子提出警告，劝告其停止不法行为，同时迅速向所应急指挥中心报警。

第二，集结警力。所应急指挥中心接到报警后，应迅速调集警戒护卫警力，快速到达现场进行警戒，并通报当地政府、公安机关。

第三，设置屏障。在通报情况的同时，强制隔离戒毒所应立即组织警力抢占有利地形，在易受不法分子冲击的强制隔离戒毒所大门、办公楼等部位设置防守屏障，加强警戒，并对不法分子形成包围。同步做好现场录音、录像、拍照等取证工作。同时，加强所内戒毒人员的管理控制，防止里应外合导致事态恶化。

第四，政策教育。所领导要到一线指挥，与不法分子面对面进行对话，准确判断事件性质，摸清不法分子冲击的动机、目的，配合政府工作人员、公安民警加强政治攻势。对戒毒人员家属提出的伤残、死亡等异议，由当地政府、公安机关或第三方出面解释，进行喊话和疏导规劝，要求其通过合法途径解决问题，将不法分子逐个分化瓦解，疏散围观群众，避免事件升级或引发新的矛盾。

第五，平息事态。配合公安机关依法处置，按照慎用武器警械和强制措施的原则，先采取分化瓦解、各个击破的方法，缓和平息事态；必要时可采取武力震慑，迅速制服首要分子，驱散闹事者，强力平息事态。依法进行调查，解决相关问题，惩处严重违法分子，教育跟风参与者。

第六，善后处理。事态平息后，利用执法情况通报会和戒毒人员家属座谈会等形式，通报事件情况，还原事实真相，揭露违法行为，大力宣传党的戒毒工作方针政策，教育广大群众，消除不良影响。

2. 生产安全事故处置程序。

（1）紧急冷静应对，即刻报警报告。发生生产安全事故，现场执勤民警应冷静应对，快速组织戒毒人员离开危险区域，快速切断电源、气源，快速组织正确可行、力所能及的现场抢救，并即刻向所应急指挥中心和相关职能部门报告，发生火灾、爆炸事故首先拨打119向火警报警，发生人员伤害事故首先拨打120向急救中心求助。

（2）现场控制。所应急指挥中心接到报告后，马上启动应急处置机制，立即率安全生产监督部门迅速到达事发现场，根据事故可能造成的危害范围划定安全警戒线，控制人员进入事故现场。

（3）组织抢险。根据事故类型，迅速组织人员进行抢险。发生火灾、爆炸等重大生产安全事故的，引导消防人员即刻展开灭火救援，再次确认切断电源、气源，阻断火源蔓延，抢救受损伤人员、尽力运出财物，转移易燃易爆物品；对无法控制或不能预料后果的事故，要迅速撤离人员至安全地带；发生造成人员严重伤害的其他重大生产安全事故的，引导救护人员紧急抢险，尽最大努力抢救受伤人员，严防发生二次伤害。

（4）抢救伤员。将事故受伤人员及时送往就近医院进行抢救。

（5）调查追责。根据事故类型、性质，展开相关调查，查明事故原因，分析事故责任，对相关人员作出处理，并上报有关部门。

（6）善后处理。依法做好事故善后处理，安抚受伤人员，给予合理补偿；开展涉险人员心理疏导，化解其紧张情绪；加强戒毒人员生产安全教育，增强安全意识，规范生产操作行为，填补生产安全漏洞。

3. 公共卫生事件处置程序。

（1）疫情上报。强制隔离戒毒所发生公共卫生事故，所内医疗机构应马上向所应急指挥中心和相关领导报告，按规定同时向所属地卫生行政部门和上级主管部门报告，不得瞒报、漏报、缓报。

（2）现场处置。所应急指挥中心接到报告后，马上启动应急处置机制，要求各大队集中分区管理戒毒人员，开辟隔离区，有效隔离患者，对患者滞留接触区进行消毒，积极配合卫生行政部门开展现场流行病调查，同时认真追踪密切接触者，并做好隔离观察。

（3）等级评估。积极配合属地卫生行政部门和疾病控制部门，根据突发事件性质、危害程度、涉及范围，确定突发事件为特别重大、重大或较大突发事件。

（4）隔离救治。根据事件等级作出相应响应，隔离观察疑似病人，积极隔离救治确诊病人。加强监测和健康教育，严防戒毒人员产生恐慌情绪，严格管控外来人员，防止疫情扩散，确保强制隔离戒毒所安全稳定。

（5）结束响应。完成疾病救治和疫情控制后，结束应急响应。应急响应结束后，强制隔离所应按规定配合所在地卫生行政部门进行突发事件处置评估，总结应急处置经验教训。

（6）善后处理。根据调查分析结果，追究相关责任，落实整改措施，完善疾病防控机制。

4. 自然灾害处置程序。

（1）应急报警。灾情发生后，所应急指挥中心要立即启动应急处置机制，动员全体人员进入应急临战状态，同时向省戒毒管理局和当地政府应急管理部门报警。

（2）评估报告。灾情发生后，所应急指挥中心要立即对可能产生的后果和潜在风险进行快速评估，制订初步应急处置方案，将最新情况迅速上报上级有关部门。

（3）转移人员。迅速将人员转移到安全地带。转移过程中加强警戒，防止戒毒人员乘机逃跑或闹事。

（4）抢险救援。立即集结抢险救援人员，到指定地点抢险救灾，解救受困人员，对险情部位采取防范措施。抢险过程中，要加强对抢险救灾人员的防护，避免发生意外。抢险过程中，应服从上级部门的统一安排和部署。

（5）监测通报。安排有关人员收集气象信息，加强对灾情发展情况的监测，及时向有关人员或部门报告有价值的信息。在配合上级部门、专业部门救援行动过程中，及时提供所需资料。

（6）清理恢复。灾害解除后，组织人员对现场进行全面检查，对有关设施进行专业检测，确认安全后组织人员进行现场清理重建、恢复受毁损房屋、设施。

三、任务考核

【案例】某日下午，某强制隔离戒毒所三大队正组织戒毒人员在车间劳动。戒毒人员张某突然拿起操作台上的剪刀（固定剪刀的铁链事先被掰开），刺向在附近执勤的民警王某。王某被刺中后颈部左侧，仍忍痛与张某搏斗，他用左手挡抓张某所持凶器，又被张某划伤左手掌，张某又举起剪刀猛刺向王某的左面颊部、左下巴部、头顶部。

问题：根据以上案例，如果你是在场的其他值班民警，你应该怎么做？

项目小结

强制隔离戒毒工作对加强和创新社会治理、维护社会和谐稳定具有重要作用。

吸毒人员因常年吸食毒品，身心严重受损，情绪敏感多疑，且存在地域、年龄等结构性差异，易产生矛盾。因此，防范和化解戒毒人员矛盾、确保强制隔离戒毒场所的安全稳定是开展戒毒工作的前提和基础。

本项目阐述了所内安全隐患排查的内容和方法，指出了警戒护卫、安全隐患排查的重要性；明确了重点人员、重点时段、重点部位排查，所内安全事件预防和控制，突发事件应急规范处置的方法、原则或程序；要求严格按照法律规定，严格执行各项管理制度，加强所内基础和辅助设施建设，就所内生产操作规程、安全检查、现场管理制定规章制度，定期组织所情、舆情研判。

本项目还梳理了强制隔离戒毒工作中突发事件的主要类型及处置措施。特别强调了重点人员管理的重要性，规范了涉危、难矫治、重点人员管理。加强对涉危、难矫治、重点人员的控管和矫治，能够确保强制隔离戒毒场所安全稳定，有效开展戒毒人员各项矫治工作。

拓展思考

1. 强制隔离戒毒所应急处置方法与日常安全管理方法有哪些不同？

2. 向科技要警力，不仅可以解决强制隔离戒毒所警力不足问题，同时也能进一步推进安全稳定工作。你觉得还可以借助哪些科技手段推动强制隔离戒毒所安全管理？

3. 你认为还有哪些创新方法能对重点人员防控起到更好的效果？

实训项目5 戒毒人员群体斗殴突发事件的处置

一、训练目的

掌握戒毒人员群体斗殴事件的应急处置流程和方法，训练突发事件处置能力。

二、训练要求

1. 明确训练目的。
2. 明确训练的具体内容。
3. 熟悉训练素材。
4. 按步骤、方法和要求进行训练。

三、训练条件和素材

（一）训练条件

模拟强制隔离戒毒所及配套基本器材、设施、设备等，戒毒人员相关资料。

（二）训练素材

2019年6月12日下午3点30分，某强制隔离戒毒所警戒科突然接到一大队"报警电话"，称该大队习艺生产车间二楼发生戒毒人员"群体打架斗殴"事件，请求警戒科立即给予警力支援。警戒科值班民警接到电话后，立即向警戒科科长和所总值班室人员报告。警戒科科长接到报告后，一方面向分管所领导报告，另一方面按照应急处置预案立即通知警戒护卫队民警集合，以最快的速度赶到一大队二楼习艺生产车间，与现场值班民警、闻讯赶来的大队领导及其他民警一道，合力控制现场，隔离冲突双方，安置"受伤人员"，事态很快得到平息。

四、训练方法和步骤

在指导教师指导下，学生分组模拟各角色，角色可互换，至少开展2次实训。

1. 准备素材，确定训练方式，做好模拟强制隔离戒毒所及配套基本器材、设施、设备准备工作。
2. 实训指导教师介绍训练内容和要求，发放准备好的案例素材。
3. 学生阅读素材，掌握戒毒人员的相关事实和材料，制定处置方案。
4. 按照训练要求进行现场模拟处置。

5. 整理训练成果，形成书面材料。

五、训练评估

1. 要求学生互相点评、总结，每名学生写出实训心得体会，每组撰写 1 份实训报告。

2. 指导教师进行讲评，并评定实训成绩。

拓展阅读

学习项目六 强制隔离戒毒所警务管理

学习目标

1. 认知目标：了解强制隔离戒毒所的整体布局、功能分区以及各组织机构的设置情况；掌握强制隔离戒毒所信息化建设的相关内容；明确戒毒工作人民警察队伍建设对强制隔离戒毒所警务管理的重要性。

2. 技能目标：熟练掌握强制隔离戒毒所警务管理的内容，能准确、高效地开展警务管理工作，并能依据相关规定灵活处置常见的突发状况。

3. 情感目标：行成规范管理、精细管理、严格管理、依法管理的戒毒执法理念。

重点提示

本学习项目的重点是戒毒工作人民警察执法日常管理，难点是建立适应强制隔离戒毒工作需要的决策科学、信息灵敏、反应迅速、矫治精准、防控严密、执法规范、保障有力、能有效驾驭各种复杂局势的现代警务机制。在学习过程中，必须结合实践多思考，多练习，举一反三，学会规范管理、精细管理、严格管理、依法管理。

【项目简介】

强制隔离戒毒所警务管理是以强制隔离戒毒所运行规律为依据、以提高强制隔离戒毒工作整体效能为目标的管理机制，其根本特点是规范管理、精细管理、严格管理、依法管理。在新形势下，应探索以常规手段研究强制隔离戒毒工作的规律，主动掌控戒毒形势发展变化，努力实现戒毒模式由被动应付向主动作为转变，由粗放管理向科学集约转变，由短期行为向长效机制转变，建立起“警力配置最优、资源消耗最低、警务效益最大”的长效工作机制，实现强制隔离戒毒工作的良性循环。

学习任务26 强制隔离戒毒所的功能分区与信息化建设

一、学习目的

1. 了解强制隔离戒毒所规划布局与建设标准。
2. 了解强制隔离戒毒所的功能分区。
3. 掌握强制隔离戒毒所信息化建设的内涵。

二、知识要点

强制隔离戒毒所规划的合理性与强制隔离戒毒管理水平和矫治效果、强制隔离戒毒所安全息息相关。合理的强制隔离戒毒所规划能够提高管理效率，提升教育质量，保证强制隔离戒毒所安全，所以规范化建设是强制隔离戒毒工作的生命线。

（一）强制隔离戒毒所规划布局与建设标准

强制隔离戒毒所建设必须遵守《禁毒法》《戒毒条例》及其他有关法律法规，还应符合国家现行有关规范、标准的要求，体现以人为本、科学戒毒、综合矫治、关怀救助的戒毒工作原则。强制隔离戒毒所建设应纳入所在地国民经济发展规划，与当地经济、社会发展水平相一致，做到安全可靠、功能齐全、设施完善、经济适用，并符合环保、节能、节地的要求。其建设用地应符合土地利用和城乡规划要求，应根据工作机制和管理制度改革发展的需要，统筹兼顾，适度超前，以一次规划、一次建设为宜；也可根据发展需要一次规划、分期建设；扩建和改建强制隔离戒毒所时应充分利用原有设施。

1. 规模。强制隔离戒毒所的设施与戒毒人员收治量直接相关，因此，要按强制隔离戒毒所设计收治量确定建设规模。强制隔离戒毒所设计收治量的确定，要综合考虑地域特点、毒品滥用情况、登记在册的吸毒人员数量等因素。

根据目前全国登记在册的吸毒人员数量和收治强制隔离戒毒人员数量，从强制隔离戒毒所设置的科学性、收治对象的特殊性、运行成本的经济性出发，按照收治强制隔离戒毒人员的数量，可以划分强制隔离戒毒所的建设规模类型。为保障强制隔离戒毒所的安全文明管理，公安机关强制隔离戒毒所设计收治量不宜超过2000人、司法行政机关强制隔离戒毒所设计收治量不宜超过3000人。在司法行政机关强制隔离戒毒所中，小型所一般为300人~799人，中型所一般为800人~1499人，大型所一般为1500人~3000人。

2. 选址。强制隔离戒毒所的选址应符合下列条件：

（1）通风良好，日照充足；

（2）选择工程和水文地质条件较好的地段，避开可能发生严重自然灾害的地区；

（3）选择在供电、给排水、交通、通信等基础设施条件较好，便于利用医院等公共服务设施的地区；

（4）与各种污染源、易燃易爆危险品、高压线、无线电干扰、光缆、石油管线、水利设施等的距离应符合国家有关防护距离的规定。

3. 规划布局。强制隔离戒毒所建设应坚持科学、合理、节约的用地原则，按戒毒功能要求进行合理分区、精心布局，做到功能清晰、流程通畅、管理方便。

强制隔离戒毒所建筑物之间、所内建筑与所外建筑之间的距离，应符合国家现行的安全、消防、日照、通风、防噪声、卫生防疫和管线埋设等有关标准的规定。

强制隔离戒毒所建筑密度宜为25%~33%；容积率应符合当地城市发展规划要求，且不宜超过0.6。新建强制隔离戒毒所绿地率不低于30%，扩建和改建强制隔离戒毒所绿地率不低于20%。

按照戒毒流程和管理的要求，分设行政管理区和戒毒管理区。戒毒管理区按需要布置功能用房，各功能用房之间有通道相连，有相应的隔离设施。房屋建筑与警戒围墙的间距不小于7米。警戒围墙内外应设置不小于5米的安全隔离带，安全隔离带内应无障碍物。此外，还应设置戒毒人员集中活动场地。

4. 建设标准。

（1）房屋建筑面积与场地指标。强制隔离戒毒所房屋建筑面积与场地指标应根据2014年12月住建部和国家发改委批准发布的《强制隔离戒毒所建设标准》确定。

司法行政机关强制隔离戒毒所房屋建筑面积指标详见下表：

表6-1　司法行政机关强制隔离戒毒所房屋建筑面积指标（单位：m^2）

用房类别	建设规模		
	300人	800人	1500人
戒毒人员用房	18.45	17.43	16.88
民警用房	5.86	5.66	5.58

续表

业务用房	9.84	8.31	7.50
附属用房	1.55	1.20	1.06
合计	35.70	32.60	31.02

附注：①女子强制隔离戒毒所人均建筑面积指标在本建设标准基础上增加 0.05m²。②戒毒人员集中活动场地面积宜按每人 3.06m² 测算。③民警训练场地面积宜按每人 3.24m² 测算，且不低于一个篮球场的面积。④强制隔离戒毒所停车场地面积，按 25m²/车位计算；车位数量应综合考虑强制隔离戒毒所公务车辆、外来车辆及民警自备车辆实际需求合理确定；建设停车库时应根据实际需求另行报批，并相应增加建筑面积。

（2）房屋建筑标准。强制隔离戒毒所的房屋建筑标准，应根据城市规划、建设规模、使用功能的要求合理确定。房屋建筑的结构形式应根据项目的建设条件、建筑层数、高度和建筑物使用功能综合考虑确定。

戒毒人员居住用房墙体厚度不小于 240 毫米，且不宜采用轻质墙。强制隔离戒毒所的建筑风格应符合城乡规划的要求，与所处环境相协调，并体现强制隔离戒毒所的性质和特点。

多楼层的戒毒人员医务用房宜设置医疗电梯；戒毒人员餐厅设置在 2 层以上的，宜设置送餐电梯。医务用房、伙房和餐厅、教育矫治用房、生产劳动用房等应相对隔离，并参照国家现行有关规范、标准设置。伙房宜设在下风向处。

戒毒人员居住用房建设应符合下列要求：①每个管理单元内戒毒人员不宜超过 120 人，并设置相应的管理用房。②每间寝室床铺数量宜为 6 张～12 张。寝室设单层床铺时，室内净高不宜低于 3 米；设双层床铺时，室内净高不低于 3.9 米。③寝室窗地比不应小于 1∶7。④寝室内的线缆、管道均应暗敷，照明配电箱、开关箱均应设在民警值班室。⑤沿通道单面布置寝室，其通道净宽不应低于 2 米；沿通道双面布置寝室，其通道净宽不应低于 2.4 米。⑥晾衣间应按楼层集中设置，并位于楼层端头。盥洗室排水立管及地漏应在常规设计标准的基础上加大 1 号管径。

强制隔离戒毒所探访、检查、询问用房应设置双通道，每条通道净宽不宜低于 2 米。戒毒人员生产劳动用房宜根据劳动项目类别，参照相应行业标准进行设计和建设。

强制隔离戒毒所的标志包括警徽、刻有强制隔离戒毒所名称的标牌和建筑标识等。强制隔离戒毒所标识应统一标准、规范设置、美观醒目。民族自治地区的标识应符合当地有关规定。

强制隔离戒毒所的建筑设计，应符合国家节能降耗的有关规定，有条件的宜

采用新型节能技术。建筑结构设计使用年限不应少于50年，安全等级应为二级；建筑应按国家现行抗震设计规范、规程进行设计；建筑物的耐火等级不应低于二级；生产劳动车间、仓库的耐火等级应按国家有关标准确定；供电电力负荷等级应不低于二级，并应附设备用电源和应急照明装置。

强制隔离戒毒所建筑的装修，应遵循简朴庄重、经济适用的原则，参照有关建筑要求，结合戒毒工作实际，合理确定装修标准。医务用房建筑装修与环境设计，应符合戒毒人员生理、心理特点，做到色彩明亮，线条简洁。

强制隔离戒毒所建筑物应按国家有关规定设置采暖、降温、通风设施及完备的给排水系统。戒毒管理区内应按消防要求设置消火栓。

强制隔离戒毒所与市政道路连接的外通路的路面宽度不应小于7米，所内主要道路的路面宽度不应小于6米。

（3）安全防范及配套警戒设施标准。强制隔离戒毒所的警戒设施、建筑防护设施、技术防范设施等，必须按相关标准要求配备，并满足保障、安全、警戒防范要求，能有效管理戒毒人员，防止戒毒人员脱逃、自杀、自残等，实现所内无毒环境与外界的有效隔离。同时技术防范设施、信息网络设施建设应与强制隔离戒毒所同步规划、同步建设、同步投入使用，并不断应用安全防范设施先进科技成果，以提高强制隔离戒毒所现代化、信息化水平。

第一，警戒设施标准。警戒围墙高度不应低于4.5米，墙体强度达到370毫米实心砌体的安全防护等级。警戒围墙采用桩基础或独立基础时，基础梁以下应设置挡板，深入到地面以下不低于1米。围墙转角应呈圆弧形，表面要光滑，无任何可攀登处。强制隔离戒毒所警戒围墙内外两侧均应设巡逻道，宽度宜为2~3米。警戒围墙或安全隔离带应安装视频监控、报警和照明装置。照明灯具位置、间距应适当，具有防水、防爆功能，应保证夜间视频监控图像清晰和安全隔离带视线良好。

戒毒管理区主出入口内外应留有检查车辆与人员通行的缓冲区域，并设置警戒线和必要的缓冲设施。戒毒管理区主出入口应分设车行通道、人行通道，并应分别设置门禁控制系统。车行通道的大门宜宽6米、高4.5米，顶部和地面应设监控、探测等安检装置。

警卫室应设在戒毒管理区主出入口处，门窗应设有安全防范设施，室内应设通信、监控、报警和门禁控制等装置。

第二，防护设施标准。戒毒人员活动区域内建筑物的外窗、外走廊等部位应设金属防护栅栏等安全防护设施，其窗户宜采用安全玻璃。

探访室应设安检系统。戒毒人员和探访人员之间应采用安全玻璃封闭隔离，使用有线电话交谈。询问室内应设置金属防护栅栏以隔离强制隔离戒毒人员与询问人员。

戒毒管理区内的水、暖、电检查口、检查井及检查井口等处均应设置牢固的闭锁及防护装置，穿越围墙的各种管道应为单根直径不大于300毫米的束管。戒毒管理区室内楼梯扶手栏杆应封闭到顶；室外疏散楼梯周围应设防护设施；通向屋顶的消防爬梯离地面高度不应小于3米，且3米水平距离内不应开设门窗洞口。

戒毒人员用房外墙管道应有防攀爬设施，室内管道不应裸露。

（二）强制隔离戒毒所的功能分区

强制隔离戒毒所按照戒毒流程和管理要求，分设行政管理区和戒毒管理区。

1. 行政管理区的划分与职能。

（1）办公区。办公区功能用房包括民警办公及公共用房、警械装备库、指挥中心、信息中心、警卫室。

（2）备勤训练区。备勤训练区包括学习训练用房、备勤用房。

（3）后勤保障区。后勤保障区包括工作人员食堂、更衣室、洗衣房、公共浴室、应急物资储备库、设备及其他附属用房（含锅炉房）。

2. 戒毒管理区的划分与职能。

（1）收治接待区。收治接待区主要职能：接收新戒毒人员，对其进行身体健康检查、人身安全检查、物品检查与保管、现金及有价证券管理，发放被服和生活物品，组织理发、洗澡，进行身体信息采集，入所登记，通知家属，宣布所规队纪，分类编队等。

收治接待区功能用房包括收治接待厅、审核登记室、安全检查室、个人物品保管室、入所体检室、沐浴消毒室、诊断评估室、入所告知室。

（2）戒毒居住区。戒毒居住区主要职能：宿舍管理、作息管理、卫生管理、食堂管理、财务管理、购物管理、饮用水管理、垃圾处理、应急处置等。

戒毒居住区功能用房包括戒毒寝室、伙房餐厅（戒毒人员）、商店、被服仓库、理发室、物品储藏室。

（3）戒毒治疗区。戒毒治疗区主要职能：体检、建立及管理戒毒人员个人健康档案、管理病历、巡诊、会诊、危重病处置、戒毒治疗、住院治疗、离所就医管理、对符合条件的人员采取保护性约束措施（单独管理）、药品管理、服药管理、传染病防治、精神障碍防治等。

戒毒治疗区功能用房主要包括：

第一，门诊用房。包括候诊室、诊室、治疗室（抢救室）、化验室、X线室、功能检查室、小型手术室、艾滋病初筛室、药房、保健室、病案室。

第二，住院用房。包括病房、医生值班室、护士值班室、重症观察室、医疗

设备储藏室、消毒供应室、洗衣房、医疗垃圾处置室、住院档案室。

第三，医疗管理用房。

第四，保护性约束用房（单独管理用房）。

（4）戒毒康复区。戒毒康复区主要职能：有心理测试、心理矫治、心理健康教育，入所评估、季度评估、年度评估、出所评估、诊断评估的日常考核、考核的奖励与处罚管理，入所教育、回归教育、个别教育、集体教育、戒毒康复教育，体质测试、体能训练管理，组织开展文化娱乐活动等。

第一，心理矫治中心。包括心理咨询室、心理测试室、宣泄室、沙盘治疗室、音乐治疗室、脱敏治疗室、团辅室等。

第二，诊断评估中心。包括诊断评估办公室、会议室、档案室等。

第三，教育中心。包括教室、教研室、阅览室、文体活动室、职业技能实训室等。

第四，康复训练中心。包括运动训练场、体能测试场、康复训练办公室、运动器材储藏室等。

第五，会堂（多功能厅）。

（5）劳动康复区。劳动康复区主要职能：劳动管理、车间现场管理、生产劳动工具管理、生产设备设施管理、消防管理、用电管理、危险化学品管理、特种设备管理、劳动保护、重点风险管控、应急与事故处置、职业技能培训等。劳动康复区包括生产劳动用房和职业技能培训用房。

（6）帮教探访区。帮教探访区主要职能：通信管理、探访管理、探视管理，社会帮教、辅助教育，组织戒毒康复人员参加社会活动，组织开展对戒毒康复人员的社会帮教工作等。

帮教探访区功能用房主要包括：①适应训练室。②就业指导室。③探访用房（包括接待室、候见室、探访室）。④社会帮教室。⑤法律援助室。⑥询问室。⑦禁毒展览室。⑧所务公开展示室。

（三）强制隔离戒毒所的信息化建设

司法部2017年7月12日印发的《“十三五”全国司法行政信息化发展规划》指出，信息化已成为推动国家治理体系和治理能力现代化的重要手段，已成为新时期深化司法行政改革发展的重要引擎。信息化与强制隔离戒毒工作深度融合，辅助智能管理、预警预测、科学决策，驱动传统工作模式转型，增强工作前瞻性、科学性、精确性，能有效提高强制隔离戒毒工作效能。现代信息技术深度应用于强制隔离戒毒执法工作，有利于实现执法数字化、可视化、全程留痕，可增强执法的确定性、公开性、公正性，提高强制隔离戒毒执法公信力。

1. 信息化建设机构与人员。

（1）加强组织领导，成立信息化工作机构或明确负责信息化的部门，配备专职人员，完善工作机制，建立工作目标责任制，确保信息化建设应用到实处。

（2）加强对现有专业技术人才的培养，加大人才引进力度，落实业务培训，培养一支既懂信息技术、又懂戒毒业务的专业技术人才队伍。

（3）做好全员培训工作，使熟练掌握计算机基本操作技能和信息技术基础知识成为新形势下戒毒工作人民警察的必备素质。

2. 安防系统。

（1）指挥中心。

第一，省（自治区、直辖市）戒毒管理局和各强制隔离戒毒所建有指挥中心，配备专职人员，指挥中心具有日常防控值班、技术防范监控和指挥处置事件的功能，是集监控、指挥、调度、决策于一体的联动中心。在未发生突发事件时，用于日常监控督察；发生突发事件时，用于应急指挥。

第二，指挥中心场地应满足监控、值班、研判、指挥以及设备安装等对空间的要求，布局应包括指挥区、监控区和设备区等。

第三，指挥中心集成各项安防系统功能，接入视频监控、周界报警、门禁等各类安防系统信号，对接强制隔离戒毒所各项管理数据，实时、有效掌握强制隔离戒毒所动态，实现各类系统的集中调度。

（2）视频监控系统。

第一，视频监控系统具有图像监控、大屏查看与存储回放等功能，实现视频警戒、智能报警等智能分析应用与音频通话、应急报警、电子地图等的联动。

第二，在戒毒管理区合理布控视频监控点位，确保视频监控覆盖率达到100%，有条件的强制隔离戒毒所，还应实现视频监控数字高清化。

（3）报警系统。

第一，周界报警系统。采用先进成熟技术，在围墙周界安装红外对射探测、雷达微波探测、电磁感应、振动感应、电子围栏等周界安防设备，实现广播和视频、声音、灯光报警联动控制。

第二，应急报警系统。根据管理要求，在强制隔离戒毒所重要部位隐蔽或公开安装有线及无线报警按钮，以便对突发警情进行报警。有条件的强制隔离戒毒所，应急报警系统应与和声、光、电等后端提示设备联动，能够显示和记录报警部位。

（4）门禁系统。

第一，门禁系统包括人员（车辆）出入戒毒管理区的管理系统、戒毒管理区内部门禁的管理系统、探访室违禁品探测系统、生产厂区大门违禁品探测系

统等。

第二，门禁系统具备对进出所区人员和车辆的管理功能，进出所区人员通道具有刷卡或生物识别进出、单向闸机控制等功能，进出所区车辆通道应具有底盘检查、车牌识别、自动路障等功能。

第三，有条件的强制隔离戒毒所门禁系统可设置一卡通功能，实现对民警考勤、所内通行、巡更和戒毒人员区域管控的集成管理，实现门禁管控的物联网技术应用。

（5）通讯系统。

第一，通讯系统具备双向对讲呼叫、报警呼叫、集中调度等功能，为工作人员之间的音视频通讯和调度提供支持，强制隔离戒毒所通讯系统应与社会面通讯系统相隔离。

第二，宿舍对讲系统。宿舍对讲系统用于戒毒人员及时反映情况、民警喊话管理以及监听、发现所情、线索，具有对讲、监听、报警、广播等功能。有条件的强制隔离戒毒所的宿舍对讲系统应实现多级联动管理，做到对讲不失真、监听清晰，声音分级可调。

第三，探访及亲情电话系统。利用语音集成、网络通信等技术，对戒毒人员探访通话和亲情电话进行监听和录音，并对音频进行数字化压缩存储，供民警检索复听。有条件的强制隔离戒毒所可建设网络探访系统，网络探访系统应具备预约审查、实时监看和全程录像等功能。

3. 网络建设。

（1）建设应急指挥平台。建设纵横联动、平战结合、反应迅速、指挥顺畅的应急指挥平台，实现全局性、可视化、扁平化指挥，提升监测预警、快速响应、综合调度和精准处置能力。

（2）建设执法管理平台。建设涵盖强制隔离戒毒管理全过程的平台，对戒毒人员进行依法监管，实现执法活动的全方位、全过程网上管理。积极推动戒毒人员生活物资的电子商务和智能配送，促进强制隔离戒毒所生活、卫生管理规范化。深化执法结果、所务网上公开，不断提高精准执法水平和司法公信力。加强与公安、卫生等部门在戒毒人员收治管理、诊断评估等方面的业务协同与信息共享，提高执法效率。广泛运用新型物联网技术，创新人员定位及监管区内部无线专网技术，积极探索人工智能、机器人的应用，打造人防、物防、技防、联防“四位一体”的智能化、立体式安防网络。

（3）推进网络基础设施建设。建成从省（自治区、直辖市）戒毒管理局到各级强制隔离戒毒所的广域网络和强制隔离戒毒所内部的局域网络，实现系统内部互联互通，并不断提高网络速度和覆盖面。建设省（自治区、直辖市）戒毒管理局对外门户网站，及时更新内容，充分发挥网络平台在推进信息公开，增强服务能力，扩大社会监督范围等方面的重要作用。有条件的强制隔离戒毒所要在内部网络上建立对内门户网站。

4. 应用系统。

（1）建设省（自治区、直辖市）戒毒管理局综合平台，根据戒毒管理和执法工作实际，加强管理、执法、教育、医疗、卫生、生产、警务人事、办公自动化等应用系统开发，推进业务智能化建设。

（2）构建安全基础设施，统一信任服务系统，为强制隔离戒毒业务应用提供统一的安全支撑、资源管理、身份认证、访问控制、授权管理、责任认定、电子印章等服务。加强大数据环境下防攻击、防泄露、防窃取的监测、预警、控制和应急处置能力建设，实现对网络安全设备的集中监管和统一呈现，敏锐地感知网络安全态势，做好安全事件追踪、安全风险响应、安全监测预警和风险防范工作，提高信息安全综合保障水平。

（3）应用系统应设置与上级单位和公安、民政、卫生等部门的统一数据交换接口。

5. 数据库建设。有效整合内部数据资源和多媒体资源，融合外部相关数据资源，建设强制隔离戒毒工作信息数据库，对戒毒人员数据、民警职工数据以及强制隔离戒毒所管理数据进行统一采集、存储、分析和应用，逐步实现大数据分析应用。按照“统一标准、一数一源、多元采集、共享校核、集中管理、动态更新、安全可控”的原则和要求采集数据。加强对源头数据采集的管理和指导，提高数据资源的“鲜活性”，确保工作开展与数据录入同步启动、同步完成。加强数据资源质量管理，严格落实数据采集责任机制。利用数据共享交换系统，加快与公检法等机关的数据共享，实现强制隔离戒毒工作共享数据与公检法等机关数据的统一目录管理、统一认证和统一交换。

6. 信息化安全。加强强制隔离戒毒所信息化安全建设，使信息网络具有防火墙、防入侵检测功能，配备保密安全检查工具，落实机房安全管理，确保不发生信息失泄密事故。

三、任务考核

【案例】 上海市某强制隔离戒毒所以信息化科技为支撑，不断深化戒毒工作智能化建设，充分发挥科技信息化对戒毒工作开展的重要引擎作用，切实将智慧戒毒作为一项基础性、战略性、创新性工作推进。一是构建认知神经功能康复平台。积极开展经颅磁理疗，对稽延性症状明显、心瘾强烈的戒毒人员进行经颅磁治疗，有效地缓解戒毒人员稽延性症状。依托 VR 虚拟现实进行心瘾评估，通过

"虚拟吸毒场景+眼动追踪"技术、生理数据测试，切实掌握戒毒人员心瘾渴求度。运用智能化EP系列心理仪，对戒毒人员感知、记忆、思维等心理品质提供自助式的评估和训练，实现建立个性化沉浸式康复训练治疗方案的目标。二是构建智能心理云平台。采用云技术、大数据、物联网技术，通过信息和数据收集，记录戒毒人员生理、心理、行为数据，依托可视化实时分析监控引擎，将戒毒人员在各个心理康复训练阶段中产生的相关数据及其变化规律进行归纳整合、抽象分析，智能生成心理康复方案，强化戒毒人员心理康复矫治的针对性，切实提升心理矫治工作能级。三是推动体能训练标准化系统应用平台建设。依托体能标准化系统应用平台，实现实时采集身体机能、身体素质及相关生理基线数据的功能，以便及时掌握戒毒人员体质变化趋势，并以此为依据制定有针对性的运动处方，帮助戒毒人员恢复生理机能，提升身体素质，使生理康复训练工作更科学、更安全、更专业、更行之有效。

问题：根据以上案例，谈谈你认为应该如何促进信息化与强制隔离戒毒工作的深度融合？

学习任务27 戒毒工作人民警察执法日常管理

一、学习目的

1. 了解强制隔离戒毒所的警力配备要求。
2. 熟练运用戒毒工作人民警察日常管理的各项制度开展警务管理工作。

二、知识要点

强制隔离戒毒工作不但要有法律法规作为保障，还应以完善的戒毒工作人民警察执法日常管理制度为前提，这对促进戒毒工作人民警察规范执法具有重要意义。强制隔离戒毒工作的新形势、新任务要求戒毒所必须建立既能契合强制隔离戒毒工作发展脉络，又能体现"以人为本、科学戒毒、综合矫治、关怀救助"工作原则的戒毒工作人民警察执法日常管理制度体系，这已成为我国司法行政强制隔离戒毒工作发展中一项全局性、开拓性的任务。

（一）强制隔离戒毒所的警力配备

强制隔离戒毒所要科学合理地安排戒毒工作人民警察执勤、备勤事宜，确保警力充足。

1. “四大现场”的警力配备。学习、生活、劳动习艺、康复训练“四大现场”的警力配备应不低于戒毒人员人数的3%，最低不得少于3人。戒毒人员分散活动时，现场值班民警不得少于2人。

2. 一线大队的警力配备。推行扁平化管理，强制隔离戒毒所大（中）队、指挥中心（监控室）、医院（医务室、医务所等）、单独管理室、探访室、警戒护卫大队、戒毒人员食堂，以及专职从事心理咨询、教学、康复训练工作等一线岗位的戒毒工作人民警察数量不低于本单位戒毒工作人民警察总数的75%。大队警力配备比例一般不低于戒毒人员总数的8%，并至少配有10名戒毒工作人民警察。

（二）戒毒工作人民警察日常管理

1. 日常管理制度。

（1）要按规定的时间上下班；上班期间要集中精力，不干私事，未经领导批准，不得离开工作岗位。

（2）要建立工作日志制度，及时记录当天工作的主要情况，各级领导应经常检查。

（3）请假离开工作单位，应按规定事前请假，事后销假。

（4）发生工作调整和变动时，应将所管理的文件、资料、武器、警械等必须移交的物品，办理有关手续，移交清楚。

（5）需要上级机关决定和解决的问题，应当及时请示，请示采取口头或者书面形式，逐级上报。上级对下级的请示，应及时答复。

（6）下级应主动向上级报告单位的工作情况，发生灾害、脱逃等重大事故时，要立即报告。

（7）各单位每年要进行1次工作总结、表彰。

（8）要严格遵守保密法规，严守国家秘密，确保万无一失。各强制隔离戒毒所要进行经常性的保密教育和保密工作检查，主要检查下列内容：①是否记录不该记录的秘密；②是否在私人信件、普通邮件上涉及秘密的内容；③是否私自复印、保存、销毁秘密文件；④是否在公共场所谈论秘密；⑤是否将秘密文件带入戒毒管教区内；⑥是否在戒毒人员及其家属面前谈论工作秘密。

（9）记者和团体到强制隔离戒毒所采访、参观，按有关规定请示批准后才能接待。

（10）重视单位区域内的绿化和环境卫生，办公场所和宿舍应经常打扫。

2. 警容风纪管理。通过规范戒毒工作人民警察着装、仪容、举止、礼节，培养警容严整、举止文明、纪律严明、令行禁止的良好作风，促进戒毒工作人民警察队伍建设，提高整体素质和战斗力，保证各项工作任务的圆满完成。

（1）着装。

第一，按照规定穿着全国统一的制式服装。新录用或调入的戒毒工作人民警察必须经省（自治区、直辖市）司法厅（局）政治部警务部门培训合格后，方可着装。

第二，着装时，除在办公区、宿舍内或者其他不宜戴警帽的情形外，应当戴警帽。

第三，着装时，应当按照规定缀钉、佩戴警衔标志、警号、胸徽、帽徽、领花、臂章等。警号佩戴于外衣左胸处，胸徽佩戴于外衣右胸处，臂章佩戴于外衣左臂处。不得佩戴其他与民警身份或者执行公务无关的标志。是中国共产党党员的民警，着装时应当佩戴党徽，党徽佩戴于制服外衣左胸警号上方 1.5 厘米处。

第四，着装时，应当按照规定配套穿着，不同制式警服不得混穿。

第五，在规定时段执勤时，应当按要求佩戴单警装备；执勤时段外可不佩戴单警装备，遇重大活动需要佩戴时应另行通知。执勤时应当佩戴并使用执法记录仪。

第六，2 名以上戒毒工作人民警察着装徒步巡逻执勤或者外出时，应当两人成行、三人成列，严肃有序。

第七，着装时，必须随身携带由司法部统一监制的警官证。

第八，必须爱护和妥善保管警服、警衔标志、警号、胸徽、帽徽、领花、臂章、警官证等，不得变卖、出租、抵押、伪造、变造或者擅自拆改，不得赠送、转借给非人民警察；警官证遗失的，本人要及时向警务管理部门报告，由警务部门按规定处理。

第九，有下列情形之一的，不得着装：非工作时间；女民警怀孕后体型发生显著变化的；因涉嫌违法违纪被停止执行职务、接受审查的；退（离）休人员、调离民警岗位及辞职、被辞退、被开除公职的人员不得着装；其他不宜或者不需要着装的。

（2）仪容。

第一，应当保持头发整洁，不得染彩发。男民警不得留长发、大鬓角、卷发（自然卷除外），不得剃光头或者蓄胡须；女民警着制式警服时，过耳短发应当扎系，过肩长发应当盘系。

第二，不得文身。着制式警服时，不得染指甲、留长指甲，不得化浓妆，不得围围巾，不得戴耳环、项链、领饰、戒指等首饰。

第三，着装时，不得在外露的腰带上系挂钥匙或者饰物；除工作需要和眼部有严重伤疾外，不得戴有色眼镜。

第四，着装时，应当保持制式警服干净、整洁、无破损，保持良好的人民警察形象，不得穿着严重破损的制式警服，不得穿着旧式制式警服。

（3）举止。

第一，着装时，应当举止文明。不得边走边吃东西、扇扇子；不得背手、袖手、插兜、搭肩、挽臂、揽腰；不得嬉笑打闹、高声喧哗；不得席地倒卧；不得有其他有损民警形象的不文明举止。

第二，着装时，非因工作需要，不得进入营业性娱乐场所。不得在禁止吸烟的公共场所吸烟。除参加重大礼仪性活动需要外，不得在公共场所饮酒；在任何情况下都严禁酗酒。

（4）礼节。

第一，应当礼貌待人，语言文明，态度和蔼。

第二，参加庆典、集会等重大活动升国旗时，着警服列队的民警应当自行立正、行注目礼，带队人员应当行举手礼；未列队的民警应当行注目礼。奏（唱）国歌时，应当自行立正。

第三，晋见或者遇见上级领导时，着警服的民警应当行举手礼；因携带武器装备或者执行任务需要，不便行举手礼时，可以行注目礼。遇见本所经常接触的领导和其他同事时，应当互相致意。

第四，晋见上级领导时，在进入领导室内前，应当喊“报告”，得到允许后方可进入。

第五，列队的民警在行进间相遇或遇见领导时，带队人员应当行举手礼。

第六，在室内，首长或者上级领导来到时，应当自行起立。

（5）监督检查及违纪处理。

第一，警容风纪是戒毒工作人民警察的仪表和风貌，是民警作风纪律和战斗力的表现。出现警容风纪问题时，应对相关人员进行警容风纪教育，同时，由所在单位或上级机关警务管理部门进行纠察和处理：情节轻微的，当场进行批评教育和纠正；情节严重、影响恶劣的，扣留其证件，并向其所在单位开具《违反警容风纪通知单》，必要时可将其带离现场进行教育。

第二，违反警容风纪规定的民警所在单位收到《违反警容风纪通知单》后，视情节轻重，按警务管理部门有关规定进行严肃处理。

第三，各单位要加强对戒毒工作人民警察警容风纪的教育和管理。

3. 带、值班管理。戒毒工作人民警察在岗履职期间，必须按规定着装，保持警容严整；严禁脱岗、擅离职守、打瞌睡；严禁携带和使用电子娱乐产品、看书报杂志、看电视、长时间打电话；严禁从事与工作无关的事情。严格落实各项安全工作制度，确保强制隔离戒毒所安全稳定。

在岗戒毒工作人民警察在带、值班期间，因公外出或特殊原因需请假离岗

的，需办理审批及备案手续。

（1）常规大（中）队带、值班管理。

第一，大队必须保证每天有大队领导在岗带、值班，逢大队探访日可按需增加值班大队领导人数。大队领导负责参加所部例会和督促中队戒毒工作人民警察做好戒毒人员四大现场管理工作；负责在车辆出院前和大队就寝查房后，清点大队在队人数并向指挥中心报告；按规定履行大队领导日常工作职责。

第二，中队必须保证每天有足够的主班民警和副班民警在岗。副班民警在戒毒人员节假休息日及康复训练日期间无其他工作任务时，可由大队安排休息。

第三，中队主班民警主要负责戒毒人员四大现场的管理，组织好出收工、就餐、康复训练和学习等，及时处理好戒毒人员的违规违纪等突发情况，落实好直接管理、点名、安全检查等安全制度并按规定做好台账记录；晚间对戒毒人员进行查房。

第四，中队副班民警协助主班民警抓好现场管理，负责带戒毒人员购物、打扫卫生、搬卸货物等。

第五，大（中）队警务辅助人员不得单独对戒毒人员实施管理等执法工作，未经大队领导许可不得使用警械具。

（2）戒毒人员食堂带、值班管理。

第一，中队必须保证每天有足够的主班民警和副班民警在岗。副班民警在戒毒人员节假休息日无其他工作任务时，可由中队安排休息。

第二，中队主班民警负责戒毒人员食堂的直接管理，落实24小时管理制度，亲自保管、收发刀具和各种物资、设备；负责安排炊事、卫生等劳动工种，做好工作安排和落实，确保准时、按时开饭；负责做好带、值班期间各种物资进出库的登记工作，做好账目记录；负责落实食品卫生制度，维护食堂内环境卫生以及做好带、值班记录和交接班工作。

第三，中队副班民警负责协助主班戒毒工作人民警察落实戒毒人员食堂的直接管理。

（3）医疗康复部门值班管理。

第一，工作日必须保证有足够的主班医生和副班医生在岗值班。戒毒人员休息日必须保证有主班医生在岗值班，负责戒毒人员的防病、治病工作，确保医疗安全。

第二，主班医生负责各大（中）队巡诊及日常坐诊等工作；副班医生负责协助主班医生巡诊及对戒毒人员外检的医疗联系工作，协助大（中）队民警和警戒护卫大队民警做好安全工作。

第三，负责对住院戒毒人员的治疗和管理。

第四，负责做好医疗记录、医疗档案和交接班等工作。

（4）指挥中心值班管理。

第一，值班人员必须按时到岗，认真履行职责，不准私自换班、顶岗。值班时必须着装整齐，警容严整，值班时应面向监控画面，坐姿端正。

第二，认真填写值班记录，保持值班记录本清洁完整。做好交接班工作，交接班时清点物品和设备。保持监控室的环境卫生。

第三，定时检测监控设备和红外线报警装置是否正常运行，并做好记录；如监控设备出现问题，应及时上报领导并在值班记录簿中详细记录。

第四，重点监控管教大院围墙画面，防止戒毒人员翻墙逃跑。戒毒人员在操场出操时，还应兼顾操场画面。戒毒人员进入食堂后，兼顾食堂画面。戒毒人员进入宿舍后，兼顾宿舍走廊画面。戒毒人员进入车间后，兼顾车间画面。发现异常情况应及时报告值班领导，并通知最近部门的民警或警戒护卫大队处置。

第五，负责对院内围墙灯、路灯等光控、时控实施监察管理。

第六，当有车辆离开戒毒管理区时，通知所有大队清点在队的戒毒人员人数，确保人数无误后，再通知戒毒管理区警戒大门门岗放行。

第七，各大队就寝查房后，统计各单位在队人数，确认无误后报值班领导。

第八，接到大（中）队戒毒工作人民警察报警后，立即报告值班领导。

第九，爱护设备，禁止无关人员进入监控室和操作监控设备。

（5）警戒护卫大队值班管理。

第一，每天必须保证有足够的值班民警在岗，值班时必须按规定着装整齐，认真履行职责，不准私自换班、顶岗。

第二，协助大（中）队戒毒工作人民警察组织戒毒人员购物、探访。

第三，负责接送戒毒人员病号到康复中心就诊、治疗。

第四，负责戒毒人员在操场集体活动期间及早、中、晚三餐期间的外围安全警戒工作。

第五，定时对围墙及周边区域安全设施进行巡查；定时对戒毒人员宿舍值班员在岗情况进行巡查。

第六，发现异常情况时，立即通知大（中）队带、值班民警，同时向值班领导报告。

第七，认真填写值班记录，做好交接班工作。

（6）行政大门门卫值班管理。

第一，值班门卫必须按时到岗，确保24小时在岗，认真履行职责，严禁脱岗、擅离职守。

第二，若遇外来人员、车辆来访，必须询问清楚并做好登记，与本单位内工

作人员联系征得同意后，方可放行。

第三，下班后及时锁好行政大门，并在规定时间打开。

第四，发现异常情况及时报告，并采取措施，及时处置。

第五，认真填写值班记录本，做好交接班工作，交接班时清点物品、钥匙，并保持好岗内卫生。

第六，负责行政大门内、外相关区域的车辆停放管理，确保道路的畅通，无车辆进出时及时关门。

（7）警戒大门值班管理。

第一，值班人员必须按时到岗，认真履行职责，不准私自换班、顶岗。值班时必须着装整齐，警容严整，坐姿端正。认真填写值班记录，保持值班记录本清洁完整。做好交接班工作，交接班时清点物品、钥匙。

第二，值班期间发现异常情况及时报告，并采取措施，及时处置。

第三，提醒外来人员不要将手机等违禁品带入戒毒管理区内，必要时可进行检查。严禁擅自开启门禁系统的物流门和旋转门。

第四，外来人员、车辆进入戒毒管理区，凭相关手续、证明并有戒毒工作人民警察带领方可放行，并做好记录，否则一律不准进入。对进入戒毒管理区的人员、车辆进行全方位严格检查，严防违禁品流入；对离开戒毒管理区的人员、车辆进行全方位严格检查，当有车辆离开戒毒管理区时，通知所有大队清点在队的戒毒人员人数，人数确认无误后再通知戒毒管理区警戒大门岗放行，严防戒毒人员逃跑。警戒大门与缓冲门不得同时开启，无人进出时保持大门关闭。门出现故障时，应即时报告并采取措施，严禁擅自开启警戒大门。

第五，戒毒人员离开戒毒管理区时，凭相关证明放行，在戒毒人员出入登记本上登记并由带出民警签名；戒毒人员回归后应在带、值班记录本上记录并由带入民警签名。对新收治的戒毒人员必须检查其《强制隔离戒毒决定书》，指定相关工作人员带领其进入戒毒管理区，及时做好记录。

第六，戒毒人员在操场上集体活动和开饭期间，禁止开启大门（特殊情况必须经过领导批准），并做好安全保卫工作。

第七，在指挥中心的指挥下对院内围墙灯、路灯等实施光控和时控。

第八，值班时保持联络畅通，保持好值班室卫生。

（8）所部机关总值班管理。

第一，每天定时巡查，负责查看戒毒人员活动现场纪律秩序；定时巡查戒毒人员晚餐、晚收工等现场纪律秩序；定时巡查戒毒人员值班员岗位职责落实情况。

第二，定时检查督促大（中）队戒毒工作人民警察岗位职责落实情况。

第三，在值班期间，有戒毒人员需要外诊的，负责协调警力、安排交通工具护送。

4. 进出管教区人员及车辆管理。

（1）进出管教区的人员管理。

第一，戒毒工作人民警察按相关安全规定进入管教区。

第二，聘用人员进出管教区的，由聘用人员单位提出申请（申请需写清进出时间及工作地点、范围），报所政管理部门审核、办理相关手续并经领导同意后，在规定的时间内进出管教区。

第三，外协人员进出管教区的，由使用单位提出申请（申请需写清进出时间及工作地点、范围），经相关部门证明，报所政管理部门审核、办理相关手续并经领导同意后，在规定时间内集中进出管教区。外协人员进入管教区后，需在各大队指定的位置开展工作，在开展日常工作的过程中，不能与戒毒人员有任何身体接触；外协人员因工作需要，到生产线上进行巡查检测时，应当通知中队值班民警陪同。

第四，上级领导及外单位工作人员进入管教区视察、参观、检查、指导的，实行“贵宾卡”制度。有所领导陪同的，警戒门岗值班民警直接发放“贵宾卡”；无所领导陪同的，由相关单位或部门书面报请分管所领导同意后，再发放“贵宾卡”。

第五，其他因工作需要临时进出管教区的外来人员，由有关单位或部门填写相关证明，所领导签字同意后，方可由戒毒工作人民警察带进或带出，责任民警必须全程陪同。警戒门岗值班民警在确认相关手续和证件无误后给予放行。

第六，凡进入管教区的人员，一律不得把个人手机（含具有通讯功能的其他电子类设备）带入管教区，须放置在警戒门岗的个人储物柜内。不得向戒毒人员传递、提供任何违禁品、违规品。严禁外来人员在所内单独活动。

（2）进入管教区的车辆管理。对需进出管教区的车辆，由有关单位或部门填写相关证明，报请分管领导或值班所领导签字同意。外来车辆在工作日内指定时间段内可以入内；超过规定时段的，须加强警力管控并书面报请值班所领导同意。坚持1名戒毒工作人民警察带1辆车的“一人一车”制度，落实好全程跟车监控制度。车辆入内停稳后，带车戒毒工作人民警察负责将方向盘和车门上锁，汽车钥匙交由带车戒毒工作人民警察保管。

5. 对讲机使用管理。对讲机是强制隔离戒毒所各岗位之间相互联系的重要通讯工具，加强对讲机的管理，规范对讲机的正确使用，为各项工作正常运行提供前提条件。

（1）对讲机使用管理。

第一，对讲机按岗位需要配备，实行统一采购、登记编号发放和日常管理。使用、维修、更换、报废对讲机必须按程序进行。

第二，对讲机属公共财产，是戒毒工作人民警察执勤时的岗位通讯装备，遵循“谁在岗，谁使用；谁损坏，谁负责”的原则，实行一机一岗专用，戒毒工作人民警察应正确使用、妥善保管，严禁转借他人，严禁个人携带外出，严禁对外泄露对讲机频段、频点。

第三，对讲机持有民警应熟悉对讲机性能和基本操作方法，严格按照使用说明正确操作，不得乱拆、乱拧或乱调频率。对讲主机、电池、充电器应按岗位统一标记编号，配套使用，对号入座，禁止乱用、串用其他岗位对讲部件。

第四，严禁使用酒精和任何清洁剂擦拭外壳，严禁擅自送交其他单位或个人维修。通话时应离开电脑、充电器，遇有雷雨时关闭电源停止使用，雷雨结束后应及时打开电源恢复使用。

第五，值班民警交接班时，应做好对讲机交接和验收工作，并签字确认。发现损坏或通讯失灵的，应及时报告警戒护卫大队。

第六，对讲机应随身携带，有事必呼，有呼必应，有应必答。如对讲机使用效果差，清晰度不够，相关岗位听到后应主动转达信息，起到中转作用。

第七，各部门可设置、使用固定频段开展工作。不同频段通话时由呼叫方调整至被呼方频段，通话结束后及时调回所属频段。无紧急事件任何人员不得打断其他人员对讲机的正常通话。当上级呼叫和本级呼叫相冲突时，应及时让出本级通话。

第八，要严格控制通话中涉及保密的内容，原则上采用警务通或固定电话传递涉密信息。

（2）对讲机通话规范用语。

第一，对讲呼叫时必须使用统一编号和规范语言，做到简洁明了、文明礼貌，尽量控制在30秒以内，防止长时间占用频道影响他方通话。

第二，对讲机呼叫只限工作信息的交流传递，严禁在对讲机中谈论与工作无关的事项。

第三，呼叫应答方式分两种：

一般情况的呼叫应答方式为：

呼叫方：×××呼叫×××，听到请回答（重复1次或数次）。

被叫方：×××听到，请讲。

呼叫方：语气平稳、简明扼要讲清呼叫内容，结束使用应说“完毕”。

被叫方：×××明白。

紧急情况或紧急集合的呼叫应答方式为：

呼叫方：×××、×××（多方）请注意，××地方出现紧急情况，请马上到达指定位置。重复呼叫，结束使用应说“完毕”。

被叫方：×××收到，马上到达，完毕。（听到后立即跑步到现场，以最快方法并相互用对讲机联络，以免有其他人员未听清，通信距离不便时，要用接力方式传达到位。）

第四，对讲数字规范发音：

1—幺　2—两　3—三　4—四　5—五

6—六　7—拐　8—八　9—钩　0—动

6. 安全检查管理。

（1）安全检查职责。

第一，各大（中）队对本单位车间、宿舍、仓库等区域范围内安防设施、水电等生活设施、生产工具、生产用物料负有管理和检查职责。

第二，教育矫治部门对教学区域内安防设施、教育矫治设施设备负有管理和检查职责。

第三，习艺管理部门对戒毒人员习艺场所安防设施、生产工具、生产物料及设备、生产用化学辅料、易燃易爆品、全所消防设施等负有管理和检查职责。

第四，后勤保障部门对超市和宿舍安防设施、操作设备、刀刃具、燃油、生活物品等负有管理和检查职责。

第五，医疗康复部门对医疗戒护区、X光检查室及各功能室的安防设施、医疗设备器材、药品、医疗垃圾负有管理和检查职责。

第六，警戒护卫部门对警戒围墙、警戒大门的警戒设施、照明设施、安全检查设备、应急处突装备负有管理和检查职责。

第七，信息管理部门对所应急指挥中心和全所监控报警设备、门禁系统、信息化办公设备负有管理和检查职责。

第八，政工部门对全体戒毒工作人民警察、警务辅助人员的警用品和标识服负有管理和检查职责。

第九，行政保障部门对单位范围内生活设施、水电设施、发电设备负有管理和检查职责。

第十，所政管理部门对戒毒管理区内所有安防设施负有检查职责。

（2）安全检查要求。

第一，各责任部门每日对所管理范围内进行安全检查、排查，及时、规范记录检查、排查情况，并交由值班大队领导签字确认。

第二，负有安全检查职责的部门须定期进行本部门安全检查职责范围内的安

全检查，并及时、规范记录检查情况。

第三，对检查发现的“两违品”，要及时予以清理、销毁，并追查相关责任人员和流入渠道，按相关规定予以处理。

第四，对检查发现的问题、隐患，各部门都要以书面形式统一报送所政管理部门；所政管理部门审核后，明确各项问题、隐患的整改时限、整改内容、整改责任人、整改效果。整改单位应在整改时限内将整改情况书面报所政管理部门；如因限于单位条件，一时无法整改到位，尚需协调解决的，由所政管理部门汇总各单位情况后向党委汇报，由党委安排整改。

7. 警务督察管理。

（1）总体要求。警务督察是由专门督察机构和人员，依照有关规定，对全体戒毒工作人民警察在执法执勤活动中依法履行职责、行使职权和遵守纪律情况进行现场监督和检查的活动。

警务督察工作坚持依法治警、从严治警方针，以事实为依据，以法律法规为准绳，依法履行职责，正确行使职权。警务督察工作与日常管理工作、纪检监察工作、执法监督工作和信访工作密切结合，相互促进。警务督察实行定期报告和警务督察情况通报等制度，遵循指挥统一、政令畅通、反应迅速、运转高效、责权明确、上下联动的指挥协调工作机制。

（2）督察内容。

第一，上级和所部规定的各项制度的贯彻执行情况。

第二，重要警务部署、措施、活动的组织实施情况。

第三，重点时段、重点部位、重点环节执法情况。

第四，所内突发事件处置情况。

第五，使用警械具、警用车辆和警用标志情况。

第六，遵守警容风纪情况。

第七，执法、执勤活动中严格、依法、文明执法和履行岗位职责情况。

第八，执行司法部禁令情况。

第九，民警在岗履职、遵守工作纪律情况。

第十，上级机关指令和领导批办的其他警务督察事项。

（3）督察工作方式和要求。

第一，专项警务督察组可根据实际情况和不同督察事项，采取随机督察、重点督察和专项督察，定期督察和不定期督察等方式进行警务督察。

第二，开展明查时，警务督察人员应着警服，并佩戴督察标志。

第三，警务督察人员执行警务督察任务时必须做到：遵守法律法规和工作纪律；服从命令、听从指挥，不得滥用职权；严格执法、文明执勤，清正廉洁、不徇私情；警容严整、着装规范、举止端正。

第四，警务督察机构及其人员应自觉接受全体民警职工的监督，警务督察机构和人员滥用职权、徇私舞弊、玩忽职守的，应依法依纪予以处理。

第五，若遇警务督察事项的重大或突发事件，事件发生单位除按现有规定上报外，应同时报告上级警务督察机构。

第六，专项警务督察组定期开展警务督察活动，并形成警务督察通报。

（4）督察权限和处理。

第一，执行警务督察任务时，警务督察人员有权查阅、复制与督察事项有关的资料和对督察现场进行录音、摄像；现场督察时，警务督察人员不得少于3人。

第二，警务督察人员在现场督察中，可当场采取下列处置措施：对情节轻微的违法违纪行为或违反警容风纪规定的戒毒工作人民警察，给予批评教育并予以制止和纠正；对情节严重、影响恶劣的违法违纪行为或拒绝、阻碍执行警务督察任务的戒毒工作人民警察，停止其执行职务、带离现场，并移交有关部门或单位处理；对违反规定使用警械具、警用车辆和警用标志的戒毒工作人民警察，给予批评教育并予以制止和纠正，必要时可扣留其警械具、警用车辆和警用标志，并移交有关部门处理。

第三，对上级警务督察机构指令下级警务督察机构对专门事项进行警务督察的事项，应按照要求完成，并及时将结果上报上级警务督察机构。

第四，上级警务督察机构发现所警务督察机构对警务督察事项处理不当的，可指令其停止执行，并予以变更或撤销。

第五，警务督察中，被督察单位、部门及其戒毒工作人民警察有下列情形之一的，应依法依纪追究责任：拒绝警务督察人员依法进行警务督察的；隐瞒事实真相，伪造、隐匿或毁灭证据的；包庇违法违纪人员的；无正当理由拒不执行警务督察通报的决定或建议的；打击、报复检举人、举报人和警务督察人员的。

第六，专项警务督察组应做好督察记录、证据保存工作，认为戒毒工作人民警察违法违纪需给予行政处分、降低或取消警衔的，可提出建议，移交相关职能部门按规定处理；对涉嫌犯罪的，建议移送司法机关依法处理。

第七，专项警务督察组应向违法违纪的被督察单位、部门及其戒毒工作人民警察下发书面形式的警务督察通知；违法违纪的单位、部门及其戒毒工作人民警察应严格落实警务通报提出的意见或建议，并在规定工作日内以书面形式报告整改情况。

第八，被督察单位、部门及其戒毒工作人民警察对警务督察处理决定不服的，可按相关规定提出复查申请，对复查决定仍不服的，可按相关规定提出复核

申请。复查、复核期间不停止原决定的执行。复核决定为最终决定。

三、任务考核

【案例】 某日7时30分，某市强制隔离戒毒所五大队分管管教工作的副大队长任某通过两道指纹电子门禁，进入戒治大院，来到大队，听取2名昨晚晚班民警的简要汇报后，来到大队戒毒人员寝室巡查，随后组织全队戒毒人员集合、整队，提出一天的管理、戒治任务和要求。8时整，大队另外2名民警进队，组织125名戒毒人员进入车间，参加习艺劳动。9时10分，大队其他民警相继来到习艺车间旁的值班室，召开每周一次的队情动态分析会。大队长、教导员就一周工作做出部署。9时58分，接到对讲机里传来的探访室民警关于戒毒人员刘某和陈某家属来所探访的呼叫后，任某将2名戒毒人员从劳动现场带往探访室接受探访，并与戒毒人员家属交流。10时35分，任某从习艺车间带出3名患皮炎、感冒的戒毒人员到医疗戒护大队就诊，11时5分结束诊疗活动。11时10分，任杰提前到民警食堂就餐；20分钟后，回到大队，和另一名民警在大队戒毒人员生活区值班。12时30分~13时50分，任某在值班休息室午休。14时许，任某组织戒毒人员起床，等候其他民警的到来。14时30分，任某和另外2名民警带戒毒人员陈某来到某市人民医院检查。16时50分回到强制隔离戒毒所。任某在大队办公室视频监控设备上查看了几处重点部位的视频回放。17时50分，任某和同事将戒毒人员从餐厅带回大队楼层。对几名积极协助民警工作的自管员提出了表扬；同时指出个别戒毒人员自我要求不够严格，希望尽快改正。18时30分，任某为4名新入所干警传授工作技巧。19时50分讲授结束后，任某又整理了一遍有关记录和簿册，将戒毒人员寝室巡查一遍，整理完谈话记录，已是23时。23时15分，任某用对讲机约联络上二大队值班民警，一起将各大队楼层和院内围墙认认真真巡查了一遍，轮巡情况正常。回到大队值班室，已是23时51分。简单洗漱后，16日0时9分，任某终于回到了休息室。

问题：根据以上案例，请谈谈戒毒工作人民警察在值班中应该如何做到规范管理、精细管理、严格依法管理？

学习任务28　戒毒工作人民警察职业素质与队伍建设

一、学习目的

1. 掌握戒毒工作人民警察职业素质的要求。
2. 理解戒毒工作人民警察队伍建设的内容及要点。

二、知识要点

戒毒工作人民警察队伍是强制隔离戒毒工作的主体，戒毒工作人民警察队伍素质的高低，在很大程度上制约着强制隔离戒毒工作的发展，决定着强制隔离戒毒整体工作的成效。中共中央印发的《关于新形势下加强政法队伍建设的意见》和司法部印发的《司法部关于新形势下加强司法行政队伍建设的意见》《2016—2020年监狱戒毒人民警察队伍建设规划纲要》都对戒毒工作人民警察队伍建设提出了明确要求。

（一）戒毒工作人民警察职业素质

戒毒工作人民警察职业素质是指依据强制隔离戒毒机关性质履行警察职能、开展警务工作所需要的综合职业素养，是戒毒工作人民警察通过教育训练、职业实践形成的较为稳定并长期发挥作用的基本品质。它是戒毒工作人民警察政治思想、业务能力、遵纪守法、文化水平、心理特征、身体状况、信息化能力等各方面条件的总和。

1. 政治素质。政治素质是指戒毒工作人民警察应具有的政治觉悟、理想信念、道德品质和革命人生观的综合体现。戒毒工作人民警察必须具有坚定的政治立场和正确的政治方向，时刻做到忠于党、忠于国家、忠于法律和忠于人民，在政治上、思想上和行动上，同党中央保持高度一致，坚定不移服从党的领导，严明党的纪律，听党话，跟党走，切实践行“立警为公，执法为民”。要时刻关注当前形势，贯彻执行国家的方针政策，用科学的理论来武装头脑，不断丰富完善自己。在思想上筑牢全心全意为人民服务宗旨，始终不渝践行政法干警核心价值观体系，把“忠诚、为民、公正、廉洁”作为戒毒工作人民警察的精神追求，并贯穿于工作的方方面面，落实到严格执法、公正执法和文明执法的每个环节之中。能够用人民警察的标准严格要求自己，始终遵守纪律，自觉履行义务。

2. 业务素质。业务素质是指戒毒工作人民警察依法履行职务，完成各项任务的实际本领，是专业知识和专业技能的综合体现，主要表现为专业能力、分析能力、应变能力、工作能力和语言表达能力。

（1）专业能力。戒毒工作人民警察必须熟悉和掌握做好本岗位戒毒工作应知应会的专业知识和专业技能，胜任本职工作。专业知识是指戒毒工作人民警察具有从事戒毒工作所必需的基本岗位知识。这些知识根据每个戒毒工作人民警察所在的岗位不同，又可细分为一般性的专业知识，如关于戒毒工作的方针、政策、法律法规方面的知识；具体性的专业知识，如管教业务知识、生产知识、医学专业知识等。专业技能是指戒毒工作人民警察在充分掌握专业知识的基础上，具有利用这些知识解决教育管理、生产经营及思想政治工作中实际问题的技术和能力，它是戒毒工作人民警察实际工作能力和水平的具体体现。

（2）分析能力。戒毒工作人民警察必须学会运用马克思主义的立场、观点和方法，把握事物发展的规律性，善于分析事物本质，因势利导，解决问题。

（3）应变能力。戒毒工作人民警察必须在复杂情况下临危不惧、处变不惊，并善于审时度势、准确判断、利用有利条件处理问题，保护国家和人民的利益不受或少受损害。对于突发事件，能够快速反应、迅速采取措施，予以处理。

（4）工作能力。戒毒工作人民警察必须善于宣传动员、组织领导工作。戒毒大队是基层所的最基本单位，也是强制隔离戒毒所的核心工作部门。要组织、管理、教育、矫治好每个戒毒人员，使其安心戒毒，安心服教，安全康复和安全生活，戒毒工作人民警察就必须充分发挥自己的宣传动员能力、组织领导能力，引导戒毒人员坚定戒毒信念，推进戒毒工作的开展。

（5）语言表达能力。戒毒工作人民警察必须具有口头与文字表达能力，善于宣传国家法律和党的政策，能较好地进行常用戒毒执法文书写作，能用生动的语言打动戒毒人员，使之认清毒品的危害性以及吸毒给自己、亲人、家庭、社会带来的灾难和痛苦，用高尚情操去激励戒毒人员，用大爱去关心他们的健康发展。

3. 法律素质。戒毒工作人民警察依法履行职责、行使职权，必须具备法律意识，熟悉法律知识，掌握法律技能。为了适应戒毒工作的需要，国家先后颁布了《禁毒法》《戒毒条例》《司法行政机关强制隔离戒毒工作规定》等法律法规，戒毒工作人民警察要全力创新戒毒管理工作，就必须强化自身对戒毒专业法律法规的学习，做到精通熟知，融会贯通，学用结合，指导工作。

4. 文化素质。戒毒工作人民警察通过知识传递、环境熏陶，把优秀的文化成果内化为自己的气质、人格和修养，形成相对稳定的文化素质。它是戒毒工作人民警察完成本职工作的基本保证和进一步发展的潜力，对戒毒工作人民警察的世界观、方法论以及行为等都有着重要的影响。随着社会的发展，对强制隔离戒毒工作的要求也越来越高，运用心理学、精神病学、教育学等专业知识对戒毒人员进行矫治已成为重要的戒治手段。这就要求戒毒工作人民警察要有较高的文化素质，用高尚的文化观念引导戒毒人员形成正确的世界观、人生观和价值观，潜移默化地纠正他们存在偏差的思想及行为。

5. 心理素质。戒毒工作人民警察在戒毒工作中的心理特征和心理品质对其本职工作具有重要影响，戒毒工作人民警察的一切执法活动都会受到心理因素的影响和作用。其身心承受能力的强弱，直接影响到自己的精神状态、自身形象和工作效果。良好的心理素质不仅是维持戒毒工作人民警察身心健康的重要条件，而且是战胜各种压力和挑战的重要保障。戒毒工作人民警察应具备以下心理素质：

（1）良好的意志品质，如沉着冷静、临危不惧、专心投入、耐心细致、坚决果断、审时度势、机动灵活、百折不挠、英勇顽强、坚持原则、处事公道等。

（2）良好的观察、记忆、注意、思维能力。

（3）稳定的情感和顽强的意志，能够抵御错误干扰和各种诱惑，能保持慎独与自我净化。

（4）宽广的胸怀、合作的气度和较强的心理承受能力。

6. 身体素质。戒毒工作人民警察扮演着教育者、管理者、执法者等多种角色，承担的工作任务重、压力大，所以要有健康的体格和全面发展的身体耐力，才能够顺利完成本职工作，这是戒毒工作人民警察各种才能得以正常发挥乃至超常发挥的物质基础。

7. 信息化素质。随着司法行政戒毒工作信息化建设的开展，现代信息和网络技术正逐步影响和改变着传统的戒毒管理活动，戒毒工作人民警察信息化素质在警务工作中的重要性日益突显。通过熟练掌握计算机基本操作技能和信息技术基础知识，戒毒工作人民警察可以获取、利用现代信息观念、信息意识、信息能力和信息道德等来履行自身职能。

（二）戒毒工作人民警察队伍建设

戒毒工作人民警察队伍是戒毒工作的主体，能否建设一支政治过硬、业务过硬、责任过硬、纪律过硬、作风过硬的民警队伍，在很大程度上决定着整体戒毒工作的开展及成效。中共中央《关于新形势下加强政法队伍建设的意见》和《司法部关于新形势下加强司法行政队伍建设的意见》《2016—2020年监狱戒毒人民警察队伍建设规划纲要》都对戒毒工作人民警察队伍建设提出了新要求，必须紧紧围绕维护社会大局稳定、促进社会公平正义、保障人民安居乐业的总任务，按照“五个过硬”的总要求，坚持中国特色社会主义政法队伍正规化、专业化、职业化方向，深入推进戒毒工作人民警察队伍的思想政治建设、业务能力建设、纪律作风建设，努力建设一支信念坚定、执法为民、敢于担当、清正廉洁

的戒毒工作人民警察队伍。

1. 思想政治建设。大力加强理论武装，学习贯彻习近平新时代中国特色社会主义思想，深化社会主义法治理念、社会主义核心价值观教育，加强国史党史、革命传统和形势政策教育，引导广大戒毒工作人民警察进一步坚定“四个自信”，坚决做到“两个维护”，严明党的政治纪律和政治规矩，牢固树立“四个意识”，铸就绝对忠诚的政治品格。强化思想政治工作，创新思路、改进方法，建立完善选树先进典型、表彰优秀戒毒工作人民警察的常态化机制，充分发挥模范典型的引领示范作用，赋予思想政治工作新的生命力。了解戒毒工作人民警察思想动态，做好日常思想政治工作，如实书写谈话记录，制定、完善工作措施。

2. 正规化建设。深入推进执法规范化建设，加强执法检查和督察，健全重点执法岗位和关键环节工作制度，深化所务公开，充分运用现代信息技术加强执法管理，进一步规范执法行为，提高执法水平。规范编制管理和警力资源配置，改进戒毒工作人民警察值班备勤模式，推行扁平化管理。扎实推进纪律作风建设，狠抓“六条禁令”“六个一律”“六个绝不允许”等铁规的贯彻执行，持之以恒贯彻中央八项规定精神，健全纪律作风建设长效机制，实现纪律作风建设的常态化、长效化、制度化。

（1）转变执法理念。执法理念是执法工作的先导，是关系到戒毒工作人民警察队伍规范化的根本性问题。

第一，树立法律至上的理念。戒毒机关执法的出发点和落脚点就是维护法律的尊严，维护强制隔离戒毒所安全稳定，维护国家、人民和戒毒人员的合法权益。戒毒工作人民警察在具体执法过程中，应该把严格履行法律职责和服务党的中心工作相统一，将法律作为最高的行动指南，在思想上树立法律至上的理念，从在动上将“法治”落到实处。

第二，树立尊重人权的理念。尊重和保护戒毒人员的人权是规范执法的要求。戒毒工作人民警察必须牢固树立鲜明的人权意识，设身处地考虑戒毒人员及其家属的感受，养成维护他人尊严的良好习惯，纠正和克服不规范执法的倾向，切实保护戒毒人员的合法权益。

第三，树立程序优先的理念。戒毒工作人民警察要牢固树立程序意识，将规范执法与文明执法结合起来，严格遵循程序办事，努力提高执法工作质量，提升文明执法水平，树立良好的执法形象。

（2）规范执法行为。

第一，完善戒毒执法制度体系。针对容易发生执法不规范等问题的重点领域和关键环节，进一步界定执法权限、明确执法责任、细化执法标准、严密执法程序、规范执法手段，做到戒毒执法有责任、有标准、有程序、有实效、有成果。

加强戒毒执法质量和绩效考评体系建设，科学设置戒毒执法考评标准，健全完善戒毒执法终身责任制及过错追究机制，进一步提高执法质量。以深化司法体制改革为契机，制定戒毒工作人民警察容错免责实施办法，建立戒毒工作人民警察履行职责受到侵害救济保障、不实举报澄清正名等机制，为戒毒工作人民警察依法履职提供保障。

第二，健全戒毒执法监督机制。理顺戒毒系统内部监督体制，调整纪委、监察、信访等部门执法监督工作的交叉业务，增强监督成效。加大执法公开力度，拓宽所务公开的内容和范围，对社会或者戒毒人员及其家属认为有异议的事项，依法及时公开执法依据、程序和结果，用公开促进执法公正，用透明确保戒毒工作人民警察清正廉洁。探索检察机关入驻强制隔离戒毒所、在基层大队设立纪检监察员，主动接受群众监督，真正强化执法监督，减少执法不公现象。

3. 专业化建设。加大教育培训力度，创新教育培训方式，分类、分级开展培训，突出精细化管理、教育转化、心理矫治、信息化实战应用等专业技能培训，切实提高履职能力。强化岗位练兵和实践锻炼，优化“战训合一、轮训轮值”岗位练兵模式，大力开展业务竞赛、实战观摩、技能比武等活动，切实提高单警实战能力和队伍应急处突能力。加大人才工作力度，拓宽专业人才引进渠道，健全从司法警官院校毕业生中招录人才的规范便捷机制，加强高层次人才库建设，为优秀人才施展才华创造良好条件。

（1）制定专业人才队伍建设工作目标。根据戒毒工作需要，建立完善的戒毒专业人才队伍建设运行机制和工作格局，使戒毒专业人才队伍的各项指标能够适应形势需要，满足工作需求。其主要目标应该包括：一是健全教育培训长效机制，建立戒毒专业人才选拔、任用、流动、评价、激励等制度体系，形成符合实际需求的戒毒专业人才培养模式。二是大力提升现有戒毒医疗、康复、教育、管理等岗位人员的专业素质和职业能力，优化专业人才队伍的年龄和知识结构，扩大专业人才队伍规模。

（2）建立准入门槛制度。设置准入门槛，把好“进口关”。主要抓好两个渠道：一是充分利用有限的戒毒工作人民警察编制指标，利用公务员招录这一途径，引进医学、心理学、体能康复等高端专业人才，以缓解当前专业人才短缺的局面。二是从着眼发展的战略出发，制订戒毒工作人民警察队伍专业化建设中、长期培训规划，分层、分批、分类实施培训。省（自治区、直辖市）戒毒管理局要统一制定专业化队伍建设的实施方案，从指导思想、机构设置、人员选配、岗位设置和职责、人员管理、业务培训、工作目标、奖惩考核及结果运用等方面作出安排。

（3）加大专业人才引进力度。根据戒毒工作需要，制定专业人才招录计划，确定招录职位，明确不同专业岗位需具备的知识结构、素质条件、技能水平标准，根据专业层次和人才紧缺程度，及时引进相关人才。

(4) 健全专业人才使用机制。在选用专业人才过程中，要根据人才特长，合理安排，把专业匹配、业务工作能力强的人员安排到合适岗位，激发其更好地发挥专长。对各个层级的专家型人才实行动态管理，及时补充、淘汰人员。健全专业人才选拔、交流轮岗、挂职锻炼、竞争上岗等制度，加强专业人才梯队建设，将有能力、有潜力的戒毒工作人民警察纳入后备人才库；经常性开展各类专业人才岗位练兵、技能比武等活动，加强所际之间专业人才合作交流，定期组织专业人才外出考察学习。加强对专业人才职业生涯的规划，制定中青年戒毒工作人民警察职业发展路线图，找准工作定位，确定职业目标，明确成长路径。加强对青年戒毒工作人民警察的培养力度，开展“传、帮、带”教育，选拔优秀专家型人才担任导师，帮带青年戒毒工作人民警察，进行戒毒业务和个人发展指导，建立以老带新、以师带徒的人才培育模式。

4. 职业化建设。健全完善职业管理制度和机制，建立具有戒毒工作人民警察职业特点的职务序列，健全、完善戒毒工作人民警察分类管理制度。培育戒毒工作人民警察职业精神，完善职业道德准则和职业行为规范，建立职业道德评价和惩戒机制，建立、健全戒毒工作人民警察宣誓制度和职业荣誉制度，切实提高职业荣誉感。完善职业保障制度，积极争取支持，不断加强财政经费保障。认真落实各项从优待警制度，关心戒毒工作人民警察身心健康，帮助戒毒工作人民警察解决工作、生活中的实际困难。

(1) 构建戒毒工作人民警察的核心价值观。戒毒工作人民警察的核心价值观是戒毒机关及其民警在戒毒执法活动和社会交往中形成和发展起来的，是强制隔离戒毒职业共同意识的反映。要结合“忠诚、为民、公正、廉洁”为主要内容的政法干警核心价值观，总结、提炼戒毒工作人民警察核心价值观，引导戒毒工作人民警察认真履职尽责，勇于担当作为，锐意改革创新，始终秉持全心全意为戒毒人员服务的初心，规范文明执法，自觉担负起斩断毒魔、拯救灵魂的使命，履行好维护国家政治安全、确保社会大局稳定、促进社会公平正义、保障人民安居乐业的职责。

(2) 完善职业道德准则和职业行为规范。建立职业道德评价和奖惩机制，将职业道德作为履职考核的重要内容，与戒毒工作人民警察任职、晋升、奖惩挂钩，充分体现其重要性。

(3) 建立戒毒工作人民警察宣誓制度。在入职、职级晋升、授衔晋衔、重要政治活动时，组织民警宣誓，同时开展尊崇职业教育，增强职业自豪感和荣誉感。

（4）落实民警职业保障政策。

第一，落实戒毒工作人民警察警衔津贴和岗位津贴标准，落实戒毒工作人民警察抚恤优待等政策；为特殊传染病专管戒毒工作人民警察发放特殊岗位津贴。

第二，组织戒毒工作人民警察参加工伤保险和人身意外伤害保险。

第三，认真落实戒毒工作人民警察带薪休假制度，定期组织民警进行体检，定期组织戒毒工作人民警察参加疗养。

第四，定期对戒毒工作人民警察进行心理健康咨询与辅导，舒缓戒毒工作人民警察心理压力。

第五，定期走访、慰问因公牺牲、负伤致残以及经济困难的戒毒工作人民警察家庭，帮助其解决实际困难。

第六，积极探索戒毒工作人民警察执法勤务模式改革，减少无效劳动，减少不必要的加班备勤，努力减轻一线戒毒工作人民警察工作强度。

5. 领导班子建设。切实选好配强领导班子，努力把强制隔离戒毒所领导班子建设成为忠诚可靠、知法懂法、业务精通、敢于担当、结构合理、团结和谐的坚强领导集体。严格和规范党内政治生活，严格执行党的纪律和规矩，严格落实民主集中制，坚持党的群众路线，认真落实民主生活会和组织生活会制度，自觉按照党内政治生活准则和党的各项规定办事。加大领导干部轮岗交流力度，完善重点岗位定期轮岗制度。

6. 反腐倡廉建设。深入开展廉政教育，树立廉洁从警价值理念。严格落实廉洁从警制度，健全、完善符合强制隔离戒毒所各个岗位特点的廉政风险防范制度，形成有效预防腐败的长效机制。强化监督管理，健全完善强制隔离戒毒所领导干部监督机制，着重加强对重点岗位、关键要害部门和重点执法环节的监督。加大案件查处力度，以“零容忍”的态度严肃查处违纪违法案件。

（1）执行党的政治纪律和政治规矩，强化政治意识、大局意识、核心意识、看齐意识，在思想上、政治上、行动上，同以习近平同志为核心的党中央保持高度一致，坚决服从党中央集中统一领导。

（2）落实法律、法规、规章及相关工作制度，制定并严格执行权力责任清单，健全戒毒工作人民警察社会交往行为规范，认真落实领导干部干预司法活动、插手具体案件处理的记录、通报和责任追究，严禁戒毒工作人民警察经商，禁止戒毒工作人民警察家属经营与戒毒工作人民警察职务行为相关联的行业。

（3）加强执法监督检查，着重加强对强制隔离戒毒工作中的重点岗位、关键要害部门和重点执法环节的督查。深入推进执法公开，实现执法过程全程记录留痕，深化政务公开和所务公开。

（4）抓好中央八项规定精神贯彻落实，建立作风状况经常性分析研判机制，

群众反映问题及时核查机制和群众满意度定期调查机制，形成正风肃纪长效机制。

（5）建立廉政谈话诫勉谈话等制度，完善戒毒工作人民警察过错责任制和领导责任追究制度，严肃查处违法违纪案件。

三、任务考核

【案例】赵某，女，1982年7月出生，中共党员，大学文化，现任某省女子强制隔离戒毒所一大队大队长。自参加工作以来，赵某始终战斗在基层第一线。凭着对事业的无限热情和执着追求，对党、对人民、对法律的强烈责任感和使命感，赵某牢固树立执法为民的思想，始终坚持以人为本、科学戒毒、综合矫治、关怀救助的工作方针，用爱心和陪伴叩开每个戒毒人员的心灵，让他们重新燃起对生活的希望。2013年以来，她带领大队民警成功教育挽救戒毒人员八百余人，为强制隔离戒毒所的安全稳定做出了突出贡献。她先后荣立个人二等功两次，个人三等功一次，并多次被评为优秀公务员，她带领的大队先后被评为全省戒毒工作先进集体、河北司法行政系统先进集体。

问题：根据以上案例，你认为当代戒毒工作人民警察应具备哪些职业素质？其中最重要的职业素质是什么？

单元小结

本章阐述了强制隔离戒毒所的功能分区，明确了强制隔离戒毒所信息化建设的主要内容，提出戒毒工作人民警察作为强制隔离戒毒所管理的主体，其工作职能覆盖了强制隔离戒毒所工作的方方面面，强制隔离戒毒所内的警力配置、民警的社会责任感和业务能力直接影响着矫治的效果、强制隔离戒毒所的安全乃至社会的稳定。

拓展思考

1. 怎样成为一名合格的戒毒工作人民警察？
2. 如何更加有效地推进强制隔离戒毒所“数字法治、智慧司法”建设？
3. 如何创新强制隔离戒毒所警务管理，使得警力配置更优、资源消耗更低、警务效益更大？

实训项目 6　进出管教区车辆管理及外来人员的管理

一、训练目标

强化学生对强制隔离戒毒所警务管理制度的理解，使学生能灵活、熟练地进行执法日常管理。

二、训练要求

1. 明确训练目的。
2. 明确训练的具体内容。
3. 熟悉训练素材。
4. 按步骤、方法和要求进行训练。

三、训练条件和素材

（一）训练条件

模拟强制隔离戒毒所及配套基本器材、设施、设备等，戒毒人员相关资料。

（二）训练素材

某强制隔离戒毒所管教区大门前停了 2 辆车，一辆是运送生产物资的车辆，车上有 2 名外协人员；另一辆车上有 15 名外单位前来参观指导的工作人员。戒毒工作人民警察依照进出戒毒管理区车辆管理规定及外来人员管理制度进行登记、检查与放行，确保戒治秩序与安全稳定。

四、训练方法和步骤

在指导教师指导下，学生以分组模拟各角色（警戒大门门岗值班人员、指挥中心民警、大队民警）合作的形式在训练室进行，具体方法和步骤如下：

1. 准备素材，确定训练方式，学生复习进出戒毒管理区人员及车辆管理规定、外来人员管理规定及带、值班管理规定等内容，做好包括模拟相应情景强制隔离戒毒所及配套基本器材、设施、设备的准备工作。

2. 实训指导教师介绍训练内容和要求，发放准备好的案例素材。

3. 学生阅读素材，讨论实训过程中涉及的岗位，明确岗位职责，在指导教师的引导下完成角色分工，形成情景模拟方案。

4. 对管教区门前 2 辆车辆及相关人员进行审批、登记、检查、管控等日常管理，并将各种突发情形加入到实训过程中，以提升学生的管理能力及应变能

力。对素材中没有提供的条件，由学生酌情进行合理设计和补充。

5. 整理训练成果，形成书面材料。

五、训练评估

1. 学生总结训练成果，写出训练心得体会。
2. 指导教师进行讲评，并评定训练成绩。

拓展阅读

参考文献

1. 姚志辉、薛乐册主编:《禁毒大视角——中国禁毒历史概况》,中国人民公安大学出版社 2004 年版。
2. 黄太云主编:《中华人民共和国禁毒法解读》,中国法制出版社 2008 年版。
3. 夏国美等:《社会学视野下的新型毒品》,上海社会科学院出版社 2009 年版。
4. 王新兰等:《劳动教养与强制隔离戒毒执法事务处理实务》,华中科技大学出版社 2010 年版。
5. 陈鹏忠编著:《劳动教养与强制隔离戒毒场所安全防范实务》,华中科技大学出版社 2011 年版。
6. 李岚、梁志乐、张敏发主编:《强制隔离戒毒矫治与管理实务》,暨南大学出版社 2011 年版。
7. 周雨臣主编:《劳动教养与强制隔离戒毒人员习艺劳动管理实务》,华中科技大学出版社 2011 年版。
8. 陈鹏忠主编:《强制隔离戒毒工作基层执法实务流程》,浙江大学出版社 2013 年版。
9. 郑万新:《戒毒管理工作》,中国人民公安大学出版社 2013 年版。
10. 马立骥编著:《强制隔离戒毒人员心理及矫治》,浙江大学出版社 2013 年版。
11. 王金仙主编:《强制隔离戒毒场所安全防范实务》,中国政法大学出版社 2015 年版。
12. 马立骥、余洪:《强制隔离戒毒模式创新与思考》,武汉大学出版社 2016 年版。
13. 牛映雪、鹿国晖、刘杨主编:《体育保健与运动康复技术》,化学工业出版社 2017 年版。
14. 司法部戒毒管理局组编:《司法行政强制隔离戒毒执法实务》,法律出版社 2017 年版。
15. 司法部戒毒管理局编:《司法行政戒毒工作概论》,法律出版社 2017 年版。
16. 中华人民共和国住房和城乡建设部、中华人民共和国国家发展和改革委:《强制隔离戒毒所建设标准》(2014)。
17. 江西省司法厅:《江西省司法行政系统人民警察内务暂行规定》(2003)。
18. 司法部:关于印发《关于加强和改进劳教戒毒系统安防设施建设工作的意见》的通知(2012)。
19. 中共中央:《关于新形势下加强政法队伍建设的意见》(2016)。

20. 司法部戒毒管理局：《司法行政戒毒工作基本规范》（2017）。
21. 江西省戒毒管理局：《江西“1341”戒毒模式制度汇编》（2016）。
22. 云南省戒毒管理局：《云南省强制隔离戒毒模式》（内部资料，2014）。
23. 刘振宇：“司法行政强制隔离戒毒工作在加强和创新社会管理中的价值功能及实现路径初探”，载《中国司法》2013 年第 1 期。
24. 朱志伟：“北京市公安局强制隔离戒毒所开展警务机制创新的实践与思考”，载《北京警察学院学报》2013 年第 3 期。
25. 雷伟：“强制隔离戒毒所安全管理的难点与对策研究”，载《法制博览》2018 年第 15 期。
26. 万艳、张昱：“我国强制隔离戒毒制度与实践的断裂与重构”，载《云南大学学报（社会科学版）》2019 年第 2 期。
27. 吴明葵：“治理视角下社会工作介入强制隔离戒毒研究”，广东工业大学 2017 年硕士学位论文。
28. 韩小沛：“我国强制隔离戒毒警察队伍建设的现状与对策研究——以 Y 省为例”，山东大学 2017 年硕士学位论文。
29. 李录：“如何规范戒毒工作人民警察专业化队伍建设工作”，载人民法治网，http：//www.rmfz.org.cn/contents/11/28840.html，最后访问日期：2016 年 7 月 25 日。